속회개론
속회 알고 계십니까?

인사말

　　코로나19와 4차 산업혁명은 우리의 생활에 엄청난 변화를 일으켰습니다. 어느 한 곳도 예외 없이 거의 모든 부분에 영향을 끼쳤습니다. 특히 교회는 지난 수천 년 동안 함께 모여 예배하던 일을 하루 아침에 온라인 공간에서 만나는 것으로 선택해야만 했습니다. 또 4차 산업혁명으로 인해 인간이 하는 대부분의 일을 로봇이 대체할 가능성도 높아졌습니다.

　　이처럼 코로나19와 4차 산업혁명이라는 두 개의 거대한 파도는 인간 관계에 엄청난 변화를 가져올 것입니다. 그러나 관계는 변화할지라도 변치 않는 인간의 본성이 있습니다. 바로 하나님이 아니면 채워질 수 없는 인간의 영적인 측면과 홀로는 결코 살아갈 수 없는 공동체성입니다. 이것이야 말로 하나님께서 우리에게 주신 인간의 본질입니다. 반드시 우리는 하나님으로 채워져야 하고, 공동체를 이루며 살아가야 합니다.

　　여기에 속회의 중요한 역할이 있습니다. 속회는 교리를 배우는 곳, 서로 스트레스를 푸는 곳이 아니라 우리의 삶을 나누며 좀 더 진지한 성도로 믿음을 성장시키는 텃밭이라 할 수 있습니다. 믿음의 성장은 가치관의 변화로 일어납니다. 생활의 변화로 일어납니다. 교회 안에서의 신앙 생활도 중요하지만, 세상에서의 생활 신앙에도 큰 무게를 두어야 합니다.

　존 웨슬리가 가르쳐준 속회는 변화하는 시대에 적절한 대책이 될 수 있으리라 봅니다. 존 웨슬리가 의도한 속회는 소그룹을 통한 성화였습니다. 다르게 표현하자면 작은 공동체를 통해서 일어나는 생활의 구체적인 변화였습니다. 지금이야말로 이러한 속회의 측면이 얼마나 중요하고도 귀한 것인지 드러납니다. 이 책은 이러한 점을 심도 있게 다루고 있습니다.

　이 책을 위해서 최이우 목사님, 박동찬 목사님, 박용호 감독님, 최문기 목사님, 김동현 목사님(집필순)님께 진심으로 감사의 마음을 전합니다. 또한 기획, 편집으로 수고하신 속회연구원 상임연구실장 김종석 목사님에게도 감사의 마음을 전합니다.

2021. 11. 3
속회연구원 원장
곽 주 환 목사

추천사

『속회 알고 계십니까?』를 기대합니다.

나의 나 됨은 수많은 이들과의 끊임없는 관계의 산물입니다. 사람은 관계 속에 존재할 때 성숙하고 행복해질 수 있습니다. 누군가와 연결되어 있다고 느낄 때 우리는 정신을 가다듬고 사회적 존재로 살아갈 수 있습니다. 알고 보면 신앙이란 이어주는 것입니다. 하나님과 사람 사이, 사람과 사람 사이, 사람과 자연 사이의 멀어진 관계를 잇는 것이 신앙생활입니다.

속회는 교회 안의 작은 교회로 관계를 맺을 수 있는 훌륭한 소그룹입니다. 존 웨슬리는 속회를 통해 감리교 운동을 전개했습니다. 속회는 고백이 이루어지고 치유를 경험하여 삶을 변화시키는 장소였습니다. 그러므로 속회를 이해한다는 것은 신앙부흥의 원동력을 이해한다는 것과 같습니다. 이렇게 중요한 속회를 그동안 너무 당연시했기에 소홀하게 다룬 것은 아닌지 늘 아쉬움이 있었는데 속회개론서가 나오게 되어 너무 기쁘고 감사합니다.

속회연구원은 지속적으로 지도자 훈련을 위해 『성장을 위한 교회생활』과 『살아있는 속회 만들기』, 『능력있는 속장 세우기』 등의 교재들을 출판해왔습니다. 또 청년들의 속회(CM)모임을 위한 공과 『질문있습니다』를 출판한 바 있습니다. 이번에 출판되는 책은 그동안 우리가 지속적으로 연구해 왔던 속회를 향한 관심과 애정을 총망라한 것입니다. 속회에 대해 열정을 가지고 연구하시고, 사역의 현장에서 적용하여 속회를 통한 교회부흥을 경험하신 현장 목회자들이 한국교회를 위해 준비하신 이번 "속회개론, 『속회 알고 계십니까?』"가 시대의 사역자로 부름받아 연구하고 훈련하는 신학대학생들과 교회의 속회리더들의 연속교육과정의 교재로 훌륭하게 사용되기를 기대합니다. 이 책을 통해 우리의 속회가 고향을 느낄 수 있고, 환대받는다는 느낌이 들고, 새롭게 살고 싶은 열망이 일어나는 곳이 되기를 기대합니다.

2021. 11. 3
기독교대한감리회 감독회장
이 철

CONTENTS

Part 1 속회의 이해

1. 교회란 무엇인가? — 8
2. 속회란 무엇인가? (역사적 배경 I) — 27
3. 속회란 무엇인가? (역사적 배경 II) — 43
4. 속회의 신학적 이해 — 74

Part 2 속회의 실제

5. 속회 토양 작업 — 119
6. 속회의 양육과 돌봄 기능 — 156
7. 속장의 자실과 리더십 — 183
8. 속회의 성장과 배가 증식 — 211
9. 연령에 따른 다양한 속회 운영 — 239

속회의 이해

교회란 무엇인가?

교회란 무엇인가? 건물 혹은 교파가 교회인가? 이전엔 이러한 오해들이 종종 있었지만, 지금은 하나님의 부르심을 받은 하나님의 자녀들의 모임으로 이해하는 관점이 널리 통용되고 있다. 그렇다고 해서 교회를 세상에 속한 단체로 여겨선 안 된다. 이제 교회의 성경적 이해, 특별히 신약성경의 교회 이해와 웨슬리안의 교회론을 살펴보도록 하겠다.

◆ 1. 신약성경의 교회 이해

복음서 중에 교회(에클레시아)라는 용어를 사용한 것은 마태복음뿐이다. 하지만 사도행전부터 요한계시록까지엔 교회에 대한 많은 진술이 있다.[1] 다만 교회에 대한 체계적인 진술이 나타나지 않기 때문에 성경의 교회관을 체계적으로 정리할 필요가 있다.

(1) 에클레시아

사도 바울은 교회를 지칭할 때 "에클레시아"라는 단어를 썼다. "에클레시아"라는 헬라어는 "~로부터" 혹은 "~에서 밖으로"라는 뜻의 전치사 에크(εκ)와 "부르다" 혹은 "명명하다"라는 뜻의 동사 칼레오(καλεω)의 합성여성명사이다. 이 합성명사의 원뜻은 "정규적으로 소집된 단체 혹은 회중"을 의미한다. 본래 에클레시아는 아테네에서 어떤 문제를 결정하기 위해 부름 받은 시민의 모임인 민회(시민 총회)를 가리키는 말로 사용되었다. 초대교회는 정치적 모임인 아테네 민회를 지칭하는 용어인 "에클레시아"를 자신의 정체성을 드러내는 용어로 선택했다.

초대교회 교인들은 단순한 모임에 신학적 의미를 부여했다. 그들에게 '누구의 모임인가?', '무슨 목적으로 모인 모임인가?'라는 질문은 아주 중요했다. 초기 기독교 성도들은 자신들이 세상과 구별되었다는 의식을 갖고 정기적으로 모였다. 그리고 자신들의 공동체를 하나님의 에클레시아라고 불렀다. 이 명칭으로 그들은 하나님에게 선택받고 부름 받은 선민으로서의 정체성을 드러낸 것이다.

또 에클레시아는 가정 교회, 지역 교회, 그리고 보편 교회(혹은 우주적 교회) 모두를 포괄하는 개념이다. 가정 교회와 지역 교회는 지금 여기에 모이는 구체적인 교회이며, 보편 교회는 지구상에 존재했었고, 존재하는 그리고 존재할 모든 구속함을 받은 성도로 이루어진 우주적 교회이다.

(2) 교회의 탄생과 성장

　　교회의 탄생은 마가의 다락방에서 있었던 오순절 성령 강림 사건과 직접적인 관련이 있다. 오순절 사건 이전에도 예수의 제자들은 공동체를 이루었지만 엄밀한 의미에서 기독교 신앙 공동체라고 말하기 어려웠다.

　　예수를 따르는 공동체는 마가의 다락방에서 오순절 성령 강림 사건을 체험한 이후, 예수 그리스도를 부활하신 주님, 메시아, 세상 죄를 지신 어린양, 대속의 죽임을 당한 하나님의 아들로 고백하는 기독교 신앙 공동체가 되었다. 마가의 다락방에서 성령을 체험한 120명의 제자들이 최초의 교회가 되었으며, 지금 이 땅에 존재하는 모든 교회의 모교회가 되었다. 성령이 원시 교회의 탄생에 결정적 역할을 했다는 사실은 성령의 역사 없이 교회는 태어날 수 없다는 것을 알려준다.

　　성령은 교회의 산파 역할 뿐만 아니라 교회의 성숙과 성장 과정에서 결정적 역할을 했다. 성령은 유대교의 본거지이며 예수 그리스도를 십자가에 못 박았던 사람들이 있는 예루살렘에서 교회를 탄생시키고 성장시켰다. 예수를 십자가에 못 박으라고 외쳤던 강퍅한 예루살렘 거민들이 성령의 임재 가운데 선포한 베드로의 말씀을 듣고, 회개하고 예수를 구세주로 믿고 구원받았던 것 역시 성령의 역사를 통해서 가능했다. 또한 그들의 삶이 기도, 말씀, 찬양, 부활의 기쁨으로 충만하게 변한 것 역시 성령의 능력으로 가능했다. 성령은 능력, 변화, 갱신의 영이시다. 이후 예루살렘에서 발생한 모교회를 통해서 수많은 교회가 세워졌다. 팔레스타인, 소아시아, 유럽 등에 세워진 모든 교회는 궁극적으로 성령의 사역에 의해 탄생하고 성장했다.

　이처럼 성경이 증언하는 초대교회의 성장 과정을 살펴보면, 하나님의 살아계신 거룩한 영이 끊임없이 역사하셨음을 알 수 있다. 이러한 사실들은 우리로 하여금 지금 존재하는 모든 교회도 성령의 역사를 통해서 태어나고 성장하고 있음을 알게한다.

　인격적인 하나님의 살아 계신 영으로서의 성령을 믿고 교제하며 함께하면 성령은 우리를 변화시키고 교회를 부흥시키신다. 성령과 인격적으로 교제하지 못하는 성도는 결코 변하지 않으며 교회는 결코 부흥하지 못한다. 성도의 변화, 교회의 부흥은 성령의 역사로 가능하다.

(3) 사도 바울의 교회 이해

　바울은 다양한 표현을 사용해 교회를 언급한다. 특히 고린도전서에서 다양한 교회론적 표현들을 발견할 수 있다. 고전1:2의 "하나님의 교회", 3:9의 "하나님의 밭", 3:9의 "하나님의 집", 3:16의 "하나님의 성전", 6:19의 "성령의 전", 그리고 12:27의 "그리스도의 몸" 등이 있다. 또 고후6:16에는 "하나님의 백성"이라는 표현이 나온다. 이 중에서 "하나님의 교회"와 "그리스도의 몸"이라는 표현을 살펴보며 바울의 교회 이해를 살펴보도록 하겠다.

① 하나님의 교회

"고린도에 있는 하나님의 교회 곧 그리스도 예수 안에서 거룩하여지고 성도라 부르심을 받은 자들과 또 각처에서 우리의 주 곧 그들과 우리의 주 되신 예수 그리스도의 이름을 부르는 모든 자들에게 하나님 우리 아버지와 주 예수 그리스도로부터 은혜와 평강이 있기를 원하노라"(고전1:2-3)

교회를 의미하는 에클레시아라는 단어는 신약성경에서 114회 등장하는데 바울 서신에서만 44회가 사용된다. 에클레시아 개념에서 특히 중요한 것은 고린도전서 1장 2절의 경우와 같이 "교회"를 수식하는 어구인 "하나님의"이다. 교회의 소유는 누구에게 있는가? 바로 하나님이시다. 하나님에 의해서 세상에서 불려온 사람들의 모임인 교회는 하나님께 속해 있다. 교회는 세상 안에 존재하지만 세상으로부터 이끌어냄을 받은 하나님의 소유이다.

하나님께 속한 교회는 하나님을 아버지라 고백하고 예수 그리스도를 주님으로 고백하는 거룩한 가족 공동체이다. 바울에 의해 세워진 초기 교회 공동체는 매일 저녁마다 함께 식사하며 배불리 먹었다. 성부 하나님을 아버지라고 부르고 성자 하나님을 구세주로 고백하는 사람들이 공동 식사를 통해 그 고백을 구체적으로 실천한 것이다.

② 성도

"너희 중에 누가 다른 이와 더불어 다툼이 있는데 구태여 불의한 자들 앞에서 고발하고 성도 앞에서 하지 아니하느냐 성도가 세상을 판단할 것을 너희가 알지 못하느냐 세상도 너희에게 판단을 받겠거든 지극히 작은 일 판단하기를 감당하지 못하겠느냐"(고전6:1-2)

바울은 교회 공동체의 구성원들을 '성도'라고 표현한다(롬1:7; 12:13; 16:2; 16:15, 고전1:1; 6:1-2 등). 성도는 세상과 구별된 거룩한 사람들이라는 뜻이다. 따라서 성도의 모임인 교회 역시 구별된 거룩성을 그 특징으로 한다. 여기서 말하는 '거룩'이란 단순한 윤리적 영역을 넘어서는 구원의 영역과 연결된다.

왜 성도가 거룩한가? 사람의 윤리 도덕적 성취가 아닌 하나님의 자녀로 부름받았기 때문이다. 초대교회 성도들에게 거룩의 가시적 통로는 세례였다. 초대교회 성도들은 세례를 통해 새로운 정체성을 확증했다. 죄 용서를 받아 깨끗해지고, 의롭다 칭함을 받으며, 거룩해지는 자의식과 세례는 긴밀하게 연결되었다.

③ 하나님의 성전

"너희는 너희가 하나님의 성전인 것과 하나님의 성령이 너희 안에 계시는 것을 알지 못하느냐 누구든지 하나님의 성전을 더럽히면 하나님이 그 사람을 멸하시리라 하나님의 성전은 거룩하니 너희도 그러하니라"(고전3:16-17)

"너희 몸은 너희가 하나님께로부터 받은바 너희 가운데 계신 성령의 전인 줄을 알지 못하느냐 너희는 너희 자신의 것이 아니라"(고전6:19)

사도 바울은 성도를 성령님이 거하시는 하나님의 성전으로 표현한다. 성전의 개념을 건물이 아닌 사람으로 바꾼 것이다. 성령님과 동행하는 모든 성도가 성전이다. 각각이 성전인 모든 성도들은 보편 교회를 이루는 한 부분이 된다. 그리고 보편 교회의 모퉁이 돌은 예수 그리스도이다.

"너희는 사도들과 선지자들의 터 위에 세우심을 입은 자라 그리스도 예수께서 친히 모퉁잇돌이 되셨느니라. 그의 안에서 건물마다 서로 연결하여 주 안에서 성전이 되어 가고 너희도 성령 안에서 하나님이 거하실 처소가 되기 위하여 그리스도 예수 안에서 함께 지어져 가느니라"(엡2:20-22)

보편 교회인 이 우주적 성전이 신약성경이 말하는 교회의 본질이며 궁극적 지향점이다.

④ 그리스도의 몸

"너희는 그리스도의 몸이요 지체의 각 부분이라"(고전12:27)

"또 만물을 그의 발 아래에 복종하게 하시고 그를 만물 위에 교회의 머리로 삼으셨느니라"(엡1:22)

"그는 몸인 교회의 머리시라 그가 근본이시오 죽은 자들 가운데서 먼저 나신이시니 이는 친히 만물의 으뜸이 되려 하심이요"(골1:18)

다양한 교회론적 표현 중에서 가장 비중 있게 다루어지는 개념이 "그리스도의 몸"이다. 어거스틴(아우구스티누스)은 교회를 지칭할 때 "그리스도의 몸" 개념을 가장 많이 사용했다. 교회는 부활하신 그리스도의 몸이다. 그리스도는 교회의 머리이다. 또한 그리스도의 몸 된 교회는 많은 지체, 즉 성도들로 이루어진 인격체이다. 바울은 성도를 "지체의 각 부분"이라고 표현했다(고전12:27). 바울에게 교회는 사람들의 유기체적 모임이다.

교회의 구성원은 그리스도 몸의 각 지체들이다. 각 지체들 사이에 우열 관계는 있을 수 없다. 눈이 코보다 귀하거나, 손이 발보다 더 중요하다고 말할 수 없다. 지체들은 서로 연결되어 있어 몸의 한 부분이 아프면 몸 전체가 고통을 받는다. 각 지체들이 제 기능을 해야 몸이 건강하게 살아갈 수 있는 것처럼, 교회의 각 지체들이 건강해야 그리스도의 몸 된 교회 역시 건강해진다. 그리고 몸은 머리의 영향 아래 기능한다. 이런 유기체적 관계를 고려한다면 몸 된 교회의 머리이신 예수 그리스도의 마음과 뜻에 따라 교회가 기능해야 건강해진다.

건강한 교회는 지체인 성도들의 결정이 아닌 머리이신 그리스도의 마음과 뜻에 순종하는 교회다. 그리고 늘 활동하는 몸이 건강한 몸인 것처럼, 그리스도의 마음을 품고 그리스도께서 걸어가셨던 그 길을 계속해서 걸어가는 교회가 건강한 교회이다.

"그리스도의 몸"으로서의 교회 개념을 통해 알 수 있는 교회의 특징이 있다. 첫째, 그리스도를 머리로 하는 모든 교회는 모두가 주님의 몸이라는 일치성을 지닌다. 둘째, 교회의 소유주는 주님이시다. 셋째, 그리스도와 성도들의 연합이 가능한 것은 주님께서 우리를 위해 십자가를 지시고 죽으시고 부활하셨기 때문이다. 넷째, 교회는 그리스도의 사역을 지속하기 위해 부르심을 받은 유기체이며, 교회는 사랑과 섬김을 위해 부름받은 곳이다. 이러한 사명이 중단되었을 때 교회는 그리스도의 몸으로서의 기능과 사명을 다하지 못하는 것이다.

⑤ 하나님의 백성

"하나님의 성전과 우상이 어찌 일치가 되리요 우리는 살아 계신 하나님의 성전이라 이와 같이 하나님께서 이르시되 내가 그들 가운데 거하며 두루 행하여 나는 그들의 하나님이 되고 그들은 나의 백성이 되리라"(고후6:16)

하나님께서는 하나님의 자녀들을 부르셔서 하나님의 백성을 만드셨다. 구약에서도 하나님은 이미 존재하는 민족 중 하나를 불러 언약을 맺으신 것이 아니라, 아브라함이라는 한 사람을 불러서 언약의 백성을 새롭게 창조하셨다. 하나님의 백성들의 모임인 교회를 세우실 때 하나님께서는 성령님과 함께 하는 하나님의 성전 된 성도들을 모으시고 그러한 성도들을 하나님의 백성으로 삼아 주셨다. 창조주 하나님께서 새로운 백성을 창조하셨다.

⑥ 하나님의 가족

"그러므로 이제부터 너희는 외인도 아니요 나그네도 아니요 오직 성도들과 동일한 시민이요 하나님의 권속이라"(엡2:19)

교회는 하나님을 중심으로 하는 가족이다. 하나님께서 우리의 아버지가 되어 주시고, 성도들은 서로에게 형제자매가 된다. 하나님을 중심으로 이루어지는 가족 공동체로서의 교회야말로 가장 순수하고 역동적이며 영적으로 하나가 되는 교회다.

영적인 가족 공동체로서의 교회의 기원과 특징은 하나님의 공동체성에서 출발한다. 그래서 성부, 성자, 성령의 삼위가 한 분 하나님이라는 신앙 고백이 중요하다. 삼위의 공동체이신 한 분 하나님께서 남자와 여자를 창조하시고, 또 그들과 함께하심으로 공동체를 이루셨다. 그리고 하나님은 이 공동체를 통해 피조 세계를 통치하고 관리하셨다.

하나님-인간 공동체에서 중요한 것은 언약에 근거한 관계이다.[2] 신약의 교회는 구약에서 나타난 언약에 기초한 공동체적 관계가 더욱 강화된 형태라고 볼 수 있다. 말씀이 육신이 되신 예수께서 그 중심에 있기에 그렇다. 신약시대와 구약시대 모두 언약 백성으로서의 공동체가 강조되었다. 다만 구약은 혈연 중심, 율법 중심의 언약 공동체를 강조했다면, 신약은 예수 그리스도를 중심으로 하는 믿음의 공동체를 강조한다. 신약시대의 믿음의 공동체는 육체적 혈연관계는 아닐지라도 하나님을 아버지라고 부르며 믿음 안에서 형제자매가 된 또 다른 가족 공동체라고 볼 수 있다.

바울은 하나님과 성도의 관계를 가족으로 강조하고 있다. 하나님은 아버지시며 성도들은 하나님의 자녀들이다. 따라서 초대교회는 상호의존적 공동체의 형태를 가지고 있음을 추론할 수 있다.[3] 현대를 살아가는 우리들에게 하나님의 가족은 고독과 소외로부터 벗어나는 중요한 역할을 할 수 있으며, 또한 그렇게 되어야 한다.

(4) 교회의 역할과 사명

교회는 세상 속에서 빛과 소금의 역할을 해야 한다. 교회가 이 역할을 잘 수행할 때 교회는 교회다울 수 있다. 교회의 역할과 사역이 교회의 선교를 형성한다. 그리스도 복음 전파를 포함하여 이 땅에 하나님 나라의 성취를 이루어 가는데 필요한 모든 일들이 교회의 사역이다. 교회의 사역과 기능은 크게 예배, 복음 전파, 교육, 섬김, 교제 등이 있다.

① 예배

"아버지께 참되게 예배하는 자들은 영과 진리로 예배할 때가 오나니 곧 이 때라 아버지께서는 자기에게 이렇게 예배하는 자들을 찾으시느니라. 하나님은 영이시니 예배하는 자가 영과 진리로 예배할지니라"(요4:23-24)

신앙생활에 있어서 가장 중요한 것은 하나님과의 인격적인 만남이다. 그리고 그 인격적인 만남은 예배 가운데 가장 강력하게 이루어진다. 예배는 이러한 은혜의 강력한 통로이다. 따라서 구원받은 성도들의 교회는 무엇보다도 예배 공동체여야 한다. 그리고 예배를 구성하는 두 기둥은 말씀 선포와 성례전이다.

첫째, 우리는 예배 가운데 하나님을 경배하고 찬양하며, 감사와 기도를 드린다. 특별히 하나님께서는 말씀 가운데 우리를 찾아오셔서, 우리의 심령을 감화시키시고 우리를 위로하시며 우리를 깨우치신다. 사도행전 시대의 초대교회 부흥은 말씀을 통해 이루어졌다. 성령 충만한 사도들의 말씀 선포로 많은 이들이 회개하고 하나님의 자녀가 되었다. 하나님께서는 말씀을 통해 각 사람들에게 인격적으로 다가오신다.

둘째, 성례전이 정당하게 이루어지는 예배여야 한다. 성도는 세례를 통해 예수 그리스도의 복음 아래 그리스도의 몸 된 교회의 지체가 되고, 주의 만찬을 통해 부활하신 그리스도와 하나됨의 은혜를 체험하게 된다. 성례전은 단지 인간의 결단이나 인간의 주체적 행위가 아닌 하나님의 은총에 따른 은혜로운 초대이며 은총의 통로이다.

말씀 선포와 성례전 외에 찬양, 기도 등도 예배를 구성하는 중요한 요소들이다. 그러나 예배의 모든 요소 중에 가장 중요한 것은 성령의 역사이다. 따라서 예배에 참여하는 모든 성도들은 하나님 말씀을 온전히 받아들이고, 성례전에 신령과 진정으로 참여하는 것뿐만 아니라 예배 가운데 역사하시는 성령께 마음을 온전히 열어야 한다. 따라서 우리의 예배는 성령의 은사가 온전히 활용되는 예배, 성령의 은혜 가운데 복음이 자유롭고 온전하게 선포되는 예배, 용서와 사랑이 넘치는 예배가 되어야 한다.

② 복음 전파(케리그마)

"율법과 선지자는 요한의 때까지요 그 후부터는 하나님 나라의 복음이 전파되어 사람마다 그리로 침입하느니라"(눅16:16)

"예수께서 나아와 말씀하여 이르시되 하늘과 땅의 모든 권세를 내게 주셨으니 그러므로 너희는 가서 모든 민족을 제자로 삼아 아버지와 아들과 성령의 이름으로 세례를 베풀고 내가 너희에게 분부한 모든 것을 가르쳐 지키게 하라 볼지어다 내가 세상 끝 날까지 너희와 항상 함께 있으리라 하시니라"(마28:18-20)

예수께서 맡기신 사명을 지속하는 것 역시 교회가 해야 할 일이다. 예수 그리스도는 '하나님 나라' 복음을 전파하기 위해 이 땅에 오셨다. 주님은 "우리가 다른 가까운 마을들로 가자 거기서도 전도하리니 내가 이를 위하여 왔노라(막1:38)"라고 말씀하신다. 여기서 '전도한다'는 말씀을 선포하시겠다는 의미이다. 무슨 말씀을 전하시려는가? 그것은 마가복음 1장 14-15절을 보면 알 수 있다. "요한이 잡힌 후 예수께서 갈릴리에 오셔서 하나님의 복음을 전파하여 이르시되 때가 찼고 하나님의 나라가 가까이 왔으니 회개하고 복음을 믿으라 하시더라." 즉 하나님 나라와 복음 혹은 하나님 나라 복음을 전하시는 것이다.

사도 바울은 이것을 십자가 복음으로 우리에게 전하고 있다. 십자가에 못 박힌 예수 그리스도를 전하는 것 그것이 바로 교회의 사명이다. 십자가의 복음은 사람과 사회를 변화시키는 놀라운 능력과 위대한 힘을 가지고 있다. "내가 복음을 부끄러워하지 아니하노니 이 복음은 모든 믿는 자에게 구원을 주시는 하나님의 능력이 됨이라(롬1:16)" 교회는 십자가를 통해 드러난 하나님의 거룩한 사랑으로 변화된 그리스도의 제자를 만드는데 그 사명이 있다.

③ 섬김(디아코니아)

"다만 우리에게 가난한 자들을 기억하도록 부탁하였으니 이것은 나도 본래부터 힘써 행하여 왔노라"(갈2:10)

"하나님 아버지 앞에서 정결하고 더러움이 없는 경건은 곧 고아와 과부를 그 환난 중에 돌보고 또 자기를 지켜 세속에 물들지 아니하는 그것이니라"(약1:27)

넓은 의미에서 교회의 모든 사역은 섬김이다. 좁은 의미에서는 이웃 사랑 실천이라고 말할 수 있다. 예수는 공생애 사역을 하실 때 말씀을 전파하시고 동시에 사랑의 섬김을 베푸셨다. 병으로 고통받는 수많은 사람을 치유하시고, 배고픈 사람들을 먹이시며 가난하고 소외된 사람들을 위로하며, 하나님 나라의 섬김과 사랑의 사역을 행하셨다(막1:34; 6:30-44, 눅6:20-21).

교회는 세상을 섬겨야 한다. 세상이 부패하고 타락했지만 하나님께서는 여전히 세상을 포기하지 않으셨기 때문이다. 세상이 하나님의 관심과 사랑의 대상임을 명심하고 교회 된 우리는 세상의 모든 사람들, 특히 어려움을 당하고 고난 가운데 있는 지극히 작은 사람 한 사람 한 사람을 사랑으로 섬겨야 한다. 성경은 특별히 가난한 사람, 나그네, 고아 그리고 과부를 섬김이 성도들의 경건의 최고 실천임을 강조한다(약1:27; 2:1-17).

④ 교육(디다케)

"내가 너희에게 분부한 모든 것을 가르쳐 지키게 하라 볼지어다 내가 세상 끝 날까지 너희와 항상 함께 있으리라 하시니라"(마28:20)

예수는 열두 제자를 모으시고, 그들과 동고동락하시며 제자들을 교육하셨다. 그리고 교육의 사명을 제자들에게 맡기셨다. 예수는 모든 제자들에게 "내가 너희에게 분부한 모든 것을 가르쳐 지키게 하라"고 말씀하셨다. 이러한 측면에서 교회의 사명 중 하나가 교인들의 교육과 훈련이다. 특히 생명의 성령의 법(롬8:2), 그리스도의 법(갈6:2), 즉 사랑의 법에 따른 하나님 나라 시민 교육이 주가 되어야 한다. 하나님의 거룩한 사랑, 평화, 공의가 중심이 되어야 한다.

⑤ 사귐(코이노니아)

"그러므로 우리가 믿음으로 의롭다 하심을 받았으니 우리 주 예수 그리스도로 말미암아 하나님과 화평을 누리자 또한 그로 말미암아 우리가 믿음으로 서 있는 이 은혜에 들어감을 얻었으며 하나님의 영광을 바라고 즐거워하느니라"(롬5:1-2)

교회는 성도들이 사랑으로 사귀는 공동체이다. 주님께서 나누신 사랑의 교제가 그 모형이 되어야 한다. 하나님의 내적 사귐의 원리가 거룩한 사랑임을 기억한다면, 성도의 사귐의 원리 역시 거룩한 사랑이 되어야 한다. 그리스도 안에서 하나님과의 사랑의 사귐의 관계를 회복한 우리는 그리스도 안에서 성도들과 함께 사랑의 사귐을 온전하게 행할 의무와 누릴 권리를 동시에 가진다.

2. 웨슬리안 교회이해

(1) 한 성령, 그리스도를 머리로 하는 하나의 교회, 한 소망, 한 믿음

존 웨슬리의 설교 「교회에 대하여(Of the Church, 엡4:1-6)」에서 우리는 웨슬리안의 교회 이해를 잘 살펴볼 수 있다. 웨슬리안의 교회 이해는 성경적이다. 교회는 한 성령 안에서 그리스도를 머리로 하는 "부르심의 한 소망 안에서 부르심을 받은" 한 몸이다(엡4:4). 교회는 한 믿음을 소유하고 있다. 그 믿음은 하나님께서 값없이 주시는 선물로서 성도의 궁극적 소망의 기초이다. 하나님께서 우리에게 값없이 주시는 선물로 인해 우리는 "내가 그리스도와 함께 십자가에 못 박혔나니 그런즉 이제는 내가 사는 것이 아니요 오직 내 안에 그리스도께서 사시는 것이라 이제 내가 육체 가운데 사는 것은 나를 사랑하사 나를 위하여 자기 자신을 버리신 하나님의 아들을 믿는 믿음 안에서 사는 것이라(갈2:20)"고 담대하게 고백할 수 있다.

성령은 만유 위에 계시고 만유를 통일하시고 만유 가운데 계신 만유의 아버지이신 하나님께서 우리의 아버지 되심을 증거한다. 또한 이러한 하나님께서 보내신 예수 그리스도께서 우리의 주님임을 깨닫게 한다. 우리는 성령 안에서 교회를 통해 부활하신 주님의 현존을 체험한다.

(2) 건물이 아닌 모임으로서의 교회

  우리는 예배드리기 위해 모이는 건물을 교회라고 말한다. 건물로서의 교회 이해는 그리스도의 몸이라는 성경적 교회 이해와는 거리가 있다. 그리스도의 이름으로 모이도록 부름받은 성도들이 함께 그리스도의 임재를 경험하고, 그리스도께서 함께 계심을 발견하는 곳에 교회가 있다.[4] 다른 측면에서 성도 역시 교회이다. 예수 그리스도 안에서 거룩하여지고 어디에서든 예수 그리스도를 구주 삼고 예수 그리스도의 이름을 부르는 모든 사람들이 교회이다.[5]

  존 웨슬리는 고린도후서에서 에클레시아의 용례를 다양하게 사용한 사도 바울의 교회 이해를 따른다. 사도 바울은 "고린도에 있는 하나님의 교회 곧 그리스도 예수 안에서 거룩하여지고 성도라 부르심을 받은 자들과 또 각처에서 우리의 주 곧 그들과 우리의 주 되신 예수 그리스도의 이름을 부르는 모든 자들에게(고전1:2)"로 고린도전서를 시작하고, 고린도후서는 "고린도에 있는 하나님의 교회와 또 온 아가야에 있는 모든 성도에게(고후1:1)"라는 인사로 시작한다. 이 인사에서 우리는 사도 바울이 고린도교회 뿐만이 아니라 지역 전체의 모든 교회, 더 나아가 각 처에 흩어져 있는 모든 성도들의 모임을 교회에 포함시킴을 알 수 있다.[6] 여기서 명심해야 할 것은 세계 도처에 흩어져 있는 성도들의 모임이 아무리 많아도 그리스도의 몸은 하나라는 것이다.[7]

  종합하자면 한 가정, 한 집, 한 도시, 한 지역, 한 국가의 무리 안에 교회가 있을 수 있다. 그렇기에 기독교 가정, 지역 교회, 국가 교회, 그리고 보편 교회 모두 교회이다.

(3) 부르심을 받은 소명에 합당한 삶

교회의 모든 구성원들은 "부르심을 받은 소명에 합당한" 삶을 살아야 한다.[8] 성경적으로 "합당하게 행한다"라는 것은 단순히 외적인 행동만을 말하는 것이 아니다. 그것은 생각하고 말하는 모든 것을 포함한다. 따라서 결코 쉬운 것이 아니다. "부르심을 받은 소명에 합당하게 행한다"는 것은 "우리의 마음을 아시는 주님께서 우리를 아시는 것 같이 우리 자신을 알고, 우리 자신의 자격 없음을 깊이 깨달으며", 영적 질병을 인식하고, 하나님의 은혜가 없으면 죄로 죽은 자임을 알고, "모든 겸손으로 행하고, 그리스도 예수의 마음을 가지며, 우리가 마땅히 생각할 그 이상의 것을 생각하지 않는 것"이다.[9]

더불어 우리의 모든 생각, 말, 행위가 성령으로부터 나와 우리가 그리스도와 함께 하며, 그분에게서 배운 겸손을 모든 사람이 알게 하는 것이다. 또 그리스도의 사랑이 우리를 통해 드러나는 것이 "부르심을 받은 소명에 합당한" 삶이다. 존 웨슬리는 이것을 "사랑 안에서 서로 용납하고 (…)스스로 원수를 갚지 않으며 (…)서로의 짐을 지고, 우리가 할 수 있는 모든 방법으로 그들의 짐을 덜어주는 것"이라고 설명한다.[10]

그리스도께서는 교회를 통해서 성도들을 '사랑으로 역사하는 믿음' 가운데 거룩한 삶으로 부르신다. 이러한 삶이 가능한 것은 하나님께서 교회와 잘 연합된 사람들로 하여금 생명과 능력을 불어넣어 주시는 성령 안에서 살아가게 하시기 때문이다.[11]

성령 안에서 성도들은 "한 소망, 불멸의 충만한 소망"을 받았으며,

죽음이 잃는 것이 아니라는 것을 알게 되고 죽음 너머의 부활을 바라보게 된다. 예수께서 성도의 마음에 하나님의 나라를 세우셨고, 이 소망에 참여하는 모든 사람을 주관하신다. 그리고 하나님의 계명을 따라 행하고, 하나님의 뜻을 따르는 순종이 그들에게 영광과 기쁨이 된다.

(4) 예배 공동체로서의 교회

교회는 그 무엇보다도 예배를 위해 모인 예배 공동체이다. 존 웨슬리안 관점에서 말씀 선포와 성례전은 예배의 주된 요소이다. 따라서 교회는 "하나님의 순수한 말씀이 선포되고, 성례가 바르게 행해지는" 예배 공동체이다.[12] 또 성도의 거룩한 삶은 개인적 성취라기보다는 신앙 공동체와 뗄 수 없는 관계가 있다. 특히 우리로 하여금 말씀을 듣고 성례에 참여하도록 하는 예배와 밀접한 관계가 있다.[13]

미주

1) "에클레시아(교회)"라는 용어는 신약성서에 총 114회 등장한다. 복음서에서는 마태복음에만 2회(16:18; 18:17) 나온다. 가장 많이 나오는 곳은 사도행전(23회), 고린도전서(22회), 요한계시록(20회) 순이다.
2) 개러스 W. 아이스노글, 안영권,김선일 공역, 『왜 소그룹으로 모여야 하는가 : 소그룹 운동과 공동체 사역을 위한 성경적 근거』, (서울:옥토, 1997), 21-29.
3) ibid, 438-439.
4) 존 웨슬리, 한국웨슬리학회 편역, 『웨슬리 설교전집』, (서울: 기독교서회, 2006), 150.
5) ibid, 150-151.
6) ibid, 151.
7) ibid, 151-152.
8) ibid, 152.
9) ibid, 158.
10) ibid, 160-161.
11) ibid, 153.
12) ibid, 157.
13) 김민석, 『웨슬리안 실천교리』, (서울:샘솟는 기쁨, 2019), 170-171.

02 속회란 무엇인가? (역사적 배경 I)

존 웨슬리의 감리교 운동의 가장 핵심은 '속회(Class Meeting)'다. 속회를 통해 사람들의 삶이 바뀌고 성화 되었으며, 그 결과 사회가 변화되고 감리교회는 놀랍게 성장하였다. 물론 속회 이전에도 여러 종류의 소그룹은 있었다. 영국 국교회의 신도회(society)모임이나 모라비안들의 밴드(band), 프랑스 백작 드 렌티(De Renty)의 작은 신도회(small society) 등을 들 수 있다. 그런 점에서 본다면 존 웨슬리의 속회란 특별한 것이 아니라 여러 소그룹 운동 가운데 생긴 또 하나의 소그룹이었을 뿐이다. 그러나 그렇게만 속회를 규정한다면 속회의 고유한 특징과 본질에 다다를 수 없다.

사실 속회 안에서 행해진 자기 고백이나 삶의 나눔은 이전의 여러 소그룹에서도 실천되던 내용들이다. 이미 여러 형태의 소그룹 조직들이 존재하고 있었고, 존 웨슬리는 자기의 사역에 이런 소그룹의 특징들을 잘 활용하였다. 그러나 속회가 조직되고 운영되면서 존 웨슬리는 속회에 더욱 깊은 관심을 갖게 되었고, 속회를 통해 그의 사역의 뼈대를 세워나갔다. 그 이유는 무엇일까? 기존의 훌륭한 소그룹이 여럿 존재하고 있었음에도 존 웨슬리의 '속회'여야만 하는 이유가 분명히 있었다(이에 대해서는 3장 후반부에서 다루도록 하겠다).

존 웨슬리 목회에서 속회가 지닌 독특한 특징은 갑자기 존 웨슬리의 머릿속에서 번뜩이며 탄생한 것은 아니었다. 그의 삶에서 배움을 통해 그리고 경험을 통해 체득된 열매라 할 수 있다. 즉, 웨슬리 속회 운동은 한순간에 이루어진 것이 아니라 그의 전 생애에 걸쳐 만들어진 역사적 목회적 산물이다. 그런 점에서 속회와 관련한 그의 생애를 조금 더 깊이 살펴볼 필요가 있다.

◆ 1. 가정교육(1703-1713)

존 웨슬리는 속회의 중요한 원리 중 하나인 '상호 책임(accountability)'을 어린 시절 가정에서부터 자신도 모르는 사이에 어머니 수잔나 웨슬리(Susanna Wesley)를 통해 배웠다. 청교도의 탁월한 리더이며, 성 바울이라 불릴 만큼 뛰어난 학식과 인품을 겸비한 사무엘 앤슬리(Samuel Annesley) 박사의 25번째 자녀이자 막내로 태어났던 수잔나는 청교도의 후예답게 자기 절제가 강하고 꼼꼼하였으며, 모든 면에 있어서 검소한 사람이었다. 1688년 수잔나는 사무엘 웨슬리와 결혼하여 19명의 자녀를 낳았으나 이들 중 9명은 출생 후 며칠 만에 죽거나 두 살도

못 되어 죽었다.[1] 존 웨슬리는 10명의 형제자매와 함께 성장하였다.

　수잔나 웨슬리는 감리교의 핵심적 원리 중 하나인 '자유의지'의 중요성을 자녀들에게 가르쳤다. 어린 자녀들이었지만 통제와 절제를 가르쳤던 것이다. 아이들은 뭔가를 얻고자 애타게 울어도 원하는 것을 얻지 못했다. 돌이 지나지 않은 어린 자녀지만 크게 소리 내어 울지 못하게 가르쳤다. 약속은 반드시 지켜야 하며, 거짓말을 하거나 남의 물건을 훔치거나 교회 안에서 장난을 치면 반드시 처벌을 받았다.[2] 그리고 형이 동생을 돌보며 가르치게 하는 개인적 훈육과 영적 복종에 대한 강조는 훗날 존 웨슬리 교육 전략의 핵심 요소로 자리매김했을 뿐 아니라, 신앙생활에 있어서 상호 간 책임을 지게 하는 속회의 핵심 원리를 가정에서부터 경험할 수 있는 기회가 되었다. 매일매일 형제자매 간에 서로 돌보게 한 어머니 수잔나 웨슬리의 교육방식은 존 웨슬리에게 매우 유용하고 효과적인 방식이었을 뿐 아니라, 훗날 존 웨슬리가 신성클럽(Holy Club)이나 속회를 활용하는데 중요한 뿌리 역할을 하게 되었다. 또한 존 웨슬리는 이를 영국의 도시 군중들에게도 적용했으며, 엡워스 목사관에서 적용한 도덕적 발달의 원칙은 브리스톨 석탄 광부들의 삶을 형성하는 데에도 매우 효과적이었다.[3]

2. 차터하우스(1714-1720)

　1714년 1월 존 웨슬리는 런던에 있는 명문 '차터하우스(Charterhouse School)'에 장학생으로 입학하였다. 이곳 학교생활은 매우 규칙적이고 엄격했지만 이미 엄격한 가정교육에 익숙했던 존 웨슬리에겐 별문제가 되지 않았다. 이때에도 존 웨슬리는 아버지의 권면에 따라 매일 아침 1마일 가량을 달리며 체력을 관리했다.

존 웨슬리는 훗날 차터하우스에서의 삶을 회고하며 자신의 저널(1738년 5월 24일)에 다음과 같이 기록하고 있다.

> 그 다음 6년에서 7년간은 학교에서 생활하며 보냈다. 집과 달리 그곳에서는 외적인 제한이나 감시 등이 많이 사라졌다. 전에 비해 외적인 의무에 대해 아주 소홀했다. 거의 계속해서 외적인 죄를 범했다. 세상 사람들의 눈에는 대수롭지 않은 것이라 할지라도, 나는 그런 것들을 죄로 여겼다. 그러나 나는 여전히 성경을 읽으며, 아침저녁으로 기도를 했다. 그리고 다음과 같은 것들을 통하여 구원받기를 원했다. ①다른 사람처럼 나쁜 사람이 되지 않음으로 ②기독교에 대해 호의적인 마음을 가짐으로 ③성경을 읽고, 교회에 가고, 다른 사람을 위해 기도함으로.[4]

이 시기 존 웨슬리의 회고를 보면 가정에서 익숙했던 외적인 제한이나 감시가 학교에서 사라지자 가정생활과 비교해볼 때 학교에서는 외적인 의무에 대해 아주 소홀했다고 기록한다. 그리고 외적인 의무에 소홀해지자 외적인 죄도 범하게 되었다고 고백하고 있다. 사람이라는 존재가 누군가의 어떤 외적인 관리가 없으면 영적으로나 일상생활에서나 나태해지고 또 죄에 쉽게 넘어질 수 있는 존재라는 것을 경험한 것이다. 이때 얻은 교훈은 목회자 존 웨슬리의 마음속에 새겨졌고, 이는 속회의 중요성을 재차 확인하는 지침이 되었다.

3. 옥스퍼드 대학 시절부터 사제가 되기까지(1720-1728)

존 웨슬리는 1720년 6월 옥스퍼드의 '크라이스트 처치 칼리지(Christ Church College)'에 장학생으로 선정이 되어 입학하였다. 그러나 그의 대학 생활 역시 차터 하우스 시절보다 크게 더 나아진 것이 없다고 다음과 같이 고백하였다.

> 나는 여전히 공중기도와 개인 기도를 계속하였고, 몇 권의 신앙 서적과 함께 신약성경의 주석을 읽었다. 그럼에도 불구하고 이 기간에 나의 내적 세계에는 거룩함에 대한 생각이 일어나지 않았다. 그저 습관적으로 신앙생활을 해 나갔으며, 다소 죄의식을 느끼면서도 그럭저럭 만족스럽게 그런 생활을 이어나갔다. 1년에 두 번 참여해야 하는 성만찬식을 전후해서는 좀 나아지는 것 같기도 했지만 여전히 내적 갈등은 남아 있었다.[5]

존 웨슬리의 이런 고백을 살펴보면, 그는 어린 시절부터 영적인 갈급함이 있었던 것을 알 수 있다. 신앙생활을 머리로 추상적으로 그리고 신학적으로만 접근하는 것이 아니라 자신의 감정과 느낌을 살피면서 신앙인답게 사는 것에 대한 추구를 계속하였다. 이런 질문이 그의 마음 안에 늘 잔존해 있었기에 존 웨슬리는 훗날 속회 속에서 답을 찾을 수 있었다.

존 웨슬리는 1724년 옥스퍼드를 졸업한 후, 1725년 22세에 성직자가 되기로 결심하였다. 이런 결심을 하게 된 배경에는 옥스퍼드 대학의 '수위'와의 만남이 있었다. 날씨가 몹시 추운 어느 날 저녁 허술한

옷차림의 수위와 이야기를 하던 중 추위를 견디던 수위가 집에 가서 코트를 걸치고 왔다. 그는 자신이 입고 온 단벌 코트에 대해 하나님께 감사를 드렸고, 그날 저녁에 먹은 것이라곤 물 한 모금밖에 없었지만 그것에 대해서도 감사드렸다. 존 웨슬리는 그에게 더 감사한 것이 있느냐고 물었다. 그는 하나님께서 자신에게 삶을 허락하신 것에 대해 감사하며, 하나님을 사랑하는 마음과 섬기는 소망을 갖게 해 주신 것에 대해 감사한다고 고백했다. 집으로 돌아온 존 웨슬리는 일찍이 깨닫지 못했던 구원을 향한 깊은 감격을 느끼게 되었고, 성직의 길을 결심하게 되었다.[6]

이 당시 존 웨슬리의 신앙 형성에 영향을 주었던 세 권의 책이 있었다. 제레미 테일러(Jeremy Taylor)의 『거룩한 삶과 거룩한 죽음(Holy Living and Holy Dying)』과 토마스 아켐피스(Thomas A Kempis)의 『그리스도를 본받아(The Imitation of Christ)』, 그리고 윌리엄 로(William Law)의 『경건하고 거룩한 삶으로의 부름(A Serious Call to a Devout and Holy Life)』이다. 존 웨슬리는 책을 읽으며 종교의 본질과 대면하게 되었고, 자신의 마음을 하나님께 드리지 않는다면 하나님께 자신의 전 생애를 드리는 것이 무가치하다는 것을 깨달았다. 이런 생각은 1765년 『기독교인의 완전에 대한 평이한 해설(Plain Account of Christian Perfection)』을 기록하는데 기초가 되었다.[7] 존 웨슬리는 1725년 크라이스트 처치 대학교회(Christ Church Cathedral)에서 준회원(Deacon) 사제 안수를 받았고, 1726년 옥스퍼드의 링컨 칼리지(Lincoln College)에서 교수(Fellow)로 선임되었다. 그리고 1728년 존 웨슬리는 정회원(Elder) 사제로 안수를 받았다.

4. 옥스퍼드 신성클럽(1729-1735)

신성클럽(Holy Club)[8]은 1729년 동생 찰스 웨슬리(Charles Wesley)에 의해 옥스퍼드 크라이스트 처치 칼리지에서 시작되었다. 찰스 웨슬리는 윌리엄 모건(William Morgan)[9], 그리고 모튼 칼리지의 로버트 커크햄(Robert Kirkham)과 함께 정기적인 성경공부와 기도를 통해 자신들의 신앙을 더욱 발전시키기 위한 모임을 시작하였다. 마침 존 웨슬리도 옥스퍼드 링컨 칼리지로 돌아와 튜터(Tutor)의 일을 하게 되었고, 찰스 웨슬리의 요청에 따라 신성클럽의 리더가 되었다.

신성클럽은 존 웨슬리의 지도 아래 점점 규모가 커지기 시작하였다. 1732년 찰스 웨슬리의 초청으로 조지 휫필드(George Whitefield, 1714-1770)[10]가 신성클럽의 멤버로 참여하게 되었다. 모임의 내용도 더욱 깊어지기 시작했다. 이들은 자신들이 정한 규칙 아래 그 누구보다 신앙의 열정을 불태웠다. 자신들의 신앙을 지키기 위해 규칙을 철저히 지키려 노력하는 모습을 지켜보던 주변의 사람들은 이들을 '성찬형식론자(Sacramentarian)', '성경벌레(Bible moths)', '성경 고집쟁이(Bible bigots)', '규칙쟁이(Methodists)' 그리고 '신성클럽(Holy Club)' 등으로 불렀다. 훗날 감리교를 지칭하는 규칙쟁이들(Methodists)[11]이라는 이름도 신성클럽 운동 당시 이들을 비웃는 사람들에 의해 붙여진 이름이었다. 그런 점에서 신성클럽은 삶의 규칙을 철저히 지키려 노력했던 웨슬리 형제에게는 본격적인 감리교 운동의 출발점이 되었다.

존 웨슬리는 훗날 그의 글 『감리교인이라 불리는 사람들의 짧은 역사(A Short History of the People called Methodists)』에서 감리교 운동의 시작을 다음과 같이 기록하였다.

5월 1일 월요일(1738년). 우리의 작은 신도회가 런던에서 시작되었다. 그러나 감리회의 최초의 발생은 1729년 11월의 일이었다고 할 수 있다. 그때 우리 네 사람은 옥스퍼드에서 함께 모였다. 두 번째 모임은 1736년 4월, 사바나에서 있었다. 그때에는 이삼십 명의 사람들이 내 집에서 모였다. 그리고 오늘, 런던에서 모임이 있는 것이다.[12]

신성클럽 회원들은 매주 일요일 저녁에만 모이다가 후에는 매일 밤 6시부터 9시까지 모였다. 이들은 모여 주로 기도와 희랍어 성경 공부 그리고 고전문학을 연구한 후 저녁 식사를 같이하였다. 매주 한 번씩 성찬식을 행했으며, 한 주에 두 번씩 금식하며 자신들의 신앙을 점검하였다. 나중에는 죄수를 방문하고 병자들을 돌보는 일도 정기적으로 실천하였다. 그러나 이들이 가장 중요하게 생각한 것은 역시 성경 공부였다.[13] 신성클럽 활동은 신앙적으로 살기 위한 의지적 결단과 실천의 기간이었다. 초기에는 자신들의 신앙을 지키는 것에 초점을 맞추었지만, 나중에는 가난하고 소외된 사람들을 돌보는 일로 사역이 확대되면서 균형 잡힌 감리교 운동의 틀이 형성된 기간이었다고 볼 수 있다.

신성클럽에서의 합리적이고 규칙적인 신앙 활동은 존 웨슬리의 거룩을 향한 열망에서 비롯된 것이었지만, 이런 존 웨슬리의 노력에도 불구하고 현실적으로는 만족할 만한 변화를 얻을 수 없었다. 이런 점은 계속 존 웨슬리의 마음에 공허함으로 남게 되었다. 그러나 후에 존 웨슬리는 '속회'라는 매력적인 방법을 통해 실제의 삶에서 변화되는 성도들의 모습을 보게 되었으니, 그런 점에서 신성클럽 활동 시절 시도하였던 거룩을 향한 신앙적 열망은 속회의 정신이 되었다고 말할 수 있으며 속회는 거룩(성화)과 완전을 향한 신앙적 열망을 성취하도록 돕는 도구가 되었다.

　존 웨슬리에게 신성클럽에서의 경험은 여러 사람이 함께 선을 실천하는 것의 유익과 장점을 배우는 시간이 되었다. 함께 하면 혼자서 할 수 없는 많은 일들을 쉽게 그리고 즐겁게 할 수 있다는 것을 체득할 수 있었고, 함께 하면 보다 성숙한 신앙인의 삶을 살기 위한 의지적인 결단을 돕는데 매우 유용하다는 것을 배울 수 있는 기회가 되었다. 이는 나중에 속회의 중요한 기능 중 하나가 되었다.

 ## 5. 마르퀴스 드 렌티에 대한 관심

　존 웨슬리의 아버지인 사무엘 웨슬리는 신도회 모임에 관심이 많았고, 1698년 조시아 우드워드(Josiah Woodward)[14])에 의해 출판된 글을 읽고 깊은 감명을 받았다. 그리고 1699년 사무엘 웨슬리는 『경건한 신도회에 관한 편지(A Letter Concerning the Religious Societies)』를 출판하였는데, 그는 여기서 목회적인 보살핌과 영적인 성장의 필요성을 역설하였다. 사무엘 웨슬리는 여기서도 드 렌티의 '작은 신도회'를 언급하였다. 그리고 우드워드의 기록을 읽은 후 사람들의 신앙 상태를 개선시키기 위해 엡워드에서 신도회를 조직하기로 결심하였다. 첫 모임은 1701년 2월 7일 목사관에서 있었고, 사무엘 웨슬리 외 8명이 참석하였다.[15])

　존 웨슬리는 프랑스 백작이면서 독실한 가톨릭 성도였던 드 렌티의 열정과 겸손, 사역을 높이 평가했던 아버지의 권유로 드 렌티의 삶과 신앙에 관심을 가지게 되었다. 존 웨슬리는 미국 원주민 선교를 위해 조지아로 출발하는 배 안에서도 드 렌티 백작의 자서전을 늘 가지고 다니면서 읽고 또 읽었다. 1738년 1월 6일(금) 존 웨슬리는 드 렌티의 생애를 다 읽은 후 그의 저널에 드 렌티의 삶을 다음과 같이 극찬하였다.

> "나는 '드 렌티(De Renty)의 생애(축약본)'를 다 읽었다. 이렇게 훌륭한 사람의 생애는 훌륭한 역사가에 의해서 기록이 되어야만 한다. 그 성자가 말하고 행했던 모든 연약함을, 더도 덜도 말고 사실 그대로 기록해야 한다. 모든 말이나 행동이 합당하든 아니든 상관없이, 성결한 사람들도 우리처럼 말했고 행했던 모든 연약함을 가진 사람으로서, 그의 삶은 칭찬 받기에 마땅한 것이었다. 그는 모든 미신의 그림자를 거둬내었으며 하늘의 지혜로 살아갔던 사람이다."16)

드 렌티의 삶에 깊은 감명을 받은 존 웨슬리는 성도가 이렇게 살 수도 있다는 점에 큰 도전을 받았다. 존 웨슬리는 평생 드 렌티를 가난한 사람들에 대한 사랑과 효과적인 방법론을 갖춘 경건의 표본으로 여겼으며, 성도의 성화와 완전에 대한 동기를 얻어 드 렌티의 '작은 신도회'를 감리교 속회의 본보기로 삼았다. 존 웨슬리는 종종 설교자들에게 작은 신도회를 참조하라고 했으며, 본인 역시 속회를 조직 운영할 때 드 렌티의 신도회로부터 많은 부분을 취사선택하였다.17) 드 렌티 백작의 거룩한 삶과 작은 신도회는 존 웨슬리의 감리교 목회의 방향과 목표를 설정하는데 주요한 지표가 되었고, 소그룹의 기능과 역할에 더 깊은 관심을 갖는 출발점이 되었다.

6. 미국 조지아 선교 활동과 소그룹

　1735년 4월 아버지 사무엘 웨슬리가 세상을 떠난 후, 존 웨슬리는 미국 조지아 원주민 선교를 위해 1735년 10월 14일 동생 찰스 웨슬리, 벤자민 잉햄, 찰스 델라모트와 함께 그레이브샌드 항구에서 미국으로 출항하기 위해 시몬즈 호에 탑승하였다. 존 웨슬리에게 미국 선교는 새로운 인생을 시작하는 출발점과도 같았다. 배에 오른 존 웨슬리는 즉시 하루 일과를 위한 새로운 시간표를 만들었다.

　미국으로 항해하는 108일간의 여정은 존 웨슬리에게 특별한 시간이었다. 심한 풍랑 속에서도 요동하지 않고 예배를 드리는 모라비안들의 모습은 큰 충격으로 다가왔고, 자신의 신앙을 기본부터 다시 점검하는 계기가 되었다. 1736년 1월 25일자 저널에 "오늘은 내가 지금까지 경험한 날 중에 가장 영광스러운 날이었다"고 기록하였다.[18]

　존 웨슬리의 미국 조지아 선교활동은 실패한 사역으로 알려져 있다. 그러나 조지아 선교사역은 단순히 실패로 끝난 것만은 아니었다. 존 웨슬리에게 무엇이 문제인지를 확인할 수 있는 시간이 되었고, 이런 고민은 훗날 속회가 왜 중요한지, 왜 속회 중심의 목회를 해야 하는지를 명확히 인식하는 기회로 이어졌다.

　미국 조지아로 떠날 때 존 웨슬리의 선교 방향은 원주민들에게 복음을 전하는 것이었다. 그러나 영국의 미국 식민지개발 정책에 의해 뜻하지 않게 원주민 선교보다는 그곳에 있는 백인들 중심의 목회 사역에 힘을 쏟을 수밖에 없었다. 이런 상황에서 존 웨슬리가 할 수 있었던 것은 옥스퍼드 대학생들을 중심으로 전개했던 신성클럽을 선교지

목회상황에 적용하는 것이었다. 그러나 옥스퍼드 대학교와 조지아의 교회 상황은 판이했다. 존 웨슬리는 상황에 따라 목회 방법이 달라져야 한다는 것을 깨달았고, 이는 영국으로 귀국 후 킹스우드 탄광촌 광부들을 대상으로 목회를 할 때에 옥스퍼드에서의 고급문화를 버리고 광부들에게 다가가게 하였다.

조지아 선교에서 존 웨슬리에게 빼놓을 수 없는 중요한 경험 중 하나는 모라비안 신도들과의 만남이요, 특별히 리더인 스팡겐베르크(August G. Spangenberg, 1704-1792)와의 만남이다. 스팡겐베르크는 독일 헤른후트에서 온 이민 개척자들의 리더이며 친첸도르프 백작의 귀한 동역자였다. 존 웨슬리는 스팡겐베르크와의 대화를 통해 자기 자신을 깊이 성찰하게 되었다. 옥스퍼드의 교수이면서 목회자이고 또한 선교사의 열정을 가진 존 웨슬리였지만 스팡겐베르크의 단도직입적인 질문, "당신이 하나님의 자녀임을 성령이 증거 하고 있는가?", "당신은 당신 안에 내적 증거를 가지고 있는가?", "당신은 예수 그리스도를 아는가?"라는 질문 앞에 답을 할 수 없었다. 존 웨슬리는 상식적인 선에서 입을 열었다. "나는 그분이 이 세상의 구주이신 것을 압니다."라고 대답은 하였지만 "그 말이 공허한 것 같아 두려웠다"[19]고 그의 저널에 그때의 솔직한 심정을 기록하였다. 이런 고민은 훗날 존 웨슬리가 올더스게잇(Aldersgate) 거리에서 회심을 경험할 때 직접적인 영향을 주는 계기가 되었다.

존 웨슬리와 모라비안과의 만남이 존 웨슬리의 신앙에 매우 중요한 역할을 했다는 점에 대해 이의를 제기하는 사람은 없다. 이후 모라비안 리더들과의 대화나 모라비안 신도들의 행동은 존 웨슬리에게 늘 신선한 연구대상이 되었다. 1736년 2월 28일(토)자 그의 저널에 의하면, 존 웨슬리는 모라비안들이 회의를 진행하는 모습을 지켜볼 수 있었는데 그 모습을 이렇게 기록하고 있다.

> 회의와 기도회로 몇 시간을 보낸 후, 그들은 감독을 선출하고 임직하는 업무를 진행하였다. 모든 과정이 엄숙하고 놀랍도록 단순했다. 그래서 초대교회와 현대교회 사이의 1,700여 년이란 시간 차이를 잊을 정도였다. 나는 형식과 계급이 없는 회중 가운데 있는 듯했고, 거기에는 자비량 선교사였던 바울, 어부였던 베드로가 마치 사회를 보는 듯했는데, 여전히 성령의 능력이 현저히 나타나고 있었다.[20]

존 웨슬리의 조지아 사역에 대한 다양한 견해가 있다. 사실 존 웨슬리는 영국 국교회의 엄격한 고교회파적 원칙을 고수하였기에 거친 현지 사람들과 많은 마찰이 있었다. 비국교도들은 다시 세례를 받아야 한다는 존 웨슬리의 목회 방식은 현지인들에게 비호감으로 여겨졌다. 동생 찰스 웨슬리가 미국 도착 5개월 반(1736년 7월 26일)만에 철수하게 된 것도 심적으로 큰 부담이 되었다. 그리고 무엇보다 사랑하는 여인 소피 합키와의 갈등과 소송 문제로 인해 도망치다시피 영국으로 귀국하게 된 존 웨슬리에게 남은 것은 깊은 절망과 좌절감뿐이었다. 이런 이유로 존 웨슬리의 조지아 선교 사역은 실패한 사역으로 보는 견해가 일반적이었다. 하지만 조지 휫필드의 평가는 달랐다. 그는 존 웨슬리가 조지아에서 다져 놓은 목회 기반은 어느 누구도 흔들 수 없는 업적이라고 평가했으며, 존 웨슬리의 편지를 편집한 커녹(Curnock)은 감리교회의 순회제도, 속회 모임, 애찬 및 즉석 설교와 기도 등 모든 감리교 제도는 조지아에서 잉태되고 발전되었다고 주장하였다.[21]

미주

1) 김진두, 『웨슬리의 뿌리』, (서울:KMC, 2016), 98.
2) 랄프 월러, 강병훈, 『존 웨슬리』, (서울:KMC, 2006), 30-31.
3) D. 마이클 헨더슨, 이혜림, 『존 웨슬리의 소그룹 사역을 통한 제자 만들기』, (서울:서로 사랑, 2011), 48-53을 참조하라.
4) 존 웨슬리, 웨슬리신학연구소 편역, 『존 웨슬리 저널(1권)』, (서울:신앙과 지성사, 2020), 148. (이하『존 웨슬리 저널(1권)』으로 표기)
5) 서기종, 『요한 웨슬리의 경건생활(John Wesley's Spiritual Life)』, (Nashville:Abingdon Press, 1997), 11.
6) Ibid, 13.
7) Ralph Waller, John Wesley: A Personal Portrait. (New York: Continuum, 2003), 22.
8) 이 신성클럽은 당시 보편화되어 있던 영국 국교회의 '신도회(Religious Society)'의 하나로 작게 시작되었으나 곧 여러 대학으로 확산되었고, 존 웨슬리가 교수로 있던 링컨 칼리지가 제일 많은 멤버가 모이는 곳이 되었다.
9) 윌리엄 모건은 아일랜드 출신의 학생으로 신성클럽 회원들에게 옥스퍼드 캐슬에 수감된 죄수들을 방문하고 병자들을 돌보자는 제안을 하였고, 죄수의 자녀들을 위한 학교를 시작하기도 하였다. 랄프 월러(2006), 60 이하를 참조하라.
10) 조지 휫필드, 엄경희, 『조지 휫필드의 일기』, (서울:지평서원, 2015), 46-48 참조하라. 휫필드는 영국 글로스터(Gloucester) 출신이며, 1732년 옥스퍼드 펨브로크 칼리지(Penbroke College)에 입학하였다. 그는 그의 일기에 다음과 같이 적고 있다. "메소디스트라고 불리던 이 젊은 친구들에 대해 옥스퍼드에서는 말이 많았다. 나는 대학에 들어오기 전부터 그들에 대해 들었고 그들을 사랑했다. 다른 학생들이 그들에 대해 비방하는 말을 들으면 그들을 뜨겁게 변호해 주어 사람들은 나 역시 조만간 그들 중의 일원이 될 것이라고 생각하기 시작했다. 12개월을 넘는 기간 동안 나의 영혼은 그들 중 몇몇과 알게 되기를 열망했으며, 조롱하는 군중을 뚫고 세인트 메리즈(St. Mary's)로 거룩한 성찬을 받으러 가는 그들을 보았을 때, 그들의 훌륭한 본을 따르고 싶은 마음이 강하게 나의 마음을 내리눌렀다."
11) 1732년 9월부터 이렇게 불렸으며, 1732년 12월 Fog's Weekly Journal에 웨슬리를 공격하는 기사가 실리면서부터 공식 명칭(Common Title)이 되었다.
12) 데이비드 L. 왓슨, 한경수, 『이것이 속회다 (The Early Methodist Class Meeting)』, (인천: 주안교회출판부, 1993), 121.
13) 서기종(1997), 17.
14) 데이비드 L. 왓슨(1993), 123. 조시아 우드워드(Josiah Woodward)는 런던에 있는 '포플러회(Poplar Society)'를 위한 성직자(minister)로 봉사했던 사람으로 당시 신도회(Religious Society)에 대한 설명을 잘해주었다.

15) Ibid, 128-129. 이 모임은 토요일 저녁에 있었으며, 주일 설교한 주제를 그 다음 토요일 토론 주제로 삼았다. 회원으로 가입하려면 모든 회원들의 동의를 얻게 하였고, 전체 회원수는 12명이 넘지 않도록 제한하였다. 더 많은 사람이 참여하고자 할 때엔 두 명의 회원을 떼어서 새로운 신도회를 시작하도록 하였다. 그 결과는 대단했다. ①생활과 대화에 있어서 훨씬 신중해지는 것 ②큰 신앙심(great devotion)을 보이는 것, ③매달 영성체(Communion)를 받고, 하나님의 영광과 자신들의 영혼의 복지를 위해 보다 열심을 내는 것을 보게 되었다. 1705년 여름과 가을, 사무엘 웨슬리가 빚으로 인해 투옥된 후에도 이러한 신도회가 계속 되었는지는 확실치 않다. 그러나 1712년 그가 런던에서 열린 영국 국교회 성직자 총회(the Convocation of the Church of England)에 참석하고 있을 동안 그의 아내 수잔나는 엡워드 목사관 부엌에서 그녀 자신이 '확장된 가족 기도회(enlarged family prayers)'라고 서술하였던 모임을 주관하기 시작했다. 후에는 2백 명이 넘는 사람들이 모여왔다.

16) 『존 웨슬리 저널(1권)』, 114-115.
17) D. 마이클 헨더슨(2011), 66 이하를 참조하라.
18) 『존 웨슬리 저널(1권)』, 40.
19) 1736년 2월 7일자 저널 참조하라.
20) 『존 웨슬리 저널(1권)』, 47.
21) 랄프 월러(2006), 88.

03 속회란 무엇인가? (역사적 배경 II)

 존 웨슬리의 생애에서 가장 큰 영향력을 미친 인물로 모라비안 리더 피터 뵐러(Peter Böhler, 1712-1775)[1]를 이야기하지 않을 수 없다. 미국 선교에 큰 실패를 한 존 웨슬리가 깊은 절망과 좌절 가운데 빠져 있을 때, 런던에서 만난 피터 뵐러의 조언은 그에게 큰 격려와 함께 도전이 되었다. 그는 피터 뵐러를 처음 만난 날에 대해 1738년 2월 7일자 그의 저널에 "내가 잘 기억해야 할 날이다"[2]라고 기록하고 있을 정도였다.
 피터 뵐러는 친첸도르프 백작에 의해 모라비안이 된 사람으로 미국 흑인 선교를 위해 조지아로 가는 길에 잠시 영국 런던에 머무르게 되었고, 그 기간에 조지아에서 돌아온 존 웨슬리를 만나게 되었다. 존 웨슬리는 피터 뵐러와의 교제 가운데 모라비안에 대해 더욱 깊은 관심을 가지게 되었고, 영국 국교회에서 배우지 못했던 내적 평안과 새로운 목회 조직에 대해 알아가기 시작했다. 이 경험은 훗날 '속회'라는 매우 실용적이면서도 효과적인 소그룹을 만드는 초석이 되었다.

1. 페터레인 신도회 조직과 회심 그리고 헤른후트 방문

존 웨슬리는 피터 뵐러와 함께 영국 런던에 페터레인 신도회(The Fetter Lane Society)를 조직하였다. 아직 회심 전이었던 까닭에 배우는 심정으로 신도회를 결성하였는데, 이는 존 웨슬리가 모든 사람에게 솔직했고, 배우고자 하는 겸손한 마음을 가진 사람임을 보여주는 대목이다.

(1) 페터레인 신도회 조직

존 웨슬리가 최종적으로 감리교 시스템을 수립하기까지 시행한 그룹 실험 중 가장 의미 있었던 것은 페터레인 신도회 모임이었다. 독일인이 대다수를 차지했던 이 모임에는 40~50명 정도의 사람들이 모였는데, 1738년 5월 1일(월) 첫 모임[3]을 시작으로 런던에서 수요일 밤마다 함께 기도하고 서로를 격려하는 시간을 가졌다. 이 모임은 기본적으로 국교회에 연계된 신도회에서 한 단계 발전된 형태였다. 하지만 모라비안 신앙생활에서 차용한 혁신적인 아이디어를 바탕으로 했기에 그 형태와 방법이 국교회의 신도회와는 상당히 달라졌다. 존 웨슬리는 모라비안 리더인 피터 뵐러와 함께 이 모임을 이끌었다.

이 신도회는 본래의 비전을 지켜나가기 위해 30개 항목으로 구성된 규정을 작성했는데, 그룹 가입, 기능, 결속, 제명, 모임 순서와 관련된 내용이 대부분이었다. 절차상 무엇을 어떻게 진행해야 할 것인지도 세부적으로 명시하였다. 예를 들어 "10시 정각에 그날 밤의 일과가 다

마무리되지 않았을 시, 간단한 기도로 마무리를 하고 가야 할 사람은 가도록 하되 10시 30분까지는 모두 방을 떠나도록" 하는 것이나, "모임에서 말을 하는 사람은 항상 자리에서 일어나서 하고, 그 사람이 자리에 앉을 때까지 다른 사람은 말을 하지 않는다"[4]는 등 상세한 부분까지 명확하게 명시함으로 모든 모임이 질서 있게 진행되도록 하였다.

페터레인 모임의 특징은 영국 국교회의 성도들만 참여하도록 인원을 제한하지 않았다는 점이다. 당시 영국 국교회의 정황으로 비춰볼 때 이는 매우 파격적인 행보였다. 피터 빌러와 존 웨슬리가 새로운 형태의 모임으로 만들었다는 점에서 영국 국교회의 특징과 모라비안 밴드의 강점을 결합한 새로운 형태의 신도회였다.[5] 마이클 헨더슨의 주장에 의하면 신도회는 인지 차원의 가르침, 특히 개인적 적용을 위한 신앙적 지식 습득 측면에서 탁월한 구조를 가지고 있었던 반면, 모라비안 밴드는 개인의 경건 생활을 발전시키고 적극적인 삶을 고양하기 위한 최적의 환경을 구축했다. 존 웨슬리는 이 두 가지를 통제된 체제하에서 병렬구조로 이끌어 가는 방식을 택했다. 즉 전체 신도회는 매주 수요일 저녁 8시에 큰 방에서 모여 가르침과 감동을 주는 것을 목적으로 했으며 모임의 리더는 주로 존 웨슬리나 피터 빌러 또는 외부 게스트가 되었다. 그룹 토론은 권장하지 않았다.

그리고 5명에서 10명으로 구성된 밴드 모임은 일주일에 두 번씩 만났으며, 가르침보다는 주로 친밀한 교제를 중심으로 했다. 여기에서는 존 웨슬리와 빌러가 임명한 평신도 리더가 정해진 질문에 따라 대화의 흐름을 이끌었다. 회원들이 한 사람씩 돌아가면서 자신의 신앙 상태를 보고하고, 나머지 회원들은 상황에 따라 격려나 인정, 제안, 지지 등으로 적절하게 반응했다. 안수를 받지 않은 평신도를 밴드 리더로 세운 것은 영국 국교회 전통에서 볼 때 큰 충격이 아닐 수 없었다. 이는 그 당시 영국 국교회로서는 가히 혁신적인 일이었다.

이런 일로 인해 페터레인 신도회는 얼마 되지 않아 기성 성직자뿐 아니라 일반 대중의 비난을 받게 되었다. 그럼에도 페터레인 신도회가 이런 형태의 모임을 유지할 수 있었던 것은 전적으로 모라비안의 영향이라 말할 수 있다. 사실 모라비안 신앙은 독일 루터교의 엘리트주의에 대한 반발로 이어졌으며, 예배와 교육, 섬김의 사역을 성도 전체가 두루 맡도록 했기 때문이다. 이는 그들이 '만인제사장론'을 확신했기 때문이기도 하였다.[6]

페터레인 신도회의 특성은 존 웨슬리에게 있어 소그룹 역학(small group dynamics)에 대한 이해가 한 차원 더 높아지는 계기가 되었다. 모라비안의 밴드 소그룹과 그 가운데서 일어나는 멤버들 간의 교제와 신앙 안에서 하나 되는 모습은 존 웨슬리에게 있어서 새롭고도 놀라운 경험이었기 때문이다. 그리고 입회기준과 그들이 지키고자 했던 규칙 역시 존 웨슬리에게 성화를 위한 신앙훈련에 필수적인 요소임을 확신시키는 계기가 되었다.

마이클 헨더슨에 의하면, 페터레인 신도회에 참여하기 원하는 사람들에게 제시된 입회기준은 다른 어떤 모임보다 더 엄격했다. (1)지원자에게 행동강령 33항을 큰 소리로 읽어주고, 지원자가 공개적으로 이 강령들을 성실히 지키겠다고 공약을 해야 수습회원이 될 수 있었고, (2)수습 기간은 2개월로 정하여 이 기간 동안 무리 없이 통과가 되어야 정식 멤버가 될 수 있었다. 그리고 (3)다른 회원들은 지원자의 입회를 반대할 수 있는 권리가 있었고, 회원의 합의에 따라 입회는 거절되기도 하였다.[7] 이처럼 가입 규정을 까다롭게 한 것은 공동체를 보호하기 위함이었다.

존 웨슬리가 감리교 운동을 하면서 내세운 많은 규칙들은 페터레인 신도회의 규칙과 대동소이하다. 비록 존 웨슬리가 모라비안의 극단적 정숙주의(Stillness) 때문에 결별은 하였지만, 존 웨슬리에게 페터레인 신도회의 영향력은 대단한 것이었다. 모라비안과의 이런 만남은 얼마 후 올더스게잇 거리에서 회심을 하게 되는 계기가 되었다. 믿음에 대해 그리고 불신앙에 대해 깊은 좌절과 고민 가운데 있던 존 웨슬리는 결국 하나님의 은총 가운데 회심을 경험하게 되었다. 존 웨슬리의 회심은 그의 신앙생활에 있어서 큰 전환점이 되었고, 이런 그의 변화는 훗날 속회를 가장 중요한 목회의 도구로 활용하는 이유가 되었다.

(2) 회심

존 웨슬리 회심에 가장 큰 영향력을 미친 것은 모라비안과의 만남이었다. 모라비안 리더인 피터 빌러와 영국 런던에 페터레인 신도회를 설립한 것이 1738년 5월 1일이었고, 23일 후인 1738년 5월 24일 존 웨슬리는 회심을 체험하였다. 동생 찰스 웨슬리 역시 모라비안 리더인 피터 빌러와의 많은 대화를 통해 5월 21일 성령강림주일에 회심을 경험하였다. 모라비안이 웨슬리 형제의 회심에 있어서 중요한 촉매제 역할을 하였다는 점에 이의를 제기할 사람은 없을 것이다.

존 웨슬리가 경험한 회심 사건은 그의 일생의 큰 전환점이 되었다. 회심 이전의 삶과 회심 이후의 삶은 완전히 달라졌기 때문이다. 존 웨슬리는 회심의 경험을 통해 그동안 겪었던 신앙적 갈등에 대한 해답을 얻게 되었다. 자신에게 무엇이 문제였는지, 믿음과 죄 사함은 어떤 것인지, 그동안 모라비안 리더와의 대화 속에서 갖게 된 여러 가지 신앙적 의문들이 명확하게 이해되었다. 이성적이면서도 관념적이고 때론 추상적이었던, 그래서 마음 한편에는 늘 공허함을 느꼈던 존 웨슬리가 진정하고도 실제적인 믿음을 가진 하나님의 사람으로 변화되었다. 존 웨슬리는 회심을 경험한 후 그간의 자신의 신앙적 열정은 반쪽짜리 신앙이었던 것을 확인하게 되었고, 이후 그의 설교는 달라졌다. 선교적 열정도 달라졌다. 목회의 방향도 분명해졌다. 회심을 통해 존 웨슬리는 확신 있는 목회 사역과 감리교 운동을 펼쳐갈 수 있게 된 것이다.

　이런 존 웨슬리의 회심을 토대로 훗날 감리교 운동의 4대 지표는 영국 국교회의 3대 지표인 성경과 전통, 이성에 '체험'이 첨가되었다. 체험이 얼마나 중요한지 존 웨슬리의 생애를 통해 확인할 수 있었기 때문이다. 존 웨슬리 역시 체험의 중요성을 절감하고 있었기에 그의 설교자들에게 이를 강조하였다. 1738년 5월 24일의 경험을 그의 저널에 다음과 같이 기록하였다.

> 저녁에 별로 내키지 않는 마음으로 올더스게잇 거리(Aldersgate Street)에 있는 신도회(a society)에 갔다. 누군가가 루터의 로마서 주석 서문을 읽고 있었다. 저녁 8:45분 경이었다. 그는 그리스도를 믿는 믿음을 통해 하나님이 마음을 변화시키는 것에 대해 설명하고 있었다. 이때 내 마음이 이상하게 뜨거워지는 것을 느꼈다. 나는 나

자신이 구원을 얻기 위해 오직 그리스도 한 분만을 믿는다고 느꼈다. 그리스도께서 나의 죄, 곧 나의 비천한 내 죄까지도 제거하셨고, 죄와 사망의 법에서 나를 구원하셨다는 확신이 들었다.[8]

한 마디로 존 웨슬리는 회심의 경험을 통해 살아계신 하나님을 확신하였다. 이성적으로 알았던 예수 그리스도의 대속의 죽으심을 실제의 믿음으로 받아들이게 되었다. 미국 조지아 선교를 갔을 때 받았던 스팡겐베르크의 질문, 즉 '내적 확신이 있느냐'는 질문과 '예수 그리스도를 아느냐'는 질문에 분명하게 대답할 수 있게 된 것이다. 존 웨슬리는 자신의 과거를 회상해 보았다. 열 살이 되기까지 자신의 삶이 어떠했는지, 그리고 차터하우스 시절과 옥스퍼드 대학교 시절을 회상하였다. 성직에 임명될 때에 그의 신앙 상태는 어떠했는지를 회고하였다. 놀라운 하나님의 은혜를 머리가 아니라 체험으로 알게 되니 그의 신앙이 전적으로 달라졌다는 것을 인식하였기 때문이다.

이런 놀라운 체험을 한 존 웨슬리는 기쁜 마음으로 집으로 돌아왔다. 그러나 얼마 지나지 않아 원수 마귀가 그를 시험하는 것을 느꼈다. 이에 존 웨슬리는 큰 소리로 부르짖었고, 그 유혹이 사라졌다. 그러나 이내 유혹과 시험은 계속해서 되돌아왔다. 존 웨슬리는 우리의 신앙생활은 단순히 교회를 오고가는 삶이 아니라 영적 전쟁처럼 치열한 것임을 확인했다. 이후 존 웨슬리의 신앙과 사역은 대충 그저 되는 대로의 신앙이 아니라 치열한 것이 되었다.

(3) 헤른후트 방문

모라비안을 통해 깊은 영적 배움을 얻었던 존 웨슬리는 좀 더 많은 것을 모라비안의 공동체로부터 배우기 위해 1738년 6월 13일(화) 독일 헤른후트로 여정을 떠났다. 이때 존 웨슬리와 동행한 사람은 벤자민 잉햄(Benjamin Inham)과 툍치그(Töltschig)였다.[9]

1738년 8월 1일(화) 존 웨슬리 일행은 드디어 모라비안 본부가 있는 헤른후트에 도착하였다. 이곳에서 존 웨슬리는 8월 14일(월) 헤른후트를 떠나는 날까지 헤른후트에서 일어나는 모든 일들을 상세히 기록으로 남겼다. 기혼 남성들의 애찬식에도 참석하였고, 사경회에도 참석하였다. 특이한 것은 기존 신도들을 위한 사경회도 있지만, 외부인들을 위한 사경회를 따로 마련해 놓은 것이었다. 주일 오전에는 예배에 참석하였고, 저녁 예배 후에는 모든 미혼 남성들이 관습에 따라 마을 주위를 걸으며 악기 반주와 찬양을 하였고, 작은 언덕에 올라 둥글게 서서 합심 기도도 하였다. 존 웨슬리는 어린아이의 장례식에도 참석하면서 이들의 부활 신앙도 확인할 수 있었다. 헤른후트의 리더들과 많은 대화도 나누었다.[10]

존 웨슬리는 이곳에 머무는 동안 그가 중요하게 생각했던 밴드 모임에 여러 날 동안 참여하였다. 특히나 그곳의 여러 조직들, 즉 연령 별로 나눈 다섯 개의 남성 클래스(classes)[11]와 여성 클래스, 그리고 지역별로 나눈 11개의 클래스와 콰이어(choirs)[12] 모임, 그리고 90개의 밴드[13] 모임을 관찰하였다. 밴드 모임은 최소한 일주일에 2회 이상 모이도록 했는데, 대개의 경우 평균 3회씩 모였다. 존 웨슬리는 헤른후트에 머무는 동안 많은 것을 배울 수 있었고, 그들의 모임에서 큰 감동을 받았기에 8월 14일(월) 헤른후트를 떠나면서 "이 행복한 곳을 떠나려니 망설여진다."며 자신의 소감을 피력하였다.

청교도 신앙 교육에 익숙해 있던 존 웨슬리였지만, 모라비안들의 화려하지 않고 단출한 생활 모습과 신앙적 철저함을 지켜나가는 모습에서 새삼 기독교인의 삶이 어떠해야 하는지를 다시금 확인할 수 있었다. 모라비안들은 독특하게도 교육과 덕성 함양을 별개의 기능으로 나누어 접근했는데, 콰이어에서는 오직 가르치는 일에만 전념하였고, 밴드에서는 교육 없이 오직 친밀한 교제와 고백, 영적 경험을 개인적으로 나누었다. 존 웨슬리는 이런 방식을 좋게 여겼고, 이는 후일 감리교회의 특징으로 자리 잡게 되었다.[14]

2. 페터레인 신도회와의 결별

페터레인 신도회는 존 웨슬리에게 매우 특별한 모임이었다. 모라비안의 신앙적 특성을 영국 국교회 안에 적용시킨 점도 그랬지만, 무엇보다 특이한 성령의 역사가 그의 목회 사역 속에 나타났기 때문이다. 존 웨슬리는 1739년 1월 1일(월) 60여 명이 모인 페터레인 신도회에서 있었던 놀라운 성령의 역사를 다음과 같이 기록하고 있다.

> 새벽 3시 기도하는 중, 하나님의 능력이 우리에게 강하게 임하였고, 많은 사람이 기쁨으로 소리치기도 하고 땅에 거꾸러지기도 했다. 우리가 전능하신 하나님의 임재로 인한 경외와 놀라움에서 평상으로

돌아온 다음 한 목소리로 소리쳤다. "오 하나님, 우리는 당신을 찬양합니다. 우리는 당신이 주님이 되심을 깨달았습니다."[15]

이날 이후로 페터레인 신도회에서 성령의 역사는 끊이지 않았다. 말씀을 전하는 중 울며 통곡하고 회개하는 일들이나 바닥에 쓰러지는 현상들이 나타났으며, 이런 현상은 존 웨슬리의 사역 속에 계속해서 나타났다.

페터레인 신도회는 사실 처음부터 순조롭게 진행될 수 없는 특이한 조직으로 구성되었다. 영국 내에서 국교회의 신도회로 시작은 되었지만, 영국 국교회 신도들뿐 아니라 모라비안 신도들과 프랑스 신비주의적 성향의 사람들도 뒤섞여 있었기에 하나가 되기엔 애초부터 어려운 점이 많이 있었다. 리더 구성도 불안정했다. 회원들의 투표로 선출된 리더를 역시 투표로 해임할 수 있었고, 다양한 그룹의 다양한 신학적 교리 문제도 모임의 하나 됨을 저해하는 요소가 되었다.[16] 그러나 존 웨슬리는 그의 탁월한 행정력으로 이런 분열의 조짐을 일시적으로나마 잠재울 수 있었다. 그러나 페터레인 신도회 내의 여러 갈등 요소들은 하나둘씩 터져 나오기 시작했다. 페터레인은 존 웨슬리 단독으로 세운 신도회가 아니기에 존 웨슬리가 자유로운 변화를 시도하기 어려운 상황이었고, 다수의 독일인들로 구성된 신도회였기에 자연스럽게 모라비안 리더들의 영향력이 커졌다.

지금까지도 페터레인 신도회에 대한 의견은 분분하다. 페터레인 신도회가 영국 국교회 신도회였다고 주장하는 사람들이 있는가 하면, 반대로 모라비안들의 영국 내 최초 모임이었다고 주장하는 학자들도 있다. 실제로 존 웨슬리는 헤른후트를 방문 후, 모라비안 밴드 모임을 영국 국교회의 일반적인 형태인 페터레인 신도회 안에 접목하였고, 대다수의 신도들은 독일인을 중심으로 구성되어 있었기에 그 정체성은 모호한 상태였다고 말할 수 있다. 이후 존 웨슬리는 브리스톨을 중심으로 한 활발한 옥외설교와 뉴룸(New Room) 구입 등 바쁜 일정으로 인해 페터레인 신도회를 비웠고, 자연스럽게 페터레인 신도회는 모라비안 리더에 의해 운영이 되었다.

그러나 존 웨슬리가 페터레인 신도회와 결별하게 된 결정적인 원인은 모라비안들이 주장하는 '정숙주의(Stillness)' 교리 때문이었다. 이는 존 웨슬리에게 도저히 받아들일 수 없는 교리였다. 1739년 11월 3일자 저널에 의하면, 런던에 도착한 존 웨슬리는 평소 믿음으로 선을 행하던 한 여인을 만나게 되었는데 그녀는 모라비안의 리더인 몰터(Molther)[17]에게 완전히 설득당해 전혀 믿음이 없는 상태가 된 것을 알게 되었다. 존 웨슬리는 이 문제의 원인을 파악하고자 1739년 11월 7일 스팡겐베르크와 대화를 시도했다. 믿음의 능력에 대해 말하는 것에는 동의가 되었지만, 여전히 정숙주의에 대해서는 동의할 수가 없었다.

스팡겐베르크가 이야기하는 모라비안의 정숙주의란 첫째, 누군가가 의심이나 두려움에 사로잡혀 있는 한 그는 믿음을 가진 것이 아니라는 것과 둘째, 믿음을 가질 때까지는 주의 만찬이나 다른 성례전에 참여하면 안 되며 이 믿음이 생길 때까지 잠잠히(still) 있어야 한다는 것이었다.[18]

이런 정숙주의를 강조하는 모라비안의 가르침으로 인해 영국 국교회 신도들에게 나타나는 부작용은 심각했다. 존 웨슬리는 1739년 11월 7일자 저널에 다음과 같이 기록하였다.

날마다 점점 더 확인하게 되는 바는 사탄이 우리를 자기 소유로 만들어가고 있다는 점이다. 한때 믿음을 가졌던 대다수 사람이 잘못된 생각에 빠졌다. 그래서 의심과 두려움으로 가득 차서, 이제 그것에서 벗어날 방도조차 모르게 되었다. 많은 사람은 하나님의 은사를 거부하게 되었고, 마침내 그들은 믿음이 하나도 없다는 것을 수긍할 수밖에 없게 되었다. 특히 다시 죄에 빠져 결국 어두움에 살게 되었다. 이들 거의 모두가 은혜의 수단을 떠났다.[19]

존 웨슬리는 모라비안의 정숙주의로 인해 믿음이 흔들리는 사람들을 계속 만나게 되었고, 이런 현상은 존 웨슬리의 마음을 무겁게 만들었다. 1739년 12월 19일자 저널에는 "무거운 마음으로 런던에 왔다. 나는 이곳에서 날마다 우리 형제들이 서로 논쟁하고 다투어서 발생하는 끔찍한 결과를 확인했다. 첫사랑을 간직하고 있는 자를 보기가 정말 드물다"라고 기록하고 있다. 이런 갈등은 점점 커져만 갔다. 정숙주의 교리는 여러 신도회로 확산되었고, 존 웨슬리는 1740년 4월 30일자 저널에 정숙주의 교리를 '역병(the plague)'으로 기록할 만큼 끔찍하게 여겼다.

존 웨슬리는 이 문제를 해결하고자 다방면으로 노력했으나 점점 그들과 마음이 멀어지고 있다는 것을 알게 되었다. 이렇게 노력하는 존 웨슬리에 대해 페터레인의 신도들은 존 웨슬리가 페터레인에서 설교하는 것을 계속 용납할 것인지 여부를 물었고, 짧은 토론 끝에 "안 됩니다. 이곳은 독일인들을 위한 장소입니다."라고 결론을 지었다.[20] 결국 1740년 7월 20일(일) 존 웨슬리는 페터레인 신도회와 결별을 선언하게 되었고, 이후 페터레인 신도회는 모라비안 리더가 이끄는 모라비안 공동체가 되었다.

　이렇게 결별하게 된 페터레인 신도회의 경험은 존 웨슬리에겐 아픈 상처로 남았다. 1741년 4월 21일 동생 찰스 웨슬리에게 보낸 편지에 존 웨슬리는 모라비안들과 다시는 함께 하지 않을 것이라고 썼다. 그들의 조직이 전반적으로 성경적이지 않고 신비주의적이며, 분명한 복음에서 벗어나 있었고, 그들의 모든 행동이 어둡고 폐쇄적일 뿐 아니라 자기를 부인하고 날마다 십자가를 지는 일은 행하지 않고, 선한 일에 절대 열심을 내지 않는 등 여러 가지 이유를 기술하였다. 그들과 함께 있느니 홀로 있는 편이 낫겠다는 말로 결론을 맺었다.[21]

　존 웨슬리는 자신의 신앙을 확립하는 데 모라비안 신앙에 빚이 있음을 알고 있었기에 이같은 결별은 매우 괴로운 일이었다. 그러나 한편으로는 이런 경험을 토대로 정숙주의와 도덕 무용론 대신 사랑으로 역사하는 신앙을 중심으로, 성화를 실현해 나가는 신학을 정립하게 되었고, 이런 신학적 토대 위에서 그의 부흥 운동은 활발히 전개되기 시작했다.

◆ 3. 파운더리 신도회

페터레인 신도회와 신학적 갈등이 진행되는 중에 존 웨슬리는 1739년 11월 런던 무어필즈(Moorfields)에서 설교를 하였다. 이때 처음 보는 두 사람이 무어필즈 근처의 파운더리(Foundery)에서도 설교를 하라고 권했고, 존 웨슬리는 내키지 않는 마음으로 설교를 했다. 사람들은 파운더리를 인수할 것을 권하며 매입 자금 150파운드를 존 웨슬리에게 빌려주었다. 그리고 얼마 후 이곳에서 '연합신도회'가 시작되었다.[22] 이것이 파운더리 신도회의 시작이었다.

파운더리 신도회는 모라비안도 영국 국교도도 아닌 완전히 새로운 종류의 구성원들로 이루어진 모임이 되었다. 여기에는 지금까지 그가 시도했던 모든 요소들을 담고 있었고, 이전의 여러 모임들과는 차별화된 한층 더 발전된 모임이 되었다. '다가올 진노를 피하고 죄에서 구원 받고자 하는 열망'을 가진 사람이면 누구나 가입할 수 있도록 하였다. 외부인들의 가입을 가로막았던 여타 신도회들의 배타적인 가입 조항을 개방적 가입 정책으로 대체했다. 건물이 완공된 1740년 6월에는 3백여 명이 넘는 사람들이 '연합신도회'라는 이름으로 정기적으로 모였다.

1740년 7월 20일(일) 페터레인 신도회와 결별하게 됨에 따라 존 웨슬리는 파운더리에서 자신만의 방식으로 본격적인 신도회 운동을 전개하였다. 사흘 뒤에는 페터레인에서 따라 나온 25명 정도의 신도들과 이곳에 모였고, 이들을 밴드로 조직[23]하여 신앙훈련을 강화하였다. 비록 모라비안과의 결별을 선언했지만, 그럼에도 모라비안의 밴드는 목회에 있어 매우 필요함을 인식하고 있었기 때문이다.

이후 파운더리 신도회는 존 웨슬리 활동의 중심지가 되었다. 안정적인 감리교 조직과 운동이 이곳을 중심으로 확산되기 시작했다. 마이클 헨더슨에 의하면, 파운더리 신도회는 빠른 속도로 성장하였으며 페터레인 신도회와 결별한 1년 후인 1741년 6월엔 9백여 명이 모이는 곳이 되었다. 이곳에서 존 웨슬리의 교육 체계는 완성 단계에 이르게 되었고, 3년 동안 그룹 교수법에 몇 가지 요소가 추가되긴 했어도 일단 체계가 확립된 이후 50년에 걸친 그의 사역 기간에 큰 변화 없이 그 모습이 유지되었다고 주장하였다.[24]

이곳은 가난한 지역이었기에 존 웨슬리는 무료 약국과 학교 운영, 또 가난한 사람들을 위한 의학 서적도 편찬하였다. 1740년 초반부터 존 웨슬리는 이곳에서 '새벽 성경 강해'를 시작하였다.[25] 노동자들이 일터로 가기 전인 새벽 5시에 짧은 모임을 가지며 말씀을 강해하였고, 이 시간은 신앙적 열정을 가진 사람들에게 매우 유익한 시간이 되었다.

존 웨슬리는 파운더리 신도회에서 심방도 실시하였다. 이것은 아버지 사무엘 웨슬리가 하던 사역에서 배운 것이었다. 사무엘 웨슬리는 자신의 이 심방 사역을 '교구 보고'라고 불렀다. 존 웨슬리는 아버지의 심방 사역에 대해 다음과 같이 기억하고 있었다.

> 우리 아버지는 아픈 사람이나 건강한 사람이나 관계 없이 모든 교구 신자들을 가가호호 방문 하셨다. 하나님의 일에 대해 신자들 한 사람 한 사람과 이야기를 나누고 신자들의 영적 상태를 면밀히 관찰하셨다. 그러고는 관찰한 내용을 따로 준비한 노트에 꼼꼼히 적어 두셨다. 거의 3마일 정도 되는 교구를 이런 식으로 세 번 심방 하셨고, 네 번째 심방을 하시는 중에 결국 병이 드셨다.[26]

신도들과의 개인적인 만남은 존 웨슬리에게 큰 도움이 되었다. 그러나 급속도로 부흥하고 있는 상황 속에서 이 일은 시간이 너무 많이 걸렸다. 존 웨슬리는 언제나 새로운 방법을 시도했고, 효과가 없을 시에는 신속히 포기했다. 시간 관리에도 철저했던 존 웨슬리는 자신에게 주어진 시간을 최대한 효율적으로 활용하고자 노력하였고, 자신의 사역에 있어서 조금이라도 비효율적인 것이 있다면 철저히 그 원인을 제거하였다. 결국 존 웨슬리는 전교인을 대상으로 실시하려던 심방 사역은 그만두게 되었다.

존 웨슬리는 파운더리 신도회가 페터레인 신도회처럼 되는 것을 미연에 방지하고자 했다. 이를 위해 우선 조직을 정비하였다. 그리고 신도회 참여자들에게 최대한의 권한과 의무를 주며 관리하였다. 재정 관리를 맡은 '청지기(Stewards)'를 두었고, 긍휼의 마음이 있는 사람들을 '환자 심방자(Sick-visitors)'가 되게 하였다. 그리고 말씀을 강해할 수 있는 사람들을 '평신도 협동목사(Lay assistant)'로 두었다. 그리고 '지역 리더(Local leaders)'들을 두어 신도회 회원 가입 여부를 결정할 수 있게 하였다.[27]

존 웨슬리는 페터레인 신도회 때의 분열과 아픔을 기억했기에 회원 관리에 더욱 철저하지 않을 수 없었다. 아무나 신도회 회원이 되게 하기보다는 철저한 검증을 거치도록 하였다. 먼저 신도회에 참여하고자 하는 자들의 명단을 밴드 회원들에게 보여주고 그들의 승인을 받았다. 가입을 시키지 말아야 할 사유가 있다면 다시 점검하였고, 그들이 진심으로 회개하게 되면 2개월의 수습기간을 조건으로 가입을 시켰다.

존 웨슬리는 가입이 허락된 회원들에게 자신이 직접 서명한 티켓을 나누어 주었다. 이것은 강력한 추천을 의미했다. 티켓을 소지한 사람은 어디를 가든 형제들이 알아보고 환대했으며, 신도회가 따로 모일 때 누가 회원이고 회원이 아닌지 쉽게 판별할 수 있는 도구가 되었다. 또한 질서를 지키지 않는 회원이 있을 경우 티켓 발부를 통해 큰 소동을 일으키지 않고 조용히 제명시킬 수 있었다. 이 티켓은 분기마다(유효기간: 3개월) 재발급했는데, 이때 새 티켓을 발급받지 못한 회원은 자연스럽게 신도회에서 분리되었다.[28]

존 웨슬리는 이런 제도적 장치를 통해 신도회를 거룩한 공동체가 되도록 힘썼다. 그리고 거룩을 향한 열망을 가진 신도들의 모임이 되게 하였다. 존 웨슬리의 감리교 운동이 개인의 삶을 성화시키고 교회와 사회에 큰 영향력을 미칠 수 있었던 요인을 들자면, 거룩을 향한 열망과 그것이 실제로 성취될 수 있도록 만든 존 웨슬리의 제도적 장치에 있었다고 볼 수 있다.

존 웨슬리는 회원 한 사람 한 사람에 대해 신경을 쓰며 회원들의 영적 상태를 수시로 점검해 나갔다. 회원들의 자격 연장에 있어서 그 적합성을 판단하기 위해 존 웨슬리는 매 3개월 마다 신도회의 모든 회원들을 면담했고, 이런 노력을 통해 신도회는 신앙 공동체로서의 특성을 잘 유지해나갈 수 있었을 뿐 아니라 부흥하게 되었다.

그러나 존 웨슬리에게는 해결해야 할 과제가 있었다. 점점 모여오는 신도들의 수적 증가로 인해 그들의 신앙 상태를 일일이 점검한다는 것이 어려워졌고, 더 큰 문제는 이들 중 복음 안에서 살지 않는 사람들이 많이 있었다는 점이다. 이들은 공동체 안에서 안 좋은 영향력을 미치기 시작했으나 넓은 지역에 분포되어 있어서 이들을 일일이 관리한다는 것은 쉽지 않은 문제였다.[29] 신도회 모임이나 밴드 모임에서는 거룩한 모습을 보였지만, 각자의 집으로 돌아가서는 세상 사람들과 별반 다르지 않게 살았다. 뒤에서 험담을 하거나 죄의 유혹을 이기지 못하고 넘어지는 모습은 신도회의 다른 사람들에게도 영향을 미쳤다. 웨슬리의 신도회가 점점 넓은 지역으로 확산되어 감에 따라 이 문제는 더욱 해결하기 어려워졌다. 거룩한 공동체를 지향했던 존 웨슬리의 고민은 더욱 커져만 갔다. 말씀을 듣고 예배를 드리는 장소로서의 신도회나 개인적인 교제와 섬김, 나눔이 이루어졌던 밴드의 역할에 대해 다시 고민하지 않을 수 없었다. 신도회와 밴드 모임으로도 사람들이 변화될 수 없다는 점은 성화 운동을 지향하던 존 웨슬리에게 있어서는 반드시 풀어야 할 과제였다.

◆ 4. 브리스톨 뉴룸과 속회

브리스톨(Bristol)은 존 웨슬리 사역의 삼대 거점 도시(런던, 브리스톨, 뉴캐슬) 중 하나이다. 속회가 시작된 곳도 브리스톨이고, 옥외설교를 시작한 곳도 브리스톨이며, 감리교 최초의 교회라 할 수 있는 뉴룸(New Room)이 세워지고, 탄광촌 광부들의 자녀를 위한 킹스우드 학교가 설립된 곳도 브리스톨이었기에 브리스톨은 감리교회의 중심 도시라 말해도 손색이 없을 것이다.

존 웨슬리는 페터레인 신도회에서 놀라운 성령의 역사가 나타나는 것을 체험하였고, 미국으로 선교를 떠나는 조지 휫필드의 요청에 의해 브리스톨에서 옥외설교를 하게 되었을 때에도 성령의 놀라운 역사를 계속 경험했다. 이런 특이한 성령의 역사를 접하게 된 존 웨슬리는 많은 반대에도 무릅쓰고 옥외설교를 포기할 수 없었다. 성령의 역사는 브리스톨을 중심으로 확산되어 갔다. 이후 50년 동안 존 웨슬리는 일주일에 평균 15번씩 설교하고, 40만km의 거리를 다니며 약 4만 번의 설교를 하며 잠든 영혼들을 깨웠다.

(1) 부채를 갚기 위한 조직

존 웨슬리는 1739년 5월 9일(수) 브리스톨에 감리교 최초의 교회라 할 수 있는 '뉴룸(New Room)'[30] 건축을 위한 땅을 구입하였다. 그날의 소감을 기록한 그의 저널을 보면 "이곳에 니콜라스 거리와 볼드윈 거리에 있는 신도회 회원들이 함께 모여 성경을 연구할 수 있는 건물을 지을 계획"이라고 적고 있다.

존 웨슬리는 당시 브리스톨과 파운더리에서 동시에 사역을 하고 있었다. 즉, 파운더리 신도회에서 고민하는 문제는 브리스톨에서도 마찬가지였다. 존 웨슬리의 관심은 오직 신도들의 성화에 있었다. 1741년 2월 24일(화) 저널에 의하면 브리스톨의 밴드 미팅에서 무질서하게 생활하는 사람들을 골라내면서 명부 정리를 하였다. 그리고 연합신도회[31]의 명단을 발표하였고, 처음으로 티켓(tickets)[32]을 만들어 활용하였다.

존 웨슬리는 1741년 2월 28일(토) 브리스톨 인근에 위치한 킹스우드 신도회에 참석하여 심각한 발표를 하였다. 그날 그의 저널에는 다음과 같이 기록하고 있다.

"킹스우드의 몇몇 회원들이 존과 찰스 웨슬리의 설교를 일상적으로 비웃었다. 그들은 면전에서는 사랑과 존중을 표하지만, 바로 다음 순간에 뒤돌아서서는 불신하고 악한 말을 했다. 의도적으로 신도회의 다른 회원들에 대해 편견으로 판단하며 많은 경우에 거짓말하고 중상했다. 이러한 결정은 그들의 의견 때문이거나 그가 누구이기 때문이 아니라 위에 언급한 것들, 즉 하나님의 사역자 말씀을 비웃고, 소문을 퍼뜨리고 험담하고 악담하고 속이고 거짓말하고 중상하기 때문이다. 나 존 웨슬리는 킹스우드 밴드 신도회의 동의와 재가를 받아 위에 언급된 사람들은 더 이상 신도회의 회원이 아님을 선포한다. 공개적으로 잘못을 고백하고 자신들이 일으킨 문제를 해결하기 위해 행동하지 않으면 그들은 그렇게 간주될 것이다." 처음에 그들은 이 사실에 대해 충격을 받은 것 같았다.[33]

존 웨슬리는 페터레인 신도회와 결별 이후 회원 자격에 대해 매우 엄격했다. 런던 파운더리에서도 그랬지만 브리스톨과 특히 탄광촌이 있던 킹스우드에서는 더욱 엄격했다. 그의 저널을 보면 매일 1시간을 각 밴드 모임에 참석해서 대화를 나누며, 그중에 무질서한 사람이나 논쟁적인 사람은 누구라도 남아 있을 수 없도록 하였다. 그리고 토요일을 제외한 매일 오전 10시부터 오후 2시까지, 원하는 사람들은 누구든 존 웨슬리와 대화할 수 있는 시간을 마련해 놓았다.[34]

이후에도 존 웨슬리는 신도회 회원 관리에 많은 시간을 할애했다.

이런 점을 볼 때 존 웨슬리의 관심은 교회를 성장시키고 부흥시키는 데 있었던 것이 아니라, 보다 열정적으로 기독교인을 기독교인답게, 성화된 삶을 살고자 하는 거룩한 공동체를 만드는 데 있었다고 볼 수 있다.

1742년 2월 15일(월)은 처음으로 속회(Class Meeting)가 결성된 날이다. 브리스톨 뉴룸 구입에 따른 부채를 갚기 위해 신도들이 모였고, 회의 중 '캡틴 포이(Captain Foy)'로 불리는 사람의 제안에 따라 속회가 조직되었다. 이날 회의에서 합의된 내용은 다음과 같았다.

> 1. 신도회의 가능한 한 모든 회원은 매주 1페니를 헌금한다.
> 2. 전체 신도회는 작은 단체들(little companies)이나 속회들(classes)로 분할한다. 하나의 속회는 12명 내외로 한다.
> 3. 각 속회의 한 사람이 나머지 회원들의 헌금을 모아서 회계들이 매주 수금하도록 한다.[35]

이처럼 부채를 갚기 위해 조직된 속회는 이후 존 웨슬리에게 너무나도 유용한 조직이 되었다. 신도회나 밴드 모임으로 해결되지 않던 개인 삶의 변화가 속회를 통해 가능케 된 것이다.

(2) 속회의 유용성 발견

감리교 운동은 한 마디로 속회 운동이라 말할 수 있다. 존 웨슬리는 속회 운동을 통해 그동안 그토록 갈망하던 해답을 찾게 되었다.

우리가 전혀 생각하지 않고 있던 때 마침내 그 방법을 발견했다. 우리에게 이 방법을 주신 하나님을 영원히 송축할 것이다. 브리스톨 신도회 회원들과 빚을 갚을 방법에 대해 이야기를 나누던 중 한 사람이 일어나 "신도회의 회원 모두가 빚을 갚을 때까지 매주 1페니씩 내도록 합시다."라고 제안했다. 그때 다른 누군가가 말했다: "하지만 대부분이 가난한 사람들입니다. 그럴 여력이 없을 겁니다." 그러자 그가 대답했다. "그렇다면, 제게 가장 가난한 회원들 11명을 맡겨 주십시오. 조금이라도 낼 여력이 있다면 제가 매주 확인해서 받도록 하겠습니다. 아무것도 낼 상황이 아니라면 제가 채워서 내도록 하겠습니다. 여러분들도 같은 지역에 사시는 11명을 매주 확인해서 내는 만큼 받으시고 부족한 부분은 채우십시오." 그렇게 결론이 내려졌다. 얼마 후 몇몇 회원이 내게 어떤 사람이 바른 삶을 살지 않고 있다는 사실을 알게 됐노라고 알려줬다. 그 말을 듣는 순간 '바로 이것이다. 내가 그토록 원하던 것이 바로 이것이다' 하는 생각이 들었다. 나는 모든 '속(classes)'(모임을 이렇게 명명하기로 했다) 리더들을 불러 매주 만나는 속원들의 행동을 자세히 살펴보기를 청했다. 리더들은 내 요청대로 했고, 방탕한 생활을 하는 회원들이 다수 밝혀졌다. 어떤 이들은 악에서 돌이켰고, 어떤 이들은 우리 모임에서 떠나도록 했다. 많은 이들이 두려운 마음으로 이런 모습을 보며 하나님을 경외하고 송축했다.[36)]

속회를 조직하고 운영하면서 발견한 이 하나의 가능성은 속회가 다른 여타의 소그룹과 다른 점이 무엇인지를 명확하게 보여준다. 그것은 속회 모임에서 이루어지는 내용보다 속회원에 대한 속장의 관리이며 속회원에 대한 보고였다. 이런 철저한 관리에 의해 개개인의 삶은 변화되었고, 성화를 향한 끊임없는 도전은 가능한 것이 되었다.

　그런 점에서 속회 리더의 역할은 다른 무엇보다도 중요했다. 존 웨슬리가 꿈꾸는 일을 실현하기 위해서는 리더가 분명하게 역할을 해 주어야만 했다. 그렇게 만들어진 리더의 역할은 최소 일주일에 한 번 이상 속회원을 만나야 한다는 것이며, 영적 성장을 살핀 후 필요하다면 충고와 책망, 위로와 권면을 해야만 했다. 그리고 가난한 이웃을 구제하기 위해 드리는 것을 모아왔고, 방탕하게 생활하는 사람이 있다면 목회자에게 알리는 것이 리더의 주된 역할이었다. 그 결과 속회는 신도회와 밴드 사이의 빈자리를 메워 줬고, 이것은 곧 초기 감리교 운동의 특징으로 자리 잡게 되었다.

 5. 속회의 목적과 전략

(1) 목적

　존 웨슬리에게 속회는 그 자체가 목적이 아니었다. 존 웨슬리의 목회적 관심은 철저하게 신자들의 성화와 완전에 있었다. 속회는 단지 이 성화를 이루기 위한 도구요, 수단이었다. 그러기에 속회의 목적이 무엇이냐 묻는 질문에 대한 답변은 다름 아닌 성화요, 신도들의 삶의 변화였다.

　당시 영국 사회의 거의 모든 사람들은 기독교인이었다. 그래서 존 웨슬리는 속회를 통해 전도를 하려는 생각은 없었다. 이미 다 교회를 다니는 신도들이었기 때문이다. 문제는 비신자를 전도하는 것이 아니라 신도들이 신자답지 못한 것이었다. 교회에서 예배드리고, 찬송하며 기도하지만 정작 자신들의 삶의 현장에서는 본이 되지 못하고, 서로 험담하며, 서로 사랑하기보다는 다투고 싸우는 일이 빈번하였다. 그러기에 당시 영국 사회는 수많은 기독교인들이 있음에도 불구하고 점점 더 엉망진창이 되어 가고 있었다.

존 웨슬리는 이런 문제점들을 간과하지 않았다. 그리고 그 원인을 변화되지 못하는 기독교인, 즉 추상적이고 관념적 신앙의 자리에 머물고 있는 신도들 속에서 찾았다. 진정한 기독교인이 되지 않고는 세상이 변화될 수 없다고 보았던 것이다. 19세기 스펄전과 함께 영국 교회를 이끈 쌍두마차라 불릴 만큼 탁월한 설교가였던 존 라일(John C. Ryle)은 그의 저서 『18세기 영적 지도자』에서 종교적, 도덕적 도탄에 빠진 18세기 영국의 상황에 대해 다음과 같이 기록하고 있다.

> 당시 교구 목회자들은 어떠했는가? 대다수는 세속주의에 빠졌으며 성직에 대해 이해하거나 관심을 갖는 이가 없었다. 그들은 선한 일을 하지도 않았을 뿐 아니라 자신을 위해 선행을 하는 사람을 좋아하지도 않았다. 그들은 사냥하러 돌아다녔고 총을 쏘아 댔으며, 사육하고 논쟁을 일삼았으며 술에 취했으며 도박을 했다. 그들은 예수 그리스도와 그분이 십자가에 못 박히신 것 말고는 다른 모든 것을 알기로 작정한 사람들 같았다. 그들이 함께 모일 때면 대체로 '교회와 왕을 위해' 건배하고 나서는 세속적인 마음, 편견, 무지, 인습 등으로 흥미를 돋우었다.[37]

존 라일의 이런 표현은 당시 교회의 실상이 어떠했는지를 적나라하게 보여준다. 이런 상황 속에서 존 웨슬리는 무엇을 추구했을까? 그것은 말하지 않아도 자명한 것이었다.

속회는 존 웨슬리에게 변화를 위한 큰 가능성으로 다가왔다. 속회를 통해 신도들의 말과 행동, 그리고 삶이 변화될 수 있다고 보았다. 여기에 속회를 조직한 이유와 목적이 있다. 처음에는 브리스톨 뉴룸 구입으로 인한 부채를 해결할 목적으로 조직되었지만, 시간이 지나면서 속회 속에서 일어나는 '상호 책임'을 보게 되었고, 그것이 개인의 성화에 큰 도움이 된다는 것을 존 웨슬리는 알게 되었다.

속회의 목적은 성화를 이루기 위해 서로의 삶을 책임지는 것이었으며, 이를 위해 속회원 개인의 삶을 목회자에게 철저히 보고하는 일이었다. 존 웨슬리는 그가 생존해있는 동안 이 원칙을 철저히 지켰다. 그 결과 개인의 삶은 변화되었고, 사회가 개혁되었으며, 전 세계적으로 지대한 선교의 영향력을 미치는 감리교 열매를 맺게 되었다.

(2) 전략

신도들로 하여금 성화 되게 하려는 목적을 이루기 위해서는 몇 가지 특별한 장치가 있어야 했다. 속회를 조직하는 것만으로는 그 목적이 이루어지는 않는다. 목적을 이루기 위해서는 그 일에 적합한 전략이 필요하다. 존 웨슬리는 속회 안에 몇 가지 독특한 전략을 만들었고, 그 전략에 의해 속회의 목적을 이룰 수 있었다.

첫째는 속장 중심의 속회 모임이다. 속장들에게 가장 중요한 의무

가운데 하나가 속회원들의 삶을 관리 감독하는 것이었고, 이를 목회자에게 보고하는 것이었다. 이런 방법을 통해 속회에 참여하는 속회원들의 말과 행동, 그리고 삶의 자세는 교정될 수 있었다. 존 웨슬리는 속장의 역할에 대해 두 가지를 요청하는데, 첫째는 점검할 때 용기와 꾸준함이 있어야 한다는 것이고, 둘째는 일반적인 상식과 정직성이 있어야 한다는 것이다.[38] 속회 리더가 속회원들의 상태를 올바르게 판단하고 또 정직하게 목회자에게 보고해야 하기 때문이다. 존 웨슬리의 관점에서 이 부분은 속회의 성패를 결정하는 부분으로 인식될 만큼 중요한 것이었다.

둘째는 규칙이다. 존 웨슬리에게 규칙은 항상 중요한 신앙훈련의 도구였다. 규칙쟁이(Methodists)라는 이름을 가질 만큼 규칙에 대한 존 웨슬리의 신념은 확고했다. 속회원이라면 반드시 지켜야 할 속회 규칙을 지켜 내는 것이야말로 속회 모임에 있어서 가장 중요한 요소 중 하나였다. 존 웨슬리는 옥스퍼드 신성클럽 시절부터 "아무라도 규칙(rule) 없이는 좋은 그리스도인이 될 수 없다"는 것을 확신했고, 이때부터 그는 완전한 그리스도인이 되는 것을 생의 목표로 정하였다.[39] 그리고 기독교인의 완전을 이루기 위해서는 반드시 규칙이 필요함을 인식하였기에 평생 그의 사역에 있어서 규칙을 포기한 적은 한 번도 없었다.

셋째는 속회 보고서(Class Paper) 작성이다. 속장들은 속회원들에 대해 구두로도 보고했지만, 존 웨슬리는 매 주일 속회원들의 영적 상태와 속회 참여도 등 여러 가지 정보를 속회보고서에 기록하도록 했다. 예를 들면, 'a'는 구원의 섭리를 깨달은 사람(awakened)을 뜻하는 표식이었고, '?'는 아직 확신이 없고 의심 중에 있는 사람이었으며, '∴'은 칭의를 고백하는 사람(justified), '∵'은 사랑 안에서 완전한 사람을 나타내는 표식이었다.[40] 속회원을 한 번도 만나보지 못했다 할지라도 이런 표식을 통해 그 사람의 영적 상태가 어떠했는지를 한눈에 알아볼 수 있었다. 그리고 속회 보고서에는 출결 상황도 기록하였는데, D(Distant)는 출타 중인 사람, S(Sick)는 아파서 출석하지 못한 사람, B(Business)는 사업차 출석하지 못한 사람이며, N(Neglect)은 나태해서 참석하지 못한 사람, A(No reason)는 아무런 이유 없이 출석하지 않은 사람을 뜻하는 표식이었다.[41]

넷째는 회원들의 철저한 관리를 위한 티켓(Class Ticket) 발급과 회원 제명이다. 존 웨슬리는 속회원들에게 조그만 카드나 티켓을 발행해주었다. 그 카드에는 그 사람의 이름과 날짜, 그리고 존 웨슬리의 서명이 적혀있었다. 이것은 회원이 된 증명서였고, 이것을 가진 사람은 애찬식에 참여할 수 있었다. 속회의 멤버십은 곧 감리교 신도회의 멤버십이 되었다. 신실하지 못한 회원들은 그 다음에 티켓을 새로 발급받지 못하였고, 이는 자동적으로 신도회에서 제명당하는 것이 되었고 그로 인해 애찬식에도 참석할 수 없게 되었다. 존 웨슬리는 이 티켓을 초대교회가 말하는 추천서로 보았다.[42]

존 웨슬리에게 중요한 것은 감리교회의 성화 운동이지, 교회 성장이 아니었다. 존 웨슬리의 티켓은 거룩한 공동체를 만드는데 있어서 방해요인이 되는 사람들을 제명하고 걸러내는데 유용한 도구가 되었다. 이는 존 웨슬리가 영혼에 대한 사랑이 없어서가 아니라 거룩한 공동체를 이루기 위한 열망이 컸다는 사실을 보여주는 것이다.

속회의 이런 특징은 매우 실제적이면서도 탁월한 목회 전략이었다. 개인의 삶이 변화되고, 영국이 변화되고 세상이 변화된 것이 그 증거다. 안타까운 것은 오늘날 한국 교회의 속회 현실 속에는 이런 탁월한 전략과 특징이 사라지고 있다는 점이다. 왜 요즘 한국 교회는 존 웨슬리 당시와 같이 생명력과 변화의 능력이 없는 것이냐고 묻는 질문의 해답이 여기 있다. 어찌 보면 오늘날 한국 교회 안에 속회의 생명력이 사라지고 속회 형식만 남게 된 것은 당연한 일이다.

미주

1) 랄프 월러, 강병훈, 『존 웨슬리』, (서울:KMC, 2006), 94. 피터 뵐러는 미국과 영국의 모라비안 교회 특별위원이었다. 프랑크푸르트에서 출생하였으며, 웨슬리보다 9살 어렸다. 뵐러는 의사가 되기를 바라는 아버지의 뜻과는 달리 한 여인이 사형을 당하면서도 신앙을 지키는 모습을 보고 크게 감동이 되어 예나(Jena)대학에서 신학을 공부했다. 그 후 스팡겐베르크가 지도하는 헤른후트 학생단에 입회하였고, 친첸도르프와의 만남에서 참된 회심을 경험한 후, 자신의 삶을 헤른후트 형제단을 위해 헌신하기로 결심하였다. 1734년 라이프치히 대학에 입학하여 법학 석사학위를 취득하였다. 목사 안수를 받고 헤른후트 가까운 곳인 베르델스도르프에서 부목사로 일했다. 그 후 영국과 미국에 있는 모라비아 공동체의 리더이자 친첸도르프의 대리인으로서 일을 하였고, 감독의 직에 오르게 되었다. 1775년 4월 27일 영국 풀넥(Fulnect)에서 심장마비로 세상을 떠났다.
2) 존 웨슬리, 웨슬리신학연구소 편역, 『존 웨슬리 저널(1-5권)』, (서울:신앙과 지성사, 2020), 128. (이하 『존 웨슬리 저널(1권)』으로 표기함)
3) John Wesley, The Works of John Wesley (vol.18), (Nashville: Abingdon Press, 1988), 236. 이 신도회는 애찬식(love-feasts)과 밴드(bands)가 있는 영국 국교회의 신도회였다. 여기서부터 후에 모라비안 교회가 되는 모라비안 신도회(society)와 첫 감리교 연합신도회가 생겨났다. 웨슬리는 1740년 7월 20일 모라비아 설교자 몰터(Molther)의 극단적 정숙주의(Stillness)에 반대하여 이곳을 떠나게 되고, 대신 런던의 파운더리에 신도회를 조직하여 밴드를 만들고 신앙훈련을 강화하였다. 이 페터레인 신도회는 1742년 11월 10일 모라비안 채플이 되고, 1875년 모라비안 본부가 되지만, 1941년 5월 11일 공습으로 건물이 파괴되었다. 이후 현재 런던의 첼시(Chelsea)로 장소를 옮겼다. 여기에 피터 뵐러의 무덤이 현재까지 있다.
4) D. 마이클 헨더슨, 이혜림, 『존 웨슬리의 소그룹 사역을 통한 제자 만들기』, (서울:서로사랑, 2011), 90.
5) Clifford W. Towlson, Moravian and Methodist. (London: Epworth Press, 1957), 187을 참조하라. 모라비안 관점에서 연구하는 이들은 페터레인 신도회가 영국 국교회의 신도회(society)가 아니라 모라비안 밴드(band)였다고 주장한다.
6) D. 마이클 헨더슨(2011), 91-93.
7) Ibid, 94.
8) 1738년 5월 24일 자 저널 참조하라.
9) Clifford W. Towlson(1957), 69. 이들은 7월 4일 독일 마리엔보른(Marienborn)에 도착하였다. 그리고 이날 처음으로 모라비안 리더인 친첸도르프 백작은 만나 짧은 대화를 나누었다.
10) 1738년 8월 1일부터 8월 14일까지 웨슬리 저널을 참조하라.

11) 『존 웨슬리 저널 (1권)』, 213. 모라비안 조직 중 하나인 클래스(class)를 웨슬리 저널 한글판에서는 '교실'로 번역하고 있지만, 실상 '그룹'의 의미를 지닌 '클래스'로 그대로 해석하는 것이 더 적당하다. 후에 웨슬리는 '속회'(class)조직을 만들게 되는데, 모라비아에서 사용하는 클래스와는 의미와 내용, 그리고 기능과 성격이 다른 것이다. 흔히 웨슬리의 속회를 모라비안의 클래스에서 왔다고 생각하는 것은 잘못된 해석이다.
12) 모라비안의 콰이어(choir)는 영국 국교회의 신도회(society)와 비슷한 성격을 가진 모임으로 볼 수 있다.
13) D. 마이클 헨더슨(2011), 82. 친첸도르프 백작은 성도들의 영적인 부분을 감독하고 공동체를 운영하기 위해 공동체를 작은 셀로 나눠 밴드(bands)라는 이름을 붙였는데, 존 웨슬리가 이들을 찾아가기 11년 전부터 이미 이 체제가 도입되었다.
14) D. 마이클 헨더슨(2011), 84-85를 참조하라.
15) 『존 웨슬리 저널(1권)』, 250 참조하라. 페터레인 신도회에서의 이런 놀라운 성령의 역사는 이후 존 웨슬리의 사역에 있어서 끊이지 않았다. 이런 많은 성령의 역사에 관한 이야기는 존 웨슬리 저널 전반에 걸쳐 소개가 되고 있다.
16) D. 마이클 헨더슨(2011), 95-104 참조하라. 웨슬리는 모임의 결속을 해칠만한 행동을 하는 이들에게는 개인적으로 은밀히 대처했다
17) John Wesley, The Works of John Wesley (vol.19), , (Nashville: Abingdon Press, 1990), 119. 필립 하인리히 몰터(Philipp Heinrich Molther, 1714-1780) 알사스 지역 개신교 목사의 아들로 1735년 예나(Jena)에서 교육을 받았고, 여기서 회심의 경험을 하게 되었다. 학생들을 가르치며 생계를 유지했는데, 그 학생들 중에 친첸도르프 백작의 아들 레나투스(Renatus)도 있었다. 미국 펜실바니아로 파송을 받았고, 런던에서 배를 기다리는 몇 달 동안 제임스 허튼(James Hutton)에 의해 페터레인 신도회에 소개되었다. 몰터는 종교적 열광주의 현상에 대해 반대하였다. 반면 그의 정숙주의 교리와 은혜의 수단에 대해 경시하는 모습은 존 웨슬리와 상극이 되었다. 몰터는 유명한 작곡가였으며, 많은 모라비안 찬송을 프랑스어로 번역하였다. 1775년 모라비안 감독(bishop)으로 선출되었다.
18) 『존 웨슬리 저널 (1권)』, 359.
19) Ibid, 359.
20) Ibid, 413. 1740년 7월 16일(수) 저널을 참조하라.
21) D. 마이클 헨더슨(2011), 87 이하를 참조하라.
22) Ibid, 101-102. 웨슬리가 무어필드라는 목초지에서 설교(옥외설교)를 하고 있을 때 찾아왔던 두 명의 사업가 이름은 Mr. Ball과 Mr. Watkins였다. 파운더리는 대포를 만들던 무기 공장이었지만, 1716년 폭발 사고로 건물이 무너진 이후 웨슬리가 매입해 재건할 때까지 폐허 상태로 방치됐다. 1740년 6월에 완공된 건물은 많은 청중을 수용할 수 있었을 뿐 아니라, 선교사들이 머물 곳을 제공하기에도 부족함이 없었다. 웨슬리는 건

물의 완공으로 더욱 효과적으로 사역을 펼쳐 나갈 수 있게 되었다. 웨슬리에게 있어서 새로운 건물은 새로운 시작이 되었다.

23) The Works of John Wesley (vol.19), 163
24) D. 마이클 헨더슨(2011), 101,110 참조하라.
25) Ibid, 105. 존 웨슬리는 초대 교회에서 그와 같은 시간이 있었을 것이라 생각했고, 그가 조지아에서 사역하던 시절에도 새벽 성경 강해를 시도했었다.
26) Ibid, 106.
27) Ibid, 108.
28) Ibid, 109.
29) Ibid, 107.
30) 조선석, 피기영, 『웨슬리 스토리』, (서울:수엔터테인먼트, 2005), 143. 감리교도들은 '뉴룸'으로 알고 있으나, 브리스톨에서는 '존 웨슬리 채플'로 불리고 있다. 이곳에서 웨슬리 생애 동안 총 18번의 연회가 개최되었다.
31) The Works of John Wesley (vol.19), 183을 참조하라. 존 웨슬리는 이 용어를 1739년 10월 30일 자 일기에 처음으로 사용하였는데, 브리스톨의 니콜라스 거리에 있는 모임과 볼드윈 거리에 있는 모임의 연합 개념으로 사용하였다.
32) Ibid, 184. 이것이 회원 티켓(membership tickets)에 대한 첫 언급이다. 이 티켓의 기능은 의심의 여지없이 속회에서 발행했던 티켓과 동일한 것이라고 「감리교인이라 불리는 사람들에 대한 평이한 해설(A Plain Account of the People Called Methodists) (1749)」에서 이야기하고 있다.
33) 『존 웨슬리 저널(1권)』, 443-444.
34) 1741년 3월 30일(월) 자 저널을 참조하라.
35) 1742년 2월 15일(월) 자 저널을 참조하라.
36) D. 마이클 헨더슨(2011), 110-112.
37) 존 라일, 배용덕, 『휫필드와 웨슬리』, (서울:부흥과 개혁사, 2007), 19.
38) 1747년 3월 8일(일) 자 저널 참조하라.
39) 김진두, 『웨슬리의 실천신학』, (서울:KMC, 2006), 128.
40) 데이비드 L. 왓슨, 한경수, 『이것이 속회다(The Early Methodist Class Meeting)』, (인천: 주안교회출판부, 1993), 180.
41) Ibid, 177.
42) H.A. 스나이더, 조종남, 『혁신적 교회갱신과 웨슬레(The Radical Wesley)』, (서울:대한기독교출판사, 1986), 79.

04 속회의 신학적 이해

앞서 살펴본 바와 같이 존 웨슬리의 목회 방법론은 그의 과거 생활 속에서 체험된 것을 바탕으로 하나씩 쌓여 가고 또 만들어져 갔다. 물론 영국 국교회의 가르침과 교리, 조직이 바탕이 되었지만 그것이 전부는 아니었다. 그의 삶을 통해 체험으로 확인된 것들을 중심으로 새로운 감리교 운동이 전개되었다. 그의 신학과 신앙 운동은 매우 실제적이었다. 그런 점에서 존 웨슬리의 신학은 '실천적 신학(Practical Divinity)'이라 부를 수 있다.

존 웨슬리에게 신학은 결코 관념적이거나 추상적인 차원에 머무르는 것이 아니었다. 성령의 역사하심 가운데 '회심'을 경험하고 보니 실제적이지 않은 것은 의미가 없다고 판단했기 때문이다. 실제로 회심은 존 웨슬리의 삶을 완전히 바꾸어 놓았다. 어려서부터 영국 국교회의 신학과 신앙을 배워온 존 웨슬리의 신학은 회심 이후 구체화 되고 실제화 되었다. 믿음으로 구원을 받는다는 교리가 일반적인 신앙의 기초였다면, 존 웨슬리는 그 구원의 믿음이 선행이라고 하는 삶과 행동으로 표현이 되어야 함을 강조했다. 즉, 구체적인 삶의 모습으로 표현되지 않는 신앙은 진짜라고 볼 수 없다는 것이다.

1. 존 웨슬리의 신학 형성 배경

존 웨슬리의 신학을 바르게 이해하는 것은 속회를 이해하는데 매우 중요하다. 왜냐하면 속회는 존 웨슬리가 추구하는 신학의 목표를 이루기 위한 도구였기 때문이다. 속회는 단순히 성도의 교제나 성경공부만을 위한 소그룹 모임이 아니라, 삶을 변화시키는 장소였다.

존 웨슬리는 모든 종류의 추상적인 이론 신학을 거부하였다. 만약 존 웨슬리가 동시대의 다른 신학자들처럼 추상적인 이론 신학에 치중했다면 그의 부흥 운동은 실패했을 것이다. 존 웨슬리가 개인의 삶은 물론 사회와 국가를 개혁할 수 있었던 힘은 그의 실천적인 신학에서부터 비롯된 것이었다.[1] 간혹 감리교회에는 신학이 없다는 말들을 한다. 그러나 그럴 수밖에 없는 이유가 있다. 존 웨슬리는 실제적이지 않은 신학에 대해서는 관심도 없었거니와, 신학의 목적은 기독교인들의 삶에 영향을 주고 성장을 돕는 것이 되어야 한다고 생각했기 때문이다.

존 웨슬리의 신학 체계가 형성된 배경에는 여러 요소들이 있다. 존 웨슬리의 신학은 종교개혁가였던 루터나 캘빈, 토마스 뮌처 등의 구원론적 요소들을 종합적으로 수용하는 특징을 가지고 있을 뿐만 아니라, 동방 교부들과 알미니우스주의, 어거스틴, 성공회, 로마 가톨릭에 이르기까지의 모든 사상들을 수용하고 있다. 그 중 존 웨슬리의 신학 형성에 큰 영향을 미친 세 요소가 있다. 영국 국교회와 종교개혁자들, 그리고 모라비안 신앙이다.

(1) 영국 국교회의 영향

존 웨슬리의 신학 형성에 가장 중요한 것은 역시 영국 국교회의 신학이다. 영국 국교회의 사제였던 아버지의 신앙과 신학이 존 웨슬리에게 신학의 기초가 되었기 때문이다. 그리고 뿌리 깊은 청교도의 신앙 유산을 물려받은 어머니의 가정교육과 신앙훈련 역시 존 웨슬리 신학의 든든한 기초가 되었다. 즉 존 웨슬리는 신학적으로는 영국 국교회의 모든 신학과 제도를 존중하면서, 삶에서는 엄격한 청빈을 강조하는 청교도의 삶을 본받았고,[2] 그의 평생에 이 두 가지 태도는 변하지 않았다.

존 웨슬리가 영국 국교회의 영향을 많이 받았다는 사실은 성경과 전통, 그리고 이성을 자기 신학의 중요한 자료로 삼고 있다는 데서 발견할 수 있다. 존 웨슬리는 특별히 전통[3]을 중요시하였다. 그 이유를 미들톤(Middleton) 박사에게 보낸 편지에서 밝히고 있는데, 교부들의 문헌이 우리에게 참되고 순전한 기독교를 가르쳐 줄 뿐 아니라, 우리를 가장 확실한 기독교 교리로 인도해주기 때문이라는 것이다. 교부들은 그리스도와 사도들에게 역사적으로 가까울 뿐 아니라, 분리되지 않고 하나로 존재하였던 교회의 소리를 들을 수 있게 해주었다.[4]

실제로 전통은 지금부터 나아갈 미래의 방향을 설정하기 위해 매우 필요하다. 예를 들어 우리가 성경을 기독교 신앙의 최고 권위 있는 책으로 인정할 때, 우리는 어떻게 무엇으로 성경을 해석할 수 있을 것인가 하는 문제에 이르게 된다. 교회의 전통과 교리는 성경 해석의 규범이 되며, 성경을 바르게 해석하는 데 매우 유용한 도구가 된다. 전통은 성경의 무책임한 해석을 막아줌으로써 교회를 보호하고 우리의 신앙을 보호하기에 필요한 것이 될 수 있고 또한 그렇게 되어야 한다. 그러므로 존 웨슬리가 성경 해석을 할 때 언제나 전통의 권위에 비추어 검토하였던 것은 매우 합리적이고 당연한 일이었다.

또 존 웨슬리는 이성의 가치와 중요성을 인정하였고, 이성을 성경 해석을 위한 하나의 해석 원리로 채택한 국교회의 신학적 방법을 인정하였다.[5] 이성은 진리의 원천은 아니지만, 진리를 이해하고 해석하며 증거 하는 데 매우 중요한 역할을 한다. 그래서 존 웨슬리는 "이성은 이해와 판단과 논술의 도구이며" 그러므로 "이성을 버리는 것은 곧 종교를 버리는 것이다"라고 하였다.[6] 존 웨슬리는 신앙적인 사람이라고 하여 비이성적인 사람이 되어서는 안 된다고 생각하였으며, 오히려 이성적인 사람이 진정한 신앙인이라 주장하고 있다. 왜냐하면 이성은 기독교의 기초인 성경의 증거를 바르게 이해하고 해석하는 도구가 되기 때문이다.

존 웨슬리 속회 연구의 권위자인 데이빗 L. 왓슨(David L. Watson) 박사는 존 웨슬리가 이성을 통하여 자신이 고안해내는 모든 것들을 논리적으로 세심하게 검증해보고, 그가 종종 혐의를 받았던 지나친 열광주의를 거부하였기 때문에 감리교가 개인적인 체험을 강조함에도 불구하고 단순한 감상주의에 빠지지 않을 수 있었다고 주장한다.[7] 이는 존 웨슬리의 갱신 운동에 있어서 이성이 얼마나 중요한 역할을 했는지를 보여준다.

(2) 종교개혁자들의 영향

두 번째로 존 웨슬리의 신학에 영향을 미친 것은 바로 종교개혁자들이다. 루터나 캘빈의 개혁운동에서 취한 성경에 대한 입장은 존 웨슬리로 하여금 성경 중심의 사람이 되게 하는 데 큰 영향을 미쳤고, 존 웨슬리는 스스로 "한 책의 사람(Homo Unius Libri)"[8]이라 말할 정도로 성경 중심적인 삶을 살게 되었다. 그의 성경 제일주의는 다음의 글에서 확인할 수 있다.

> 성경은 구원에 필요한 모든 것을 포함하고 있다. 따라서 성경에 기록되지 않거나 성경에 의해서 입증되지 않는 것을 신앙의 조항으로 믿어야 한다고 요구하거나 구원에 꼭 필요한 것으로 생각하도록 요구해서는 안 된다.[9]

이 말은 성경을 전통이나 합리주의, 또는 그 외의 어떤 것보다도 더 우위에 두고 있는 존 웨슬리의 입장을 반영해 주는 것이며, 후에 그의 실용주의 신학의 근거가 되었다. 존 웨슬리는 성경과 전통, 이성과 체험을 중요시하는 신학 방법론을 택하지만, 무엇보다도 성경을 가장 우위에 두었음은 이미 모두가 잘 아는 사실이다. 그는 성경을 전통, 이성, 체험에 비추어 해석하고 확증한다. 그럼으로 그의 신학은 성경의 권위 아래서 교회의 전통을 존중하며, 이성의 역할을 높이 평가하고, 체험을 중요하게 여기는 방법으로 조직화 되고 체계화되었다.

또한 존 웨슬리는 개혁주의 신학자들의 입장을 따라 성경의 무오성을 확신하였다. 성경이 영감으로 작성된 하나님의 말씀이라면 성경에는 오류가 없다고 믿었고, 성경대로 살아갈 것을 결심했다. 그래서 그는 자신을 가리켜 "나는 성경 고집쟁이(Bible-bigot)이다. 나는 모든 일에 있어서 큰일이건, 작은 일이건, 성경을 따른다."[10]고 하였다.

가톨릭에서는 전통을 가장 권위 있는 것으로 보는 데 반해, 개신교는 성경을 가장 권위 있는 것으로 받아들인다. 존 웨슬리는 성경이 신앙과 실천의 문제에서 최고의 권위를 지니고 있다는 "오직 성경만이(sola scriptura)"의 원칙을 고수한다는 점에서 종교개혁자들의 전통에 서 있다고 볼 수 있다.

(3) 모라비안의 영향

세 번째로 존 웨슬리의 신학 사상에 큰 영향을 미친 것으로 모라비안(Moravians)의 신학과 신앙을 말하지 않을 수 없다. 이들은 중세 후기 기독교의 급진적인 운동에 뿌리를 두고 있는 존 후스(John Hus)의 추종자들이다.[11] 이들은 1425년에 후스가 처형되자 여러 곳으로 흩어져 생활하게 되었고, 그들 가운데 한 부류가 로마교회로부터 떨어져 나가 스스로 "연합 형제회(Unitas Fratrum)"라고 이름을 붙이게 되었다. 하지만 1620년 30년 전쟁으로 프로테스탄트가 패배하였고, 예배의 자유에 대한 희망은 모두 사라지게 되었으며, 그 형제들은 보헤미

아로부터 추방당하게 되었다. 이들 중 일부가 친첸도르프 백작의 영향력 아래 신앙생활을 하게 되는데, 친첸도르프는 이들을 그의 영토인 헤른후트(Herrnhut)에 거하게 하면서 그들을 "모라비안"이라 이름하며 새로운 신앙생활을 시작하게 하였다.

이들이 존 웨슬리에게 미친 영향은 믿음에 대한 확신과 조직이 신앙에 어떤 영향을 미칠 수 있느냐 하는 것이었다. 물론 후에 존 웨슬리는 이들의 정숙주의(Stillness)에 반대함으로 이들과 결별하게 되지만, 이들이 존 웨슬리 갱신 운동에 미친 영향력은 대단한 것이었다. 앞서 언급한 바와 같이 모라비안의 믿음에 대한 확신은 존 웨슬리로 하여금 올더스게잇의 체험을 하는 데 결정적인 역할을 하였고, 존 웨슬리는 이때의 경험을 통해 일생의 변화를 맞았다. 이 회심의 체험을 통해 존 웨슬리는 긴 신앙적 갈등에서 해방될 수 있었고, 그의 신학 방법론에 있어서 '체험'을 강조하게 되었다.

이로써 존 웨슬리는 성경과 전통과 이성을 중요시하는 영국 국교회의 신학 방법론에 '체험'을 하나 더 추가하였고, 그의 사역과 설교에 있어서 그는 늘 참되고 성경적이며 체험적인 기독교를 증거하기에 힘썼다. 존 웨슬리는 신학을 성경에서 시작하여 언제나 신앙체험으로 이어지게 하였다. 성경과 전통이 중요하지만, 이것은 외적인 것이기에 성경의 진리가 자신에게도 진리가 되기 위해서는 체험이 필요함을 존 웨슬리는 깨달았던 것이다. 그러므로 존 웨슬리는 가능하다면 성경은 체험으로 확증되어야 한다고 항상 생각하였다.[12] 이런 그의 체험은 존 웨슬리의 신학을 연구할 때 경험주의적 혹은 실용주의적 색채가 드러나는 이유가 되었다.

이 외에도 모라비안 신앙은 존 웨슬리의 신앙과 신학 형성에 많은 영향을 주었다. 성도의 친밀한 교제라든지 소그룹 공동체 중심의 경건 훈련과 그들의 단순한 생활 등 영국 국교회의 예전 중심의 신앙생활에서는 경험할 수 없는 영적 기쁨과 자유를 배울 수 있었다. 또한 찬송과 애찬(Love Feast), 그리고 철야 기도회(Watch Night Service) 등도 모라비안의 영향으로 얻은 것이었다.[13] 감리교 공동체의 실제적인 예배와 생활, 영적 훈련 등 많은 부분에 직접적인 영향을 미친 것은 모라비안이었고, 영국 국교회의 배경에서 시작된 감리교 운동이 독특한 운동이 될 수 있었던 배경에는 모라비안이 있었다고 말할 수 있다.

존 웨슬리는 위와 같은 다양한 영향을 통해 "창의적인 종합"이라는 새로운 형태의 신학 체계를 구축할 수 있었다. 하워드 스나이더는 웨슬리 신학의 독특성을 다음과 같이 설명하고 있다.

> 웨슬리의 천재성과 독창성은 남의 것을 빌어다가 다양한 요소들을 받아들이고 결합하여 그들의 모든 것보다 다이나믹한 종합을 이루는데 있었다. 웨슬리의 천재성은 교리와 실천의 종합(synthesis)을 개진시키고 유지시켜 성경의 파라독스(biblical paradoxes)를 하나로 묶어 힘 있게 만드는 데 있었다.[14]

다시 말하면, 존 웨슬리는 "둘 중의 하나"가 아니라 "둘 다"의 신학 방법론을 택하였다. 그러나 A와 B를 종합하여 AB를 만드는 것이 아니라 자신만의 독특한 C를 만들었다. 그러기에 존 웨슬리의 신학은 "창의적인 종합"이라 말할 수 있게 되었다.

2. 존 웨슬리의 교회론

존 웨슬리의 신학을 언급할 때 가장 중요한 것은 교회론이다. 교회론은 그의 목회의 기초요 방향을 제시해 주기 때문이다. 존 웨슬리는 영국 국교회를 가장 완벽한 교회로 이해하고 있었다. 그러나 존 웨슬리는 여기에 머물러 있지 않고, 한 걸음 더 나아간 교회론으로 발전시켰다.

제도화 된 교회는 때로 복음을 전하고 그리스도인의 성화를 이루는 데 걸림돌이 되는 것이 사실이다. 오늘날의 교회도 점차 냉랭해져 선교의 열기가 식어가고 있으며, 사회 속에서 빛과 소금의 사명을 담당하며 본이 되는 교회의 모습이 되지 못하고 있다. 본질이 아니라 비본질적인 것에 치중하게 되기 때문이다. 오래 전 존 웨슬리 역시 감리교 운동을 전개하는 동안 제도화된 교회의 문제점을 누구보다 더 분명하게 인식하고 있었다.

존 웨슬리는 이런 문제를 해결하길 원했고, 이를 위해선 먼저 교회론을 제대로 정립해야 할 필요를 느꼈다. 그리고 그는 실제적인 사역을 통해 문제를 하나하나 해결하기 시작했다. 하워드 스나이더는 존 웨슬리의 이런 열망을 그의 사역 속에서 발견했다. 스나이더는 그의 저서 서문에 "존 웨슬리의 실천은 그의 교회론에서부터 비롯된 것이다"[15]라고 기록하였다. 일반적으로 존 웨슬리 신학의 핵심은 구원과 성화라고 말하는데, 그의 신학에 대한 실천은 그가 가진 성경적 교회관에 기인하고 있다는 사실을 잘 설명한 것이다.

존 웨슬리의 교회관은 그의 생애 가운데 몇몇 사건들을 통해 정립

되어 갔다. 미국 조지아 선교활동 당시 모라비안과의 교제를 통해 감독제와 모라비안 직제의 타당성과 교회 내 평신도의 역할 등에 대해 깊은 연구를 하였고, 그 결과 교회의 직제란 절대적인 것이 아니라 상대적인 것이며, 교회에서 행해지는 많은 의식과 관행들이 오랜 전통에 의해 생겨난 것으로 반드시 성경에 근거한 것은 아님을 알게 되었다.[16] 조지아 선교에서 실패하고 영국으로 귀국한 존 웨슬리는 기본적으로 국교회의 입장을 벗어나지는 않았지만, 교회 직제를 보다 기능적으로 보게 되었다. 이 점에 대해 프랭크 베이커(Frank Baker)는 "1746년경부터 존 웨슬리는 이미 교회의 본질과 사역을 제도적인 면에서보다는 기능적인 면으로 이해하였다"[17]고 그의 저서에서 밝히고 있다.

존 웨슬리는 영국 국교회를 그 당시 유럽에서 가장 성경적인 구조를 갖춘 교회로 믿고 있었다. 그래서 국교회로부터 많은 오해와 핍박을 받아도 국교회로부터의 분리를 반대하였고, 국교회의 일원으로 남기를 원했다. 이러한 존 웨슬리의 태도는 국교회와 감리교 신도회와의 관계를 분명히 밝히는 기본입장이 되었다. 즉 감리교 신도회는 국교회로부터 분리된 새로운 교회가 아니라 국교회 안에서 활동하는 새로운 하나의 신앙단체로 볼 수 있으며, 이와 같은 관계성은 '교회 안의 작은 교회(ecclesiola in ecclesia)'로서의 속회를 바르게 이해하는 열쇠가 된다.

존 웨슬리가 교회론을 정립하는데 결정적인 역할을 하는 사건이 있다면 역시 1738년 5월 24일 올더스게잇(Aldersgate)의 회심 사건[18]이다. 모라비안을 통해서 알게 된 신학적이고 실제적인 교훈을 존 웨슬리는 올더스게잇의 회심을 통해 실제로 체험하게 되었고, 이와 같은 체험은 그의 교회에 대한 신학에 확신을 더해 주었다. 회심 체험을 통해 존 웨슬리는 인간 중심의 신앙이 하나님 중심의 신앙으로 바뀌었으며, 이로 인해 그는 성경적인 은총관, 신앙관, 구원관을 가지게 되었고, 그의 이런 변화는 교회관의 변화도 가져오게 되었다. 회심 이전 국교회의 전통을 따르고자 애썼던 존 웨슬리가 회심 이후 평신도 전도자를 임명하거나, 옥외설교와 즉석 기도를 하는 일 등 혁신적인 목회 활동을 펼친 것은 그의 교회관이 변화되었음을 보여주는 외적인 증거다. 그러나 이것이 존 웨슬리가 국교회주의를 버리고 자유교회주의자가 되었음을 의미하는 것은 아니었다. 국교회를 사랑한 존 웨슬리는 원칙적으로는 고교회주의자(High Churchman)였으며, 동시에 실용적 개혁자였다. 이런 점에서 볼 때, 그의 회심 체험은 존 웨슬리의 교회관을 근본적으로 변화시켰다기보다는 확장을 가져온 사건이었다고 말할 수 있다.[19]

자신의 회심 체험 이후, 영혼 구원과 성화를 지상 최대의 사명으로 인식한 존 웨슬리는 교회의 제도, 구조, 전통 등이 교회의 본질적인 사명인 전도와 성화를 위한 목회 활동에 지장을 초래할 때에는 과감히 갱신하였다. 존 웨슬리는 교회의 제도를 본질이 아니라 기능적인 것으로 간주하였기에, 그 실용성에 따라 언제든 제도를 다르게 적용할 수 있는 것으로 보았다. 그 결과 그는 국교회의 교구 제도를 "온 세계가 나의 교구다"라는 논리로 간단히 뛰어넘어 버렸다.

존 웨슬리는 영국 국교회의 전통적인 교회관을 계속 견지하였지만, 성경의 뒷받침을 받지 못하는 교회의 직제와 규범 등이 영혼 구원을 위한 전도와 성화의 기회를 제한하는 것을 절대 묵과하지 않았다.

존 웨슬리는 교회는 성경에 복종해야 한다는 원칙에 따라 교회론을 전개해 나갔다. 교회는 복음의 메시지에 의해 통제되어야 하며, 선교에 의해 정당성을 인정받는다는 기능적 교회론을 주장하였던 것이다.

존 웨슬리는「교회에 관하여」라는 설교에서 "교회란 하나님을 섬기기 위하여 부름 받고 함께 모인 사람들의 모임 또는 몸"이라고 정의하고, 이 모임은 그 수의 많고 적음에 관계없이 "그리스도의 이름으로 함께 모인 자가 둘이건 셋이건 거기에 그리스도가 계시며", "두세 신자라도 그리스도께서 그들과 함께 계신 곳에 교회가 존재 한다"고 설명하고 있다.[20]

프랭크 베이커는 존 웨슬리의 교회론이 두 개의 서로 다른 교회의 견해를 합한 것이라고 평하였다. "하나는 역사적 제도로 보는 교회관이며, 또 다른 하나는 교회를 그리스도인의 사귐으로 보는 것이다. 전자는 교회의 본질을 보존하여야 할 고대 제도로 보는 것이며, 후자는 교회의 본질을 세계 선교의 사명을 지닌 소수의 신앙인으로 보는 것이다. 즉, 전자는 전통의 관점에서 본 것이며, 후자는 산 관계에서 보는 것이다."[21]

이 두 가지 교회관에 관하여 하워드 스나이더는 트뢸취(Ernst Troeltsch)의 분류법에 비유하여 설명한다. 일반적으로 볼 때 두 가지 교회관은 트뢸취가 "교회(Church)"와 "분파(Sect)"로 구분한 것과 상당히 흡사하다. 하나는 제도적 관점이요, 다른 하나는 카리스마적 관점이라 부를 수 있다. 존 웨슬리는 제도적인 교회관과 카리스마적인 교회관을 둘 다 부정하지는 않았지만, 그의 마음은 후자에 있었다고 보는 것이 타당할 것이다.[22]

존 웨슬리의 이러한 원칙은 미국에 있는 성도들을 위해 토마스 콕(Thomas Coke)과 프란시스 애즈베리(Francis Asbury)를 안수하여 파송한 것에서도 잘 나타난다. 교회나 교회의 직제는 성경에 의한 어떤 형태를 규정한 것이 아니며, 단지 능률적인 복음 전파와 양육을 위한 하나의 수단일 뿐이다. 그래서 그는 제도에 대하여 상대적이며 실용주의적 접근 태도를 취하였다.

3. 교회 안의 작은 교회(ecclesiolae in ecclesia)

"교회 안의 작은 교회"라는 개념은 존 웨슬리가 왜 영국 국교회로부터의 분리를 원하지 않았는지를 설명해주는 중요한 개념이다. 존 웨슬리는 「감리교인이라 불리는 자들에 대한 평이한 해설」이라는 글에서 다음과 같이 기술하였다.

> "내가 내내 걱정했던 것은 편협한 정신, 분당적 열심, 우리 자신의 우물 안에 갇히는 것이었다. 그 불행한 고집은 많은 사람들로 하여금 그들 자신들 안에서 하나님이 역사하고 계신다는 것을 믿지 못하도록 만드는 것이다."[23]

존 웨슬리는 종교개혁의 역사를 깊이 연구하면서 '분리의 역사'를 발견하였다. 일단 하나로부터 다른 하나가 분리되어 나가면 그들은 자신들만의 교리와 관습을 정하게 되고, 이는 시간이 흐르면서 또 다른 분리를 만들게 된다는 것이다.

1517년 마틴 루터를 통해 일어난 종교개혁의 실제적 걸림돌은 루터와 캘빈이 다른 사람들이 지극히 성스러운 것으로 생각하고 있는 많은 교리들과 관행들을 거부하고 교회를 비난했다는 사실이다. 퀘이커 교도들은 처음에는 그 나라를 개혁하도록 하나님께 부르심을 받았다고 주장했지만, 사소한 견해들에 논쟁하는 데만 매달려 그들의 힘을 모두 소진시키고 말았다. 침례교도들은 기독교에 결정적으로 중요한 문제들에 관해서가 아니라, 외적인 계율 한 가지를 실행하는 방법이나 시간에 관한 격렬한 논쟁을 즉시 시작하였다. 장로교인들이나 독립교도들도 기껏해야 부수적인 문제들이라고 밖에 말할 수 없는 견해들을 가지고 시간과 정력을 너무나 많이 낭비하였다. 존 웨슬리는 역설적으로 바로 이러한 이유 때문에 사람들이 교회로부터 분리되어 나갔다고 하였다.[24] 결국 개혁을 위해 분리되고 분열되는 것은 역사적으로 또 다른 분열을 초래하게 된다는 것을 알게 되었고, 분열의 정당화를 위한 쓸모없는 논쟁이 결국 기독교 신앙의 본질마저도 퇴색되게 만들 수 있다는 것이다.

　　존 웨슬리는 1789년에 기록하기를 만일 감리회에서도 이런 일이 일어난다면 분리되어 나간 자들이 '무미건조하고 어리석은 무리'로 전락할 것이라고 하였다. 그래서 존 웨슬리는 분명하게 선언하기를 그가 목숨이 붙어 있는 한, 그 일만은 온 힘을 다해 막겠다고 하였다.[25] 존 웨슬리는 자신의 이런 주장을 지지해 줄 이론을 '교회 안의 작은 교회'라는 개념에서 찾았다.

　　'교회 안의 작은 교회'에서 '작은 교회(ecclesiolae)'는 독일 경건주의 선두주자로 알려진 필립 야곱 스페너(Philip Jakob Spener, 1635-1705)의 설명으로 시작된 개념이다. 스페너는 독일 루터교회 소속의 목사로 17세기 독일 루터교회의 형식주의와 당시 사회의 도덕적 방탕함에 대한 개혁을 기치로 경건주의 운동을 시작하였다. 스페너는 리차드 백스터를 비롯한 영국 청교도들의 서적을 읽고 도전을 받으며 진지한 기독교를 추구하기 위해 가정 스터디 그룹을 만들고, 이 모임의 이름을 '경건한 자들의 공동체(Collegiae Pietatis)'라 불렀다. 이는 규율이 있는 작은 교제의 집단이었으며 '교회 안의 작은 교회'의 개념과 같은 것으로 볼 수 있다. 이런 그의 활동은 아우구스트 헤르만 프랑케(August Hermann Franke, 1663-1727)에게로 이어졌으며, 프랑케는 작은 공동체로 불리는 소그룹 활동을 더욱 활성화시켰다. 이어 경건주의 작은 공동체 운동은 모라비안 리더인 루드비히 폰 친첸도르프(1700-1760)에게로 이어졌다.

친첸도르프 백작은 스페너처럼 교회 조직을 회복시키고 소생시키기 위해서는 교회조직의 공식적인 틀 안에 독립적인 쇄신 그룹을 적극적으로 확산시켜야 한다고 믿었다. 그는 어려서부터 독일 경건주의 운동의 중요한 두 개념을 익히게 되었는데 한 가지는 그리스도와의 개인적인 관계라는 개념이며, 또 다른 한 가지가 바로 '교회 속의 작은 교회'라는 개념이었다. 스페너나 프랑케는 이 개념이 분열을 일으키지 않고 교회를 부흥시키는 방법이라고 생각하였다.[26]

이것이 바로 경건주의자들 사이에서 '교회 안의 작은 교회'로 알려진 개념이며, 여기서 존 웨슬리는 정체된 국교회 구조에 새 생명을 불어넣을 방법을 찾아냈다. 존 웨슬리는 그의 신도회를 '작은 교회(ecclesiolae)'의 실체로 보았고, 신도회의 뿌리를 영국 국교회의 전통 아래에 두게 하였다. 그래서 그는 평생 신도회가 보다 큰 교회의 일부

분으로 남아 있는 한에서만 정당한 것으로 생각했다.[27]

존 웨슬리는 감리회 신자들이 그들 자신만을 위해서 사는 분리된 종파가 되는 것을 원하지 않았다. 그들은 전체 교회를 강건하게 하고 새롭게 하기 위해 존재해야 한다고 생각했다. 존 웨슬리는 당시 타락한 큰 교회 안에서 일어난 메소디스트 운동을 진정한 기독교(authentic Christianity)로 돌아가려는 운동으로 간주했다. 존 웨슬리는 자신이 사망할 때까지도 메소디스트 단체를 "가장 합리적이며 도덕적인 영국 국교회 내의 복음적 작은 교회"로 생각했다.[28] 이는 훗날 감리교 신도회와 속회를 이해하는 데 중요한 개념이 되었고, 이를 통해 존 웨슬리는 교회의 갱신과 사회 개혁을 이루는 일에 큰 성과를 거둘 수 있었다.

◆ 4. 존 웨슬리의 목회론

존 웨슬리 목회론에서 중요한 것이 두 가지 있다. 첫째는 '은혜의 수단'이고, 둘째는 '구원의 질서'이다. 이는 속회를 이해하고, 또 속회가 왜 성공할 수 있었는지를 설명하는 데 필수적으로 알아야 할 중요한 개념이다.

(1) 은혜의 수단(Means of Grace)

존 웨슬리의 신학을 '실천적 신학(Practical Divinity)'이라 부르는 이유는 그 신학이 절대적으로 신자들의 신앙에 도움이 되고 성화되도록 돕는 것이기 때문이다. 그래서 존 웨슬리의 신학은 교회의 부흥과 그리스도인들의 경건 훈련을 위해 지속적으로 다양하고 효과적인 '은혜의 수단'을 만들어내었다.[29] 그런 점에서 볼 때 존 웨슬리가 강조하는 은혜의 수단은 그의 신학의 핵심이라 말할 수 있다.

    존 웨슬리가 은혜의 수단을 강조하고 중요시 했던 또 다른 이유는 그가 어려서부터 자기 신앙을 지키기 위해 철저히 고수해 왔던 신앙의 규칙이기도 하지만, 모라비안의 정숙주의에 대한 반작용이기도 했다. 선을 행하며 신앙생활을 잘 지켜오던 이들로 하여금 조금이라도 의심이 생긴다면 그것은 믿음이 없는 증거요, 또 분명한 믿음이 생길 때까지 성례전을 비롯한 모든 교회의 행사에 참여할 수 없게 함으로 하나님의 은혜로부터 멀어지게 만드는 정숙주의는 잘못된 것으로 여겼다. 존 웨슬리는 오히려 신앙적 성숙이나 성화의 단계에 이르기 위해서는 더욱 적극적으로 은혜의 수단을 사용해야 한다고 믿었다. 존 웨슬리는 그의 설교에서 은혜의 수단에 대해 다음과 같이 설명하고 있다.

> 나는 은혜의 수단을 하나님의 정하신 외적 표시, 말 혹은 행동으로 이해하고 있습니다. 하나님께서는 그것을 선행적인 칭의나 성화의 은혜를 하나님의 사람들에게 전달하는 통상적인 통로(ordinary channels)로 이용하기 위하여 정하신 것입니다. (…)이 수단의 주된 것은 다음과 같습니다. 은밀한 기도나 대중과 함께하는 기도, 성경 연구(성경을 듣고 심사숙고하는 것을 의미함), 주님을 기념하기 위하여 떡을 먹고 포도주를 마시며 주님의 성찬을 받는 일입니다. 이런 것이 하나님에 의하여 그 은혜를 사람들의 영혼에 전달하는 통상적인 통로라고 우리는 믿습니다. 그러나 은혜의 수단이 지닌 모든 가치는 그것이 실제로 종교의 목적에 부응하고 있는가에 달려 있다

고 생각합니다. 따라서 그러한 모든 수단은 목적에서 분리될 때는 아무것도 아니며 헛것이 됩니다.[30]

존 웨슬리가 평신도 설교자들과 감리교 신자들을 위해 작성해 놓은 은혜의 수단 목록에는 공적 예배와 말씀 선포, 성만찬, 계명을 지키는 일, 자기 부정, 기도, 성경 탐구, 주의 만찬, 금식, 성도의 교제 등이 있었다.[31] 이런 은혜의 수단은 존 웨슬리가 신도회나 속회, 밴드 등 소그룹에서 반드시 지켜야 할 것으로 규정한 규칙의 근간이 되었다. 즉, 존 웨슬리가 감리교 신자들이 꼭 지켜야 할 규칙을 많이 만든 것은 은혜의 수단을 실천하도록 하기 위함이라 말할 수 있다.

은혜의 수단이란 그리스도인들이 완전한 성화에 이르기까지 은혜 안에서 성장하도록 돕기 위해 사용되는 도구들이다. 이 중 가장 중요한 세 가지를 뽑자면 기도와 성경 탐구, 그리고 주의 만찬이다. 여기에 조금 더 추가하자면 금식과 성도의 교제를 꼽을 수 있다.[32]

존 웨슬리가 이렇게 은혜의 수단에 집중할 수밖에 없었던 이유는 무엇일까? 존 웨슬리가 관찰해보니 복음을 듣고 예수 그리스도를 주로 고백하고 교회 예배에 열심히 참석은 하지만 이내 영적 침체에 빠져 버린 사람들이 있었고, 또한 죄의 유혹에서 벗어나지 못하고 있는 사람들도 있었다. 이들을 과연 진정한 기독교인이라 볼 수 있는가 하는 것이 존 웨슬리의 고민이었다. 그런 점에서 존 웨슬리는 사람들을 그리스도께로 인도한다는 것이 단순히 교회 예배에 참석시키는 것뿐만 아니라, 은혜의 수단을 통해 진정한 그리스도인이 되도록 도울 수 있다고 보았던 것이다.

(2) 구원의 질서(Order of Salvation)

존 웨슬리는 당시 영국 국교회의 신자들이나 성직자들이 형식적인 신자로 있는 것을 매우 잘못된 문제로 여겼다. 구원의 확신이 있는 신자라면 예수를 믿기 전과 후가 달라야 한다. 그러나 교회에는 출석하지만 삶이 변화되지 않고 계속 죄의 자리에 머물러 있는 사람들이 많이 있었다. 존 웨슬리는 이를 바른 신앙인의 모습으로 보지 않았다. 이런 사람들은 진정한 기독교인이라고 부를 수 없다고 주장했고, 이를 바로 잡기 위해 그의 목회 방향과 목표를 '성화'와 '완전'에 초점을 맞추게 되었다. 존 웨슬리는 이를 위한 단계를 '구원의 질서'라고 말했다. 죄인의 단계에서부터 예수 믿고 기독교인이 된 이후, 다음과 같이 성장해야 함을 주장하였다.

첫째는 죄인으로 머물러 있던 사람이 예수 믿고 의롭게 되는 단계이다. 이 과정은 예수 그리스도를 믿는 믿음으로 이루어지는 '칭의(Justification by Faith)'의 단계이다. 사람이 죄 사함을 얻게 되는 것은 그 사람의 행위나 공로로 인함이 아니라 예수 그리스도의 공로, 즉 나의 죄를 위해 대속의 죽음을 죽으신 그 은혜를 믿는 믿음으로 말미암는다는 것이다. 이 믿음을 고백함으로 인해 어떤 죄인이라 할지라도 죄 사함의 은총을 받은 '의인'이 되는 것이다. 그러나 '의인'이 되었다는 것이 죄가 없는 무흠한 사람이 되었다는 것이 아니라, 예수 그리스도가 내 죄를 대신 짊어지셨기에 죄 없는 사람으로 칭해지는 '칭의'의 단계에 이르게 되었다는 것이다.

둘째는 '성화(Sanctification)'의 단계이다. 이는 거듭난 기독교인이 되고 난 후, 여전히 용서받은 죄인의 모습으로 있는 것이 아니라 말과 행실이 달라지고 거룩해져야 하는 단계로 나가야 한다는 것이다. 이 단계에 이르기 위해서는 인간의 노력, 의지가 필요하다. 즉, 칭의의 단계에 있는 신자가 성화의 단계로 나가기 위해서는 믿음으로가 아니라 매일의 삶 속에서 선을 실천하는 행위가 필요하다고 보았던 것이다.

종종 감리교회가 믿음 뿐 아니라 행위를 강조하고, 또 자유의지를 강조하기에 행함으로 구원을 받는 것을 주장하는 것이 아니냐는 오해를 받기도 한다. 분명한 것은 존 웨슬리 역시 행함으로가 아니라 믿음으로 구원받는다는 사실을 강조하였다. 단, 내 믿음이 진짜인지를 확인하는 장치가 필요한데 그것이 바로 행함이라는 것이다. 그런 차원에서 행함은 신앙생활을 바르게 실천하는 데 있어서 중요한 요소이다. 달라지려는 노력, 거룩해지고자 하는 노력, 진정한 기독교인답게 살기 위해 선을 행하는 몸부림, 이런 것들로 인해 사람들의 삶은 변화되는 것이고 거룩해지는 것이며, 성화의 단계에 이르게 되는 것이다.

존 웨슬리는 속회 안에 이런 요소들을 규칙으로 만들었고 속회원들로 하여금 이를 철저하게 지키도록 했다. 신자들로 하여금 삶의 모습이 거룩해지고 성화의 단계에 이르게 하기 위함이었다. 그리고 존 웨슬리의 이 방법론이 성공했음은 감리교 운동의 열매가 증명해주었다.

셋째는 '완전(Christian Perfection)'의 단계이다. 기독교인도 사람인데 과연 완전의 단계에까지 이를 수 있겠는가 하는 문제는 지금까지도 논란이다. 존 웨슬리 역시 완전의 문제로 많은 어려움과 공격을 당했지만, 존 웨슬리는 에베소서 4장 13절의 말씀처럼 "온전한 사람을 이루어 그리스도의 장성한 분량이 충만한 데까지 이르는 것"을 목표로 하였다.

존 웨슬리 역시 사람은 완전해질 수 없다는 것을 잘 알고 있었다. 그럼에도 불구하고 완전의 단계를 이야기했던 것은 사람이 완벽해질 수 있다는 것을 강조한 것이 아니라, 일상을 살면서 알면서도 죄를 범하거나, 절제하지 못하고 죄의 유혹에 쉽게 넘어지는 수준을 넘어설 수 있음을 의미한 것이었다. 그리고 어떤 일을 할 때에는 마지못해 행하는 것이 아니라 사랑 안에서 행하는 그런 '완전'을 추구하였던 것이다.

존 웨슬리가 구상했던 이런 구원의 질서는 일상생활 중 안일하게 신앙 생활하는 사람들에게 큰 경각심을 불러일으켰고, 진정한 기독교인으로서의 삶을 살고자 하는 의욕을 불러일으켰다. 이는 감리교 신도회 운동이 빠른 속도로 증가할 수 있었던 요인이 되었고 이를 통해 개인의 삶뿐만이 아니라 영국 사회가 변화되는 놀라운 일이 일어나게 되었다.

◆ 5. 존 웨슬리의 목회 조직

존 웨슬리는 목회의 목표로 삼았던 신자들의 성화를 이루는 데 필요한 조직들을 만들었다. 존 웨슬리에게 있어서 조직이란 항상 수단이요 도구였지, 그 자체가 목적은 아니었다. 존 웨슬리는 결코 추상적인 조직을 만들지 않았다. 그의 조직은 성화와 완전을 이루기에 꼭 필요한 조직이었고, 이를 잘 활용하면서 놀라운 감리교 운동을 일으켰다.

존 웨슬리는 1744년 연회 회의록(Conference Minutes)에서 감리교 운동을 위한 조직에 대해 다음과 같이 기록하였다.

> 연합신도회(United Societies)는 영적으로 각성된 사람들로 구성된 속회(Classes)로 나누어지며, 이들 중의 일부 죄를 용서받은 사람들은 밴드(Bands)의 회원이 됨으로 보다 긴밀하게 연합되었다. 밴드의 회원 중 하나님의 빛 가운데 행하는 사람들은 선발신도회(Select Societies)로 구성하였다. 그리고 믿음에 파선한 회원들은 참회자(Penitents)로서 별도로 만났다.[33]

감리교 운동의 뼈대가 되는 이 조직을 연구해보면 존 웨슬리가 얼마나 조직에 탁월한 사람이며, 얼마나 실용적이고 실제적인 사람인지를 알 수 있다. 연회 회의록에 기록된 다섯 가지 기본 조직에 대해 살펴보면 다음과 같다.

(1) 신도회(Society)

런던에서 존 웨슬리를 통해 회심한 사람들은 그를 정기적으로 만나고 싶어 했고, 존 웨슬리도 그런 요청에 응할 준비가 되어 있었다. 그러나 그들의 수가 증가하면서 존 웨슬리는 그들 모두를 개별적으로 만날 수 없음을 깨닫고 그들에게 말했다. "만일 여러분이 매주 목요일 저녁에 함께 모인다면 나는 기꺼이 여러분과 기도하며 시간을 보내고, 또 내가 할 수 있는 최선의 권고의 말씀을 드리겠습니다.", "이렇게 해서 어떤 사전의 계획도 없이 후에 신도회라 불리는 모임이 일어난 것이다. 이는 런던에서 소수의 사람들이 함께 모이는 모임을 지칭하는 매우 흔한 이름이다."34) 웨슬리의 신도회는 이렇게 시작되었다.

신도회는 존 웨슬리 목회에서 가장 큰 골격이 된 조직이다. 이는 당시 영국 국교회 내에서도 보편적으로 이루어진 모임이었다. 그러나 국교회의 신도회 운동은 1730년대에 이르러 쇠퇴하기 시작하였고, 반면 웨슬리 신도회는 이 시기부터 새롭게 등장하며 일어나기 시작하였다.35) 뿐만 아니라 급속도로 성장하여 영국 전역으로 확산되기 시작했다.

영국 런던의 파운더리 신도회나 브리스톨 신도회 등 영국 전역으로 확산된 신도회의 특징은 주로 교육과 강연이 이루어진다는 점이었다. 그러다 보니 신도회의 리더만 발언을 하게 되었고, 신자들은 수동적일 수밖에 없었다. 그런 점에서 개인적인 교제와 자유로운 나눔 중심으로 모였던 속회나 밴드와는 그 성격이 구별된다.

시간이 지나면서 여러 지역의 신도회가 모여 '연합 신도회'를 이루게 되었고, 이는 후에 교회의 성격을 갖추게 되었다. 그리고 이렇게 발전된 신도회는 부흥을 거듭함에 따라 영국 국교회로부터 분리되어 감리교회가 되었다.

감리교 신도회에 입회하려는 사람은 단지 "죄로부터 구원받고 다가올 진노에서 자유하기를 원하는" 그런 열망이 있어야 했다.36) 이런 조건에 비추어 볼 때 시작부터 감리교 운동을 통해 존 웨슬리가 기대했던 것은 신자들의 영적인 갱신과 성장에 있었다는 것을 알 수 있다.

(2) 속회(Class Meeting)

　속회는 존 웨슬리가 가장 중요하게 여기는 소그룹이었다. 속회를 통해 존 웨슬리가 꿈꿔왔던 성화, 즉 개인의 변화와 사회의 개혁, 술집이 문을 닫고 사회의 분위기가 변화되는 등의 놀라운 일들이 일어날 수 있다고 믿었고 실제로 그랬기 때문이다. 그런 점에서 속회는 감리교 운동의 핵심이라 할 수 있다.
　속회가 감리교 운동에서 중요한 역할을 할 수 있었던 까닭은 속회가 가진 특별한 목적과 그 목적을 이룰 수 있는 도구들이 속회 안에 있었기 때문이다. 존 웨슬리는 감리교회가 일반적인 교회가 아니라 진실로 거룩한 공동체, 거룩을 열망하는 신자들의 교회가 되기를 바랐고, 그러기 위해선 이 목적에 동의하지 않거나 그럴 의지가 없는 사람들은 걸러내야 했다. 그렇게 해야 성화를 이루는 공동체가 될 수 있다고 믿었기 때문이다. 속회는 이 일을 위한 거름망과 같은 곳이었다. 존 웨슬리는 열심이지 못하고 거룩을 향한 열망이 없는 신자들을 걸러내야 한다는 것에 마음이 아팠지만, 거룩한 공동체를 이루기 위해서는 주저할 수 없었다. 존 웨슬리는 영국 게이츠헤드 지역을 방문했을 때 많은 불성실한 신자들을 걸러낸 후, 자신의 심경을 1747년 3월 8일(일)자 저널에 다음과 같이 기록하였다.

> 게이츠헤드(Gateshead)에서 설교하였는데, 주님의 자애에 대하여 선포하였다. 저녁에는 방안을 가득 메운 낯선 사람들을 보고, 목소리를 바꾸어 이렇게 무섭게 꾸짖었다. 주님께서 이렇게 말씀하셨다.

"내가 소돔과 고모라를 무너뜨린 것처럼 너희 중의 몇 명을 무너뜨렸다. 너희 남은 자들은 불구덩이에서 끄집어 낸 나무토막 같은 자들인데, 여전히 내게로 돌아오지 않았다." (…)첫 해에 8백 명 이상 모이던 신도회가 지금은 4백 명으로 줄어들었다. 하지만 오래된 격언에도 있듯이, "반이 전체보다 많다." 우리가 문 앞에 있는 적들과 이야기할 때, 이 일로 인해 부끄러워 할 필요가 없다.[37]

1748년의 브리스톨 신도회에서는 회원 900명을 730명으로 줄였다. 항구 도시에서는 종종 밀수한 사람들을 출교시킬 수밖에 없었다. 이러한 징계를 받자 시간이 흘러갈수록 그 지역에서 밀수하는 일이 감소하였다. 또 신도회에서도 64명이 축출되었는데 2명은 저주한 것 때문에, 2명은 습관적으로 주일을 범하는 것 때문에, 17명은 술 취한 것, 2명은 술을 파는 것, 3명은 싸우는 것, 1명은 아내를 때린 것, 3명은 습관적인 거짓말하는 것, 4명은 욕설 때문에, 1명은 게으름 때문에, 그리고 29명은 경박하고 부주의한 것 때문에 축출되었다.[38] 이를 가만히 살펴보면 신앙 활동이나 교리에 대한 충돌로 인한 축출은 없었다. 오히려 신앙을 신중하게 받아들이지 않거나, 일상생활의 변화가 없었기 때문임을 알 수 있다. 이는 존 웨슬리가 감리교 운동을 전개하면서 삶의 변화를 얼마나 중요하게 여겼는지를 알게 해주는 부분이다.

일반적으로 소그룹은 두 가지로 말한다. 하나는 열린 소그룹이고, 다른 하나는 닫힌 소그룹이다. 열린 소그룹이란 말 그대로 아무 때나 누구든지 참여하기를 원하는 사람들이 참여할 수 있도록 열려있는 모임을 말한다. 반면 닫힌 소그룹은 그 모임에 참여하고 싶다고 해서 아무 때에나 그리고 아무나 참여할 수 있지 않다. 상호 간 규칙을 지키겠다는 계약관계를 통해서든, 또 다른 조건을 통해 서로 합의한 사람들만 모이는 소그룹이다. 이런 점을 고려해본다면 속회는 모든 사람에게 열려있는 소그룹이 아니라 닫힌 소그룹의 형태를 띤 조직이라 말할 수 있다.

오늘날 교회 소그룹은 대부분 열린 소그룹의 형태를 띠고 있다. 어찌 보면 열린 소그룹이 자유롭고 편하며 더 좋은 분위기 속에서 모임이 원활히 이루어질 것이라 생각할 수 있지만 사실은 그 반대다. 단순히 친교를 목적으로 모이는 모임이라면 열린 소그룹이 좋을 것이다. 그러나 모임이 신앙 성장과 변화를 위한 것이라면 임하는 자세부터 달라져야 한다. 속회가 성공적일 수 있었던 이유는 철저한 상호합의 하에 모이는 닫힌 소그룹이었기 때문이었다.

존 웨슬리는 「하나님의 포도원(On God's Vineyard)」이란 설교에서 어떻게 속회가 감리교 운동 안에서 중요한 역할을 했는가에 대해 다음과 같이 말하고 있다.

> 자신의 영혼을 구원해야 하겠다고 결심한 사람은 누구든지 규율을 따라야 합니다(이것이 부과된 유일한 조건입니다). 이 규율이 요구하는 것은 다음 세 가지로 입증되어야 합니다. 곧 모든 알려진 죄를 피하며, 그 능력대로 선을 행하며, 그리고 하나님의 모든 의식에 참여하는 것입니다. 그리고 그는 그가 편리한 곳에 있는 속회에 배치되어 일주일에 한 시간 정도를 함께 보내야 합니다. 그 다음 분기에 그를 반대하는 사람이 없다면, 그는 신도회(Society)에 허입이 됩니다. 그리고 거기서 그는 계속 형제들을 만나며, 자신의 신앙고백에 일치하게 생활할 것입니다.[39]

여기서 확인할 수 있는 것은 신도회 회원이 되기 전에 속회를 먼저 거쳐야 했다는 점이다. 속회 리더는 신도회에 가입을 원하는 사람에게 첫 번째 접촉자가 되었다. 신도회에 가입을 원하는 사람은 3개월의 예비 기간을 가져야 했으며, 속회 리더의 추천에 의해 신도회 허입 증서를 받아야 신도회에 참여할 수 있게 되었다. 그러나 세 번 연속 결석을 하게 되면 속회에서 자동적으로 추방되었다.[40] 현대 교회에서는 교회에 출석하는 사람들을 소그룹에 편입시키는 것이 일반적인 순서이지만, 존 웨슬리는 속회에서 철저히 검증한 후에 신도회 모임에 참석할 수 있게 하였고 열심을 내지 못했을 때에는 가차 없이 신도회 회원에서 제명하였다. 그렇게 함으로 속회는 감리교 신도회를 거룩을 향한 열망과 의지를 가진 공동체가 되었다.

속회는 매주 한 번 한 시간 정도 저녁에 모였다. 각 사람은 자신의 영적인 성장 상태를 이야기 하였고, 특별한 필요나 문제들에 대해서는 다른 사람들의 기도를 받거나 도움을 받았다. 필요한 때는 조언이나 책망을 받게 되며, 다투었던 일은 화해하였고, 그렇게 해서 오해는 풀었다. 이러한 사랑의 수고를 한두 시간 한 후, 그들은 기도와 감사로 끝을 맺었다.[41] 이것이 속회의 패턴이었다.

속회가 속회로써 역할을 다하기 위해 가장 중요한 요소는 바로 리더이다. 속회 리더의 역량에 따라 결과는 달라지기 때문이다. 당시 속장의 위치는 '부목회자(sub-pastor)'나 '위임받지 않은 성직자(non-commissioned officer)', '영적 경찰관(spiritual police)' 등과 같이 다양하게 서술되었다.[42] 이런 호칭에서 알 수 있듯이 속장의 역할은 컸고 무거웠다. 특별히 영적 경찰관의 역할이야말로 존 웨슬리가 속회 리더들에게 바랐던 부분이었다.

    1742년 브리스톨에서 시작된 속회 모임은 같은 해 런던에서도 시작이 되었고, 1746년에는 영국 전역으로 확산되었다.[43] 그 이후 속회는 감리교 운동의 뼈대가 되었고, 속회를 중심으로 감리교 운동은 더욱 확산되어 나갔다.

(3) 밴드(Band)

    존 웨슬리에게 밴드 모임은 둘로 구분할 수 있다. 첫째는 모라비안 밴드이고, 둘째는 웨슬리 밴드이다. 모라비안들과의 첫 만남은 존 웨슬리에게 매우 충격적인 사건이었고, 존 웨슬리는 모라비안들과 교제하며, 그들로부터 많은 것을 배울 수 있었다. 그 가운데 하나가 밴드 모임이었다. 제도적이고 구조적이었던 영국 국교회의 신도회 모임에 익숙해 있던 존 웨슬리에게 모라비안 밴드는 매우 독특하고 신선했다. 그러나 페터레인 신도회와의 결별을 통해 사실상 모라비안과의 결별을 선언한 존 웨슬리는 모임만 떠난 것이 아니라 신학적으로도 결별을 선언했다. 모라비안 신학과 신앙생활의 장점도 보았지만 '정숙주의'라는 결코 용납할 수 없는 신학에 반대를 선언한 것이다.

    그러나 밴드 모임의 효과를 알고 있었던 존 웨슬리는 모라비안들과의 결별 후에도 파운더리 신도회 모임 안에서, 브리스톨 신도회 안에서도 밴드 모임을 계속 이어나갔다. 이때만 하더라도 '속회'가 만들어지기 이전이었다. 얼마 후 속회 조직이 만들어지면서 밴드는 사실상 애매한 것이 되었다. 그러나 조직에 탁월했던 존 웨슬리는 밴드를 소

멸시켜버리지 않았고, 약간의 수정을 통해 감리교 성화 운동에 필요한 조직이 되게 만들었다. 즉 속회에서 추구하는 성화보다, 더욱 성장을 갈망하는 사람들이 모이는 장소로 만들었다.

그런 점에서 속회가 감리교 운동의 기본적인 단위가 되었음에도 밴드 모임은 결코 경시되지 않았다. 속회와의 차이점이 있다면 밴드는 모라비안 형식에 따라 연령, 성, 결혼 유무에 따라 구성이 되었으며, 속회 리더가 존 웨슬리에 의해 임명된 것과 달리 밴드에서는 구성원들 가운데 선출이 되었다는 점이다.[44] 데이비드 L. 왓슨은 존 웨슬리의 밴드 모임에 대해 다음과 같이 정의하였다.

> 밴드 내에서는 조금 덜 조직적이지만 보다 강렬한 교류가 있었다. 이러한 교류는 주로 웨슬리가 "보다 밀접한 연합의 어떤 수단"을 원하고 필요로 했던 사람들에게만 회원의 자격을 제한함으로써 생겨난, 보다 절친한 친교에서 기인하였다. 완전을 향한 영적인 탐구가 촉진되고 인도되어지는 곳은 바로 이곳이었다.[45]

실제로 밴드에 속한 사람들은 속회에 참여한 사람들보다 훨씬 더 엄격한 규율의 감시를 받아야 했다. 1807년에 발간된 조셉 나이팅게일(Joseph Nightingale)의 『감리회의 모습』을 보면, 밴드 회원들은 "일반적으로 완전 또는 완전한 성화의 상태에 도달했거나, 또는 열성적으로 그 상태를 추구하는 사람들"이었다고 기록하고 있다.[46] 존 웨슬리는 밴드 모임에 속한 사람들로 하여금 악한 일을 피하고, 선한 일에 열심을 내며, 가난한 자들을 구제하고, 모든 은혜의 수단들을 사용하여 신앙생활을 하게 하였다. 규칙을 만들었고, 밴드에 속한 사람은 매주일 다음과 같은 질문을 받고 솔직한 대답을 해야 했다. (1)지난 모임 이후 어떤 죄를 범했는가? (2)어떤 시험을 만났는가? (3)어떻게 구원받았는가? (4)무엇을 생각하고 말하고 행동했는가? 그 중에 죄인지 아닌지 의심나는 것은 어떤 것인가?

종종 밴드 내에서의 이같은 고백이 가톨릭의 고해성사와 같은 것이 아니냐는 비난을 받기도 했다. 그러나 이 일은 그들이 영적으로 성장하는데 매우 유용한 수단이 되었다. 속회와는 달리 밴드는 훈련을 위한 것이 아니라 확실하게 회심한 자들을 영적으로 성장시키는데 도움을 주는 조직으로 자리를 잡았다.[47]

속회가 성화를 지향하고 감리교 신자들을 훈련시키기 위한 조직이었다면, 밴드는 성화에서 완전을 지향하는 그리스도인들을 위한 모임이라 말할 수 있다. 존 웨슬리는 밴드 또한 감리교 성화 운동을 위한 또 하나의 독특한 모임이 되게 하였다.

존 웨슬리는 밴드 모임에 참석하는 사람들에게도 개월에 한 번씩 티켓을 발부해주었다. 티켓 표면에 BAND나 b자를 써서 속회 티켓과 구별하였다. 밴드 티켓은 속회 티켓과 같은 기능을 가지며, 애찬식과 성찬 예배에 참석할 수 있고 신도회 모임에도 참여할 수 있는 권한을 지녔다.[48]

(4) 선발신도회(Select Society)

존 웨슬리는 밴드 모임을 개편한 것으로 만족하지 않았고, 이보다 훨씬 더 친밀한 세포 조직인 선발신도회(Select Society)를 만들었다.

이 조직은 내적인 성결과 외적인 성결을 이루는데 현저한 발전을 보인 사람들을 위한 것이었다.[49] 존 웨슬리는「메소디스트라 불리는 사람들에 대한 평이한 해설」에서 선발신도회에 대해 다음과 같이 설명하고 있다.

> 선발신도회 회원들에게는 많은 규칙들이 필요치 않았습니다. 왜냐하면 그들의 마음 가운데에는 이미 황금률이 빛을 발하고 있었기 때문입니다. 그들에게 다른 독특한 지도는 군더더기에 불과했습니다. 그래서 저는 선발신도회 회원들에게 오직 세 가지만 일러 주었습니다. 첫째, 선발신도회의 모임 중에 언급된 이야기는 모임 밖에서 발설하지 않습니다. 이러므로 우리는 서로를 더욱더 신뢰할 수 있게 되었습니다. 둘째, 어떠한 경우에도 선발신도회의 모든 회원들은 담당 목회자에게 순종합니다. 셋째, 선발신도회의 모든 회원들은 일주일에 한 번씩 평신도에게 자신이 최선을 다해 절약한 모든 것을 나누어 줍니다.[50]

신자들의 변화를 체험한 존 웨슬리는 성화에 대한 관심을 점점 키워나갔다. 그리고 그는 '그리스도인의 완전'이라는 새로운 단계를 만들게 되었다. 에베소서 4장 13절의 "그리스도의 장성한 분량"에 이르기까지 성장해야 한다는 말씀처럼 그리스도를 본받는 자리까지 나가야 한다는 목표를 세운 것이다.

그런 점에서 존 웨슬리는 밴드보다 더 제한된 모임이 필요했고, 그렇게 해서 탄생된 것이 선발신도회다. 선발신도회에서는 그리스도인의 완전의 교리가 거의 증명될 수 있게 체험되고 실천되었다. 존 웨슬리는 이들이 그들 형제와 자매들보다 "앞서 달려가는" 보다 훌륭한 일원으로서 "하나님의 빛을 따라 계속적으로 나아가고, 성부와 그리고 그의 아들 예수 그리스도와 교제를 나누고 있는" 것으로 생각하였다.[51] 그런 점에서 선발신도회에는 리더가 없었다. 이미 완전의 단계에 이를 만큼 성숙한 사람들로 간주되어 그들의 신앙을 지도하거나 권면할 리더가 필요 없다고 판단했기 때문이다.

선발신도회는 1742년 런던에서 최초로 결성되었다. 존 웨슬리는 선발신도회 회원을 직접 선발하였다. 이들은 속회와 신도회, 그리고 밴드를 거치면서 다른 신자들과 리더들에게 감리교 운동의 본이 될 만한 사람으로 인정받은 사람들이었다. 한마디로 감리교회의 정예부대라 할 수 있었다.[52]

(5) 참회자반(Penitent Band)

존 웨슬리의 목회 조직에서 특이한 것이 바로 '참회자반'이다. 존 웨슬리와 함께 거룩한 감리교 운동에 참여하고자 신도회에 가입했던 사람들 중에 다시 죄를 범하고 넘어지는 이들이 생기게 되었다. 존 웨슬리가 세운 규칙을 따른다는 것이 쉬운 일은 아니었기 때문이기도 했지만, 일반적으로 그들은 말씀 안에서 달라지고자 하는 열망과 구원을 이루고자 하는 열정이 약했기 때문이었다. 존 웨슬리는 이들을 어떻게 해야 할지 결정해야 했다. 그리고 이들을 위해 참회자반을 만들었다.

마이클 헨더슨은 "참회자반은 속회의 행동적 요구 수준에 부응하기에는 의지력이나 개인적인 절제가 부족하지만, 그런 개인적인 문제를 극복하고자 하는 열의가 있는 이들을 위해 특별히 마련됐으며, 교육 체계 내에 사회적으로 제 역할을 못하는 사람들을 위한 대안이 필요했다"고 표현한다.[53]

존 웨슬리는 그의 「메소디스트라 불리는 사람들에 대한 평이한 해설」에서 참회자반에 대해 다음과 같이 소개하였다.

> 믿음 안에서 날마다 성장을 거듭하며 모이기를 힘쓰는 자들이 있는 반면에, 몇몇 사람들은 믿음의 공동체로부터 떨어져 나가는 사람들도 있습니다. 그들은 자기도 모르는 사이에 조금씩 나태해지거나, 마음속으로 죄를 짓거나 기도에 열심을 내지 않는 등 이러한 종류의 죄에 빠져 있기 때문입니다. 혹은 의도적으로 죄를 범하는 경우에는 공동체로부터 단번에 떨어져 나가는 경우도 있습니다. 신자들이 함께하는 기도와 찬양은 그들을 변화시키는데 아무런 선한 영향력을 미치지 못했습니다. 그들은 오히려 자신들의 상황에 꼭 맞는 가르침이나 상담을 원했습니다. 이것을 인지한 저는 그들을 따로 불러서 매주 토요일 저녁마다 함께하는 시간을 갖자고 하였습니다. (…)참회자 반에 모인 사람들은 대부분 주님을 만났지만 그리스도의 생명의 빛을 잃어버린 채 낙망하고 있는 사람들이었습니다. (…)우리는 참회자들이 영혼의 목자 되시고 감독 되시는 예수께로 돌아오도록 최선을 다하였습니다. (…)그리하여 참회자반 가운데 많은 수의 사람들이 자신들이 잃어버렸던 '첫 믿음'을 회복하게 되었습니다. 오히려 이전보다 더 뜨거운 믿음의 소유자가 된 사람들도 있었습니다.[54]

존 웨슬리는 신앙의 자리에서 떨어진 사람들에 대해 안타까운 마음을 가졌고, 그들이 돌아오기를 최선을 다해 노력했다. 누구나 실수하고 넘어질 수 있다는 것을 알았기 때문이고, 한 영혼을 향한 간절한 마음을 가지고 있었기 때문이다.

참회자반이 독특하고 특별한 이유는, 존 웨슬리의 조직 활용 방법이 얼마나 실제적이고 효과적이었는지를 보여주기 때문이다. 영적 성장을 꾀함에 있어서 그 수준이 비슷한 사람들끼리 모이게 했다는 것이다. 속회에서도 그랬고, 밴드나 선발신도회도 성장 수준에 맞게 편성하였다. 참회자반 역시 영적으로 재활이 필요한 사람들을 따로 묶어 교육하였다. 존 웨슬리는 사회적으로 또는 도덕적, 영적으로 심각한 문제가 있는 사람들을 속회나 밴드에 섞어서 훈련하지 않았다.

참회자반의 주된 목표는 이들이 밴드의 주류로 편입되고, 정규 성장 단계를 밟아 갈 수 있도록 회복시키는 것이었다. 이들을 토요일 저녁에 모이게 했던 것도 단골 술집이나 윤락가에 가지 못하도록 하기 위함이었다. 참회자반은 대단한 성공을 거두었다.[55]

존 웨슬리의 조직 편성법이나 운영은 언제나 실제적이었고 효과적이었다. 이런 조직들을 만들고 운영했다는 것은 존 웨슬리에게 시대를 통찰하는 안목과 신자들의 영적 필요가 무엇인지를 정확히 파악하는 능력이 있었기에 가능한 일이었다. 그리고 그가 가진 하나님 앞에서의 열심은 감리교 운동의 추진력이 되었다.

6. 속회를 통한 개인과 사회의 변화

존 웨슬리가 가장 중요하게 여겼던 것은 바로 "변화"였다. 많은 신학자들이 그의 신학을 실천적 신학이라 불렀다. 그런 평가에 적합하리만큼 존 웨슬리는 그의 설교나 일기에서 모든 신자들이 진정한 기독교인으로 살아가야 한다는 점을 강조하였다. 말씀을 지식으로만 인식하는 형식적인 기독교인이 아니라 말씀을 실천하는 참 기독교인으로서 살아가야 한다는 것이었다. 데이비드 L. 왓슨은 다음과 같이 주장한다.

> 웨슬리는 하나님의 은총 가운데서 견실하게 살아가는 그리스도인의 책임에 기초한 의인의 교리를 모색하고 있었다. 이것은 매우 중요했다. 특히 웨슬리가 궁극적으로 품고 있었던 의인의 교리는 고립된 학문적 성찰 속에서도 아니고 문화적 종교적 논쟁의 열기 속에서가 아니라, 오히려 속회라는 모임에서 구체적으로 체현된 바 일상적인 그리스도인의 삶의 현실 속에서 출발하고 있다는 사실 때문이다.[56]

존 웨슬리는 속회를 통해 기독교인들이 개념적인 '의인'이 아니라 진정한 의인이 되어야 함을 주장하였다. 그러므로 속회는 그 자체로서 목적이 될 수 없으며, 구원 사업을 위한 구체적인 도구로서 이해하는 것이 옳다. 이와 연관해서 존 웨슬리는 두 가지 사실을 깨닫게 되는데 첫째는 신앙의 성장과 성화를 위해 속회라는 수단을 사용하는 것은 매우 효과적이라는 것과, 둘째는 참다운 영성은 내면에만 근거한 것이 아니라 삶의 영역에서 균형을 이루어야 한다는 것이었다.

기독교인이 그리스도의 제자가 되며, 의인으로서 살아가는 과정은 개인의 성화와 더불어 사회를 성화시키는 일과 무관하지 않다. 그래서 하워드 스나이더는 존 웨슬리가 "기독교는 본질적으로 고립된 종교라기보다는 사회적 종교"라고 주장했음에 주목한다.[57)]

　　이것은 존 웨슬리 이후 시대에 속회의 성격을 규명하는데 중요한 역할을 하였다. 그리고 참으로 그리스도의 제자가 된다는 것의 의미가 무엇인지를 보여주었다. 감리교회의 속회 제도는 기독교인의 변화를 추구하는 존 웨슬리의 실천적인 신학의 결과이며, 기독교인의 거룩한 삶을 위한 가장 구체적이면서도 효과적인 제도였다. 더 나아가 속회를 통해 사회 개혁이 이루어질 수 있었던 이유는 속회가 철저하게 실천적 도구였기 때문이었다. 사회 개혁은 기도만으로 이루어지는 것이 아니라 우리 행위의 결과로 이루어지는 것이기 때문이다. 사람들이 악을 행하면 사회는 악해지는 것이고, 반대로 선을 행하면 세상은 선해지는 것이다.

　　속회가 기존의 여러 소그룹과 달랐던 점이 있다면 속회에 참여하는 사람들의 자의적 변화 의지도 있었지만, 속회 리더의 권면과 가르침, 그리고 강력한 제재에 의한 타의적 영향력이 있었다는 점이다. 생활 속에서의 행동 변화를 위해 규칙을 만들었고, 속회 리더는 그 규칙을 잘 지키도록 지도해야 했다. 술을 마시지 말아야 하는 것이 규칙으로 세워지니 그 규칙을 지켜야 했다. 술이 너무 마시고 싶어도 속회원들의 시선과 속회 리더의 시선을 의식하지 않을 수 없었다. 이런 이유로 술을 마시지 않게 되니 그들의 삶의 습관은 달라졌고, 그 결과 술집은 문을 닫게 되었다. 속회 운동은 개인의 변화를 통해 사회에 이런 영향을 미쳤고, 사회는 감리교 운동이 활성화됨에 따라 점차 개혁되어 갔다.

7. 속회의 쇠퇴 이유

　감리교 신도회의 시작과 함께 감리교 운동의 중추적인 역할을 담당했던 속회가 영국과 미국의 감리교회 내에서 점차 쇠퇴하고, 이제는 그 흔적을 찾아보기 힘들게 된 것은 매우 가슴 아픈 일이다. 하워드 스나이더는 존 웨슬리에 의해 시작된 속회는 그 후 약 100년 이상 지속되었으며, 속회가 쇠퇴하기 시작한 것은 미국에서부터였고 그 이후 다시 회복되는 것은 어려워졌다고 주장한다. 속회 제도는 대부분의 감리교회에서 1900년 이전에 그 활력을 잃었고, 속회가 잔존하는 곳이라해도 으레 규칙에 메이거나 도덕적일 뿐이지 생명력을 잃어버린 지 오래되었다. 영국의 감리교인들 사이에서도 1912년까지는 속회 출석이 교회 회원권의 조건이었지만, 미국 감리교에서는 1866년 이 조건을 폐지하였다. 1850년 이후 미국에서는 여러 책이나 몇 번의 집회를 통해서 속회 모임을 부활시키고자 시도해 보았으나 성공하지 못하였다.[58]

　속회가 쇠퇴한 이유 몇 가지를 추정해볼 수 있다. 하워드 스나이더가 밝히고 있는 것처럼, 가장 중요한 이유는 속회가 가지고 있었던 생명력을 잃었다는 것이다. 생명력은 모임의 형식이나 방법론에 있는 것이 아니라, 속회 모임을 통해 자신이 변화되고 성화 되고자 하는 감리교 신자들의 의지와 열망이었다. 이런 의지와 목적이 사라진 상황에서는 그 무엇을 하더라도 속회는 형식적인 소그룹으로 전락할 수밖에 없는 것이다.

　또 하나의 요인은 교회 안에 '교회학교'의 등장과 관련이 있다. 데이비드 왓슨은 미국 교회 내에 교회학교의 등장이 속회의 쇠퇴와 밀접한 관계가 있다고 주장한다. 교회학교의 발전은 속회 안에 있던 목회적 돌봄의 자리를 대체해 나갔다. 교회학교의 목적은 어린이들과 젊은이들에게 성경의 지식과 예배를 가르치는 것이었다. 장년 교회학교에서 다루는 내용은 옛 속회에서 다루는 것과 매우 달랐고, 특별히 제자훈련을 위한 상호책임과 관련된 내용은 거의 없었다.[59] 즉, 속회의 가장 중요한 기능이라 할 수 있는 목회적 돌봄과 상호책임이 상실되었고, 그로 인해 속회는 점차 쇠퇴하게 되었다는 것이다.

이런 지적은 당연한 것이다. 속회가 속회로서의 기능을 다 할 수 있게 한 것은 그 안에서 실제적으로 상호책임의 역할을 다하게 하였던 실천적 요소였다. 그러나 이 부분이 상실되고, 지적 만족에 초점을 맞추는 성경 공부로 대체되었으니 감리교 운동이 힘을 잃어가게 된 것은 당연한 결과다. 어찌 보면 추상적 신학을 실제적 신학이 되게 한 것이 존 웨슬리의 공로라면, 그 후예들은 존 웨슬리의 실제적 신학을 다시 추상적 신학이 되게 만든 것이다. 제자 훈련과 성화는 지식으로 되는 것이 아니라 상호 협력과 돌봄으로 되는 것이다. 이는 오늘날 소그룹 활동을 중요시하면서도 그 주요 내용을 성경 연구에 집중하고 있는 현대 교회에 주는 중요한 가르침이다.

신자들이 가졌던 성화를 향한 열망과 진정한 기독교인이 되고자 하는 의지나 노력이 빠진 속회는 형식적인 속회로 전락할 수밖에 없다. 존 웨슬리는 회심도 중요하지만 회심을 유지하기 위한 선행 역시 구원의 조건[60]으로 보았다는 점을 기억할 때, 기독교인이 상호 책임을 지고자 하는 의지 없이, 그리고 사회에 대해 책임적인 존재가 되려는 열망이 없이 진정한 그리스도인의 삶을 살아갈 수는 없다. 성경 공부는 중요하지만, 성경 말씀대로 살고자 하는 노력과 의지 없이는 감리교 운동 역시 힘을 잃어갈 수밖에 없는 것이다.

속회 리더도 하나의 중요한 쇠퇴 원인이 되었다. 존 웨슬리는 속회 리더들의 열심과 정직성을 강조하였다. 필요할 때 리더들은 속회원들의 삶에 대해 견책도 하고 그들의 삶을 정직하게 목회자에게 보고했지만, 시대가 변하면서 이런 리더의 의무가 불편한 것이 되어 존 웨슬리 사후 이런 역할도 자연스럽게 도태되어 갔다. 훈련되고 준비된 속회 리더들이 점차 사라지면서 속회의 쇠퇴에 직접적 원인이 되었다. 존 웨슬리는 속회를 매우 사랑하였고, 속장들을 직접 만나서 그들의 문제를 해결하기 위해 많은 노력을 기울였다. 그 결과 속장들은 힘있게 자신들의 맡은 바 사명을 잘 감당하였고, 속회는 점점 발전하고 활성화되었다. 그러나 존 웨슬리가 세상을 떠난 후 이러한 리더는 줄어갔고, 결국 영국감리교회 내 리더의 부재와 함께 속회는 빠르게 쇠퇴의 길로 들어서게 되었다.

속회원에게도 그리스도인으로서의 체험과 의무를 서로 매 주일 이야기한다는 것은 매우 불편하고 부담스러운 절차였다. 그래서 많은 기독교인들은 이 부담스러운 절차를 생략하기를 원했고, 아무런 준비 없이도 참여할 수 있는 교회학교의 성경공부를 선호하게 되었다. 이런 현상은 교회의 세속주의와도 관계가 있다. 미국의 선교사로 한국전쟁 당시 한국 선교사로 내한하여 평생을 한국에서 목회한 제프리 목사(Finis B. Jeffery)[61]는 미국 감리교회에서 속회가 쇠퇴하게 된 이유는 단적으로 미국 교회의 세속화 때문임을 지적하였다. 많은 감리교인들이 경제적으로 부유해지기 시작하자 세상 물질을 하나님보다 더 사랑하게 되었고, 여러 가지 교회의 문제들을 돈으로 해결하기 시작했으며, 각종 위원회를 조직하여 많은 모임에 참석하느라 속회 모임에 소홀할 수밖에 없었다는 것이다. 그 결과 속회는 자동적으로 쇠퇴의 길을 걷게 되었다고 지적하며 교회의 세속주의를 경고한 바 있다.

속회 쇠퇴에 있어서 또 하나의 원인을 들자면 감리교회의 제도화이다. 감리교 신도회(Methodist Society)가 점차 감리교회(Methodist Church)로 제도화되었고, 교회 목회자들이 속회 리더의 고유한 역할을 대신하면서 속회는 쇠퇴하였다. 목회자들의 증가와 그들의 역할이 속회 리더의 목회적 기능을 빼앗는 것이 되었다는 것이다. 감리교회가 교회로서 제도화되고 많은 목회자들이 배출되면서 속장의 필요는 줄어들게 되었고, 교회마다 새로 밀려들어오는 성도들을 받아들이기에 바빴다. 존 웨슬리 당시의 속회는 감리교 신도회 회원이 되기 위해 사람들을 선별하는 첫 관문이었지만, 이제는 더 이상 그런 절차는 필요치 않게 되었다. 감리교인이 되기 위한 조건은 전폭적으로 완화되었고, 오고 싶은 사람들은 언제든지 교회를 찾아와 누구든 원하면 감리교인이 될 수 있게 된 것이다.

제도화된 교회는 많은 성도들을 받아들이기에 적합하지만, 그들을 그리스도의 제자로 만드는 데는 쉽지 않다. 이런 제도화의 과정을 거치면서 감리교회는 속회의 특징과 독특한 장점을 하나씩 잃어갔고, 이는 속회의 쇠퇴를 가속화했다.

오늘날 속회를 다시 이야기하는 이유는 무엇인가? 존 웨슬리 당시에는 속회를 통해 개인의 성화와 사회의 개혁, 나아가서 국가가 변화되는 놀라운 일들을 만들어 낸 반면, 오늘날 교회는 그렇지 못하다는 점에서부터 문제를 제기하게 된다. 차이가 있다면 무엇일까? 오늘 이 시대를 살아가는 존 웨슬리 후예들이 풀어야 할 숙제이다. 더 깊은 실천적 연구를 통해 좋은 해답이 나올 수 있기를 기대한다.

미주

1) 김진두, 『웨슬리의 실천신학』, (서울: KMC, 2006), 80.
2) George Croft Cell, The Rediscovery of John Wesley, (New York: Henry Holt and Company, 1935), 387.
3) 한영태, 『웨슬레의 조직신학』, (서울: 성광문화사, 1996), 23쪽을 참조하라. 웨슬리는 전통으로 초대 교부들의 저작과 여러 에큐메니칼 회의 신조, 교훈집(Homilies), 기도서(Book of Common Prayer) 등을 들고 있다.
4) Ibid, 15. 특별히 교부들에 대해서 웨슬리는 니케아 공의회 이전 시대의 인물들로 제한하고 있는데, 그 이유는 그들이 사도들과 동시대의 인물이거나 예수님 시대에 가까이 있기 때문이었기 때문이다.
5) 데이비드 L. 왓슨, 한경수, 『이것이 속회다(The Early Methodist Class Meeting)』, (인천: 주안교회출판부, 1993), 43.
6) 한영태(1996), 15.
7) 데이비드 L. 왓슨(1993), 43.
8) 알버트 아우틀러, 전병희, 『웨슬리 영성 안의 복음주의 신학』, (서울:한국신학연구소, 2008), 120. 웨슬리는 1746년 발행된 그의 첫 번째 설교집 서문에서 자신이 '한 책의 사람'임을 공언하였다.
9) 데이비드 L. 왓슨(1993), 42. 이는 영국 국교회 신앙강령 제 6조에 기록된 내용인데, 웨슬리는 이런 국교회의 성경관을 그의 교회 생활의 기초로 삼았다.
10) 한영태(1996), 20.
11) Clifford W. Towlson, Moravian and Methodist, (London: Epworth Press, 1957), 21.
12) Colin W. Williams, John Wesley's Theology Today, (Nashville: Abingdon Press, 1960), 28.
13) 김진두(2006), 234.
14) H.A. 스나이더, 조종남, 『혁신적 교회갱신과 웨슬레(The Radical Wesley)』, (서울: 대한기독교출판사, 1986), 172.
15) Ibid, 20.
16) Ibid, 93.
17) Frank Baker, John Wesley and the Church of England, (London: Epworth Press, 1970), 149.
18) 많은 신학자들이 올더스게잇의 회심 사건이 그의 구원론에 큰 변화를 가져온 사건이었다고 말하고 있다. 그러나 성경적 교회론에서 벗어난 구원론은 온전히 성경적일 수 없으며, 웨슬리의 실천이 그의 교회론에서 나왔다고 할 때 올더스게잇의 회심 사건을 그의 교회관에 큰 변화를 주었다고 볼 수 있다.

19) 한영태(1996), 256.
20) 김진두(2006), 92-93 참조하라.
21) Frank Baker(1970), 137.
22) H.A. 스나이더(1986), 96 참조. 영국 국교회주의자로서의 웨슬리는 교회의 법과 제도, 그리고 전통 등을 존중하였으나, 그것들이 교회의 본질적인 사명인 전도에 지장을 줄 때에는 제도나 규율을 과감히 뛰어넘었다. 이것은 결국 웨슬리가 제도적인 교회관도 중시하였으나 궁극적으로는 카리스마적인 교회관에 더 중점을 두고 있었다는 것을 말해준다.
23) 데이비드 L. 왓슨(1993), 48-49.
24) Ibid, 49.
25) Ibid, 50.
26) Ibid, 133.
27) Ibid, 36.
28) H.A. 스나이더(1986), 157-158.
29) 김진두(2006), 82.
30) 존 웨슬리, 한국웨슬리학회 편역, 『웨슬리 설교전집(1권)』, (서울: 대한기독교서회, 2006), 321-322.
31) 김진두(2006), 97 이하를 참조하라.
32) Ibid, 103.
33) H.A. 스나이더(1986), 84.
34) Ibid, 54.
35) 김진두(2006), 139.
36) Ibid, 91.
37) 존 웨슬리, 웨슬리신학연구소 편역, 『존 웨슬리 저널(2권)』, (서울: 신앙과 지성사, 2020), 211-212.
38) H.A. 스나이더(1986), 80.
39) 존 웨슬리, 한국웨슬리학회 편역, 『웨슬리 설교전집(7권)』, (서울: 대한기독교서회, 2006), 130.
40) 데이비드 L. 왓슨(1993), 175-177을 참조하라.
41) H.A. 스나이더(1986), 77.
42) 데이비드 L. 왓슨(1993), 169.
43) H.A. 스나이더(1986), 76.
44) 데이비드 L. 왓슨(1993), 160.
45) Ibid, 190-191.
46) Ibid, 193.

47) H.A. 스나이더(1986), 82.
48) Ibid, 82-85 참조하라. 영국에서 밴드 모임은 1880년경에 사라졌다. 마지막 밴드 티켓이 그 해까지 발행되었다.
49) Ibid, 84.
50) 존 웨슬리, 한국웨슬리학회 편역, "메소디스트라 불리는 사람들에 대한 평이한 해설" 『존 웨슬리 논문집(1)』, (서울: 한국웨슬리학회, 2009), 32.
51) 데이비드 L. 왓슨, 195.
52) D. 마이클 헨더슨, 이혜림, 『존 웨슬리의 소그룹 사역을 통한 제자 만들기』, (서울:서로사랑, 2011), 170.
53) Ibid, 175.
54) 『존 웨슬리 논문집(1)』, 30-31.
55) D. 마이클 헨더슨(2011), 176.
56) 데이비드 L. 왓슨(1993), 85.
57) H.A. 스나이더(1986), 146.
58) Ibid, 85.
59) David L. Watson, Class Leader, (Nashville: Discipleship Resources, 1991), 51.
60) David L. Watson, Forming Christian Disciples, (Nashville: Discipleship Resources, 1991, 17. 구원에 관한 웨슬리의 견해는 그의 평생에 일관적이었다. 즉 구원의 조건은 믿음이지만 믿음의 유일한 조건은 예수 그리스도의 가르침에 순종하는 것이다. 그러기에 선행은 구원을 얻기 위한 필수조건은 아니지만, 그것을 유지하는데 있어서 필수적이라는 것이다.
61) 1952년 퍼킨스신학교(SMU)를 졸업하고 목사안수를 받은 후, 한국동란이 끝난 직후인 1953년 10월 2일 한국에 도착하였다. 그는 1958년 "한국교회 속의의 역사와 발전"에 대한 논문을 발표하였으며, 1983년 한국에서 은퇴를 하였다. 그는 한국을 매우 사랑했으며, 그의 이름을 "채부리"로 바꾸어 활동하였고 저서도 출판하였다.

Part 2 속회의 실제

05 속회 토양 작업

 큰 나무 이식 경험이 많은 분들은 "뿌리만 내리면 나무는 산다."고 말한다. 식물은 땅에 뿌리를 내리고 살기에 이식 시에 뿌리가 가장 많은 스트레스를 받는다. 오랜 세월을 살아온 나무일수록 이러한 경향이 더욱 크다. 뿌리는 사람의 입, 코와 같다. 뿌리를 통해 수분, 양분을 흡수하고 호흡하기 때문이다.

 이렇듯 나무의 건전성은 뿌리와 매우 밀접하기에 나무를 이식하기 전 반드시 뿌리돌림을 통해 분 안에 뿌리를 많게 하고, 식재 후 뿌리가 토양에 빠르게 뻗어 나가는 데 중점을 두어 관리해야 한다. "뿌리가 깊은 나무는 바람에 흔들리지 아니하므로 꽃이 아름답게 피고 열매가 성하다." 세종대왕이 편찬한 용비어천가에 나오는 내용이다. 이처럼 나무에서 뿌리가 하는 역할은 매우 크며, 특히 대형목을 이식할 때 뿌리를 빠르게 발근시키는 것이 대형목 이식 하자율을 줄이는 첫 걸음이 될 것이다.

마찬가지로 기존의 틀이 있는 교회에 속회를 정착시키려고 할 때 가장 큰 걸림돌은 오랜 습관이 된 전통적인 방법이다. 이것을 바꾸려면 몸살을 앓아야 하는데 속회 토양 작업은 그런 몸살을 최소화 시키는 방법이다. 얼마나 그리고 어떤 방법으로 하는가는 교회의 상황에 따라 다를 수 있지만 일반적으로 짧게는 3개월, 길게는 3년 가까이 해야 하는 경우도 있다.

1. 공동체 이해하기

목회자가 지역 교회에 부임하게 되면 맨 처음 해야 할 일이 무엇일까? 사람이 사는 곳이라면 앞서간 사람들의 흔적이 문화와 관습과 전통이 되어, 그 지역에 다양한 역학으로 나타나기 마련이다. 그 지역과 사회를 이해하고 영적인 흐름까지 파악하면 앞으로의 목회가 순탄할 것인지 어려울 것인지를 알 수 있다. 그러므로 맨 먼저 해야 할 일은 지역과 공동체의 역사와 관습, 영적인 성향과 특징, 인간관계의 문화 등을 파악하는 일이다.

이것은 단순히 목회를 잘하기 위한 요령이 아니라 성령의 역사에 더 잘 쓰임받기 위한 준비 작업이다. 우리에게 이미 주어진 많은 도구들을 충분히 활용하고 조사하여 선 이해를 넓히는 것이 속회와 목회를 성공으로 이끄는 길이다.

(1) 다양한 상담과 설문을 통한 컨설팅

① 설문 조사

현재 속회에 대한 만족도나 문제점 등 담임목회자의 입장에서 알고 싶은 것들을 문항으로 만들어 조사한다. 이름은 쓰지 않아도 직분과 연령대를 파악하는 것이 좋다.

② 집단 상담

장로, 권사, 인도자, 속장, 집사, 평신도를 각 그룹으로 모아서 속회에 대한 전반적인 이야기를 들어본다. 특히 문제가 무엇인지, 장단점과 상황파악을 정확히 하는 것이 중요하다.

③ 개인 상담

다양한 그룹의 성도들과 일대일 면담을 통해 구체적인 질문을 던지고 문제를 파악한다. 개인 상담의 경우 집단 상담과 달리 세밀한 부분까지도 파악할 수 있는 장점이 있다.

④ 다양한 자료를 통한 공동체 이해

교회에 비치된 역사 자료를 통해 교회가 어떤 길을 걸어왔는지 파악하는 것이 중요하며, 특히 속회 조직이 어떻게 이루어져 왔는지, 또 속장은 누가 맡았는지 등을 파악하는 것은 새롭게 속회를 조직할 때 매우 중요한 자료가 될 수 있다.

(2) 방향 설정하기

속회 토양 작업을 하기 위해선 먼저 방향을 설정하는 것이 중요하다. 기존의 속회는 대체로 성도 관리를 위해 운영되는 경우가 많은데 (이를 편리 상 관리 속회라고 부른다), 기존의 관리 속회 형태를 지속할 것인지 아니면 돌봄의 속회[1]로 재편할 것인지를 결정해야 한다.

존 웨슬리 전통의 속회에서는 속장이 절대적으로 중요하였고, 목자로, 리더로, 돌보는 사역자로서 역할을 하였다. 속장은 작은 목자처럼 속회의 모든 것을 책임지고 이끌었고, 생활 신앙을 가르치고 훈련하는 일에 철저했다. 한국 감리교회 역시 그렇게 1960-80년대를 거쳐 놀라운 부흥을 하게 되었다.

그런데 그렇게 성장한 돌봄 속회가 인도자를 세우고 강사를 두면서 돌봄의 사역이 사라지니 속회는 명목상 조직으로 전락하게 되었다. 물론 여기에는 이유가 있었다. 어렵게 살 때는 돌보고 함께 울고 축복받는 일을 위해 기도하며 하나가 되는 것이 쉬웠는데, 생활에 여유가 생기고 실력과 능력 있는 사람들이 늘어나면서 가르칠 수 있는 능력있는 사람을 속장보다 인도자로 세워 설교하도록 한 것이 문제였다.

속회는 성경 공부하는 곳도, 예배만 드리는 곳도 아니다. 존 웨슬리는 성화를 이루는 방편으로 속회를 사용한 것이었기에 성도들끼리 삶을 나누고 돌보고 훈련하면서 성화를 이루어 가는 것을 중요하게 생각하였다.[2] 일상에서 생활신앙을 실천함으로 변화되어 성화를 이루어가는 것이 신앙의 본질이고 목표였기 때문에, 서로 삶의 문제를 나누며 기도하고 영적으로 상호책임지는 훈련을 위해 속장은 속회원들의 상태를 확인하고 권면하고 지도함으로 성화를 이루도록 이끌어 주었다. 그러나 지금 우리는 속회 모임에 성경 공부 혹은 예배와 헌금, 출석 교인 유지 이상의 의미를 두지 않기 때문에 속회의 진정한 가치를 발견하지 못하고 있다고 말할 수 있다.[3]

만일 속회의 능력과 효능을 체험하여 목회에 큰 도움이 되기를 원한다면 속장 중심 속회를 조직하여 속장이 목자의 역할을 하게 해야 한다. 목회 파트너십을 통해 속장을 소중하게 여기고 작은 교회로서의 기능을 다하도록 세워가는 것이 중요하다. 그런 의미에서 속장과 예비 속장 조직으로 전환하는 것은 아주 중요한 결단이 될 것이다.[4]

인도자와 속장으로 리더십을 이원화하여 운영하는 교회는 이런 전환에 반발이 있을 수 있다. 그러기에 우선 충분한 대화와 설득을 통해 상호 공감대를 형성하는 것이 필요하다. 종종 직분을 계급으로 착각하곤 한다. 역사와 전통을 자랑하는 교회일수록 이런 현상이 더욱 심하다. 대개 인도자는 교회의 고참들이 맡는데, 어느 날 인도자를 없애고 속장 중심으로 할 것이니 속장의 역할을 하라고 하면 거부 반응이 나타날 가능성이 있다. 순종의 신앙이 아름다운 것임을 알면서도 은근히 협조하지 않을 뿐 아니라, 속회에 대한 열정도 식어지니 되는 것도 아니고 안 되는 것도 아닌 상태가 되어 목회자만 힘들어진다. 그러므로 온전히 이해하여 전적으로 순종하고 기쁨으로 일하는 마음이 일어나도록 설득하고 충분한 이해의 때까지 서두르지 말아야 한다. 이것이 넘어야 할 최대의 고비이며 성공과 실패의 분수령이 된다.[5]

(3) 돌봄의 속회에 대한 이해와 방법

① 돌봄의 속회는 무엇인가?

돌봄(Caring)이라는 단어의 어원은 구약에서 온 것이다. 양육, 목양과 같은 단어로 쓰여졌는데, 제사장들의 제사와 현자들의 상담 그리고 예언자들의 예언의 말씀을 포함하여 백성들을 돌보고 방향을 제시하고 이끌어주는 것을 뜻한다.[6]

돌봄의 속회에서 가장 중요한 것은 사역 원리다. 모든 것이 그렇듯이 원리가 없으면 기초가 흔들리게 마련이다. 수학 공식이 있어야 문제를 풀 수 있는 것과 같이 사역 원리는 기초이며 흔들리지 않는 반석이다. 프로 운동 선수들이 게임이 안 풀리면 기초부터 다시 연습하는 것과 같다. 돌봄의 속회에 있어서는 존 웨슬리 속회의 다섯 가지 내용을 담아낼 사역 원리가 무엇보다 중요하다.

오늘날 신도회, 속회, 밴드, 선발 신도회, 참회자반을 어떻게 접목하여 운영할 것인가의 문제는 매우 중요하다. 억지로 만들 수도 있겠지만 이전과 달라진 시대에 그대로 적용하기는 무리가 있다. 그러므로 이 다섯 가지 내용을 단순화하면서 성화와 성장이라는 두 마리 토끼를 잡을 수 있는 사역 원리가 필요하다.

감사하게도 이 원리는 예수께서 베드로에게 주신 대위임명령(요 21:15-17)을 통해 그리고 사도바울에 의해서 제기되었다. 그리스도의 교회를 몸의 원리로 설명한 에베소서 4장 11-16절 내용의 중심에는 세 가지 중요한 도구들이 있다. 바로 돌봄과 세움과 증인이다. 이를 통하여 성도들이 성숙한 그리스도인이 되고 그리스도의 장성한 분량에 이르는 성장이 가능하다.

　존 웨슬리의 성화를 위한 방편을 돌보고(Caring), 세워서(building up), 증인되는(witness) 사역원리(triangle ministry)로 바꾸면 시대와 잘 어울리는 속회의 사역원리가 될 것이다. 그 내용 역시 초대교회의 소그룹 원리와도 맞기에 더욱 좋다고 할 수 있다. 그동안 우리는 속회 공과를 집필하면서 돌봄, 세움, 증인이라는 도구를 3년 사이클에 맞춰서 '돌보시는 하나님', '세우시는 하나님', '세상에 파송하시는 하나님'이라는 주제로 제작하였다. 앞으로도 이 세 가지 사역 원리는 공과와 속회의 밑바탕에 흐르는 기초가 될 것이다.

　돌봄은 지극히 성경적이며 양육적이다. 하나님께서는 말씀으로 세상을 창조하셨지만 그것으로 그친 것이 아니라 지금도 여전히 이 세상을 돌보시고 계신다. 한 가정에 새 생명이 태어나면 온 집안 식구들이 기뻐하면서도 비상 상태에 돌입하게 된다. 젖을 먹이고 목욕을 시키고 온갖 돌봄의 손길이 필요하다. 아기에게 이렇게 해라, 저렇게 해라 한다고 아기가 스스로 할 수 있는 상황이 아니다. 잠시도 눈을 뗄 수 없다. 이와 마찬가지로 속회원들에게도 돌봄의 손길이 절대적으로 필요하다. 그래서 사도 바울은 그리스도 안에서 일만 스승은 많은데 아비는 적다고 하면서 양육을 책임지고 돌볼 사람이 중요함을 강조하였다.

　예수의 논리는 더욱 직접적이다. 요한복음 21장 15-17절에서 시몬 베드로에게 질문하는 내용을 보라. "네가 이 사람들보다 나를 더 사랑하느냐?"고 물으신다. 사실 이 상황을 자세히 들여다보면 예수의 질문은 의아하다. "다 주를 버릴지라도 자신만은 주님을 버리지 않겠다"던 베드로가 예수를 세 번이나 저주하면서 부인하였고, 마지막까지 십자가에서 모든 피를 흘리신 그 예수를 버리고 갈릴리로 간 것은 괘씸하고도 책망받아 마땅한 일이었다. 하지만 예수는 그의 행위에 대해서는 한 마디 말도 하지 않고 "네가 이 사람들보다 나를 더 사랑할 수 있느냐"를 물으니 그 의도가 무엇인가를 생각하지 않을 수 없는 것이다.

사람의 충성을 이끌어내는 방법 중 가장 어려운 것은 상대방의 마음을 감동시켜 충성하게 하는 것이다. 매우 어렵지만 최선의 방법이기도 하다. 예수께서 베드로에게 "네가 나를 사랑하느냐?"고 물으신 것은 목양 대위임을 위한 그의 마음과 영성을 확인하는 작업인 것이다. 마지막까지 예수에겐 제자들을 통하여 교회를 지속시켜나가는 일이 중요하였고, 그것은 다른 어떤 조건보다 주님을 지극히 사랑하는 영성이 있어야 했다. 환경을 뛰어넘고 자기 자신까지 뛰어넘어야 했기 때문에 사랑을 물으신 것이다. 예수의 기대처럼 베드로는 십자가에서 거꾸로 순교하기까지 충성을 다하며 사명을 감당했다.

목회자가 속장들에게 요구해야 할 것은 무엇이겠는가? 주님을 뜨겁게 사랑하는 마음이다. 그러한 영성을 가진 사람을 선발하고 그리고 선발했으면 그렇게 되도록 하는 길 밖에는 없다. 어떤 속회라도 속장에게 돌봄의 뜨거운 사랑이 있으면 잘될 수밖에 없다.

② 돌봄은 이렇게 하라

첫째, 돌봄이란 관심이다. 사람이 관심을 갖게 되면 어려운 일도 해결할 수 있고, 불가능한 상황 속에서도 무한한 가능성과 발전을 이룰 수 있게 된다. 모든 일에 서툰 노인이라도 관심을 가지고 지속적으로 무언가를 하면 TV 프로그램 "세상에 이런 일이"에 나오는 주인공이 될 정도로 뛰어난 능력을 보일 수 있다. 그런 관점에서 속장은 목자로서 내 속회원들에게 관심을 갖는 것은 중요한 일이다. 그만큼 더 속회원들을 잘 돌볼 수 있게 되기 때문이다. 다음과 같은 부분을 염두에 두면 좋다.

a. 영적인 측면 : 구원의 확신, 좋아하는 찬송, 좋아하는 성구, 봉사, 헌금, 은사의 종류, 기도 제목, 가훈 등

b. 개인 신상 : 생일, 결혼기념일, 혈액형, 가족, 인간관계, 특기, 장래의 소망 혹은 꿈, 직업, 사회 활동 등

둘째, 돌봄은 세 영역으로 이루어진다. 나를 돌보고, 너를 돌보고, 서로 돌보는 것이다. 이 세 가지가 균형을 이루어야 건강하게 된다. 만일 셋 중에서 한 가지에만 치우친다면 문제가 생길 수 있다. "3"은 안정적인 숫자이다. 시골에서 아궁이에 찌개를 끓일 때 사용하던 것이 삼발이였다. 가장 크게는 하나님의 존재 방식도 삼위일체이다. 이처럼 "3"의 균형을 이룰 때 안정적인 힘을 발휘할 수 있는 것이다.

a. 나를 돌보는 이유는 내 안에 불이 있어야 불을 나누어 줄 수 있고, 내가 주님을 만난 체험이 있을 때 그 체험에서 나온 열정이 강력한 확신으로 발전할 수 있기 때문이다. 감리교 신학의 네 가지 지표(성서, 전통, 이성, 체험) 중 체험이 들어가는 것은 존 웨슬리 자신의 경험에서 나온 것이다. 그러므로 속장은 자신의 신앙을 위한 돌봄의 사역을 소홀히 하면 안 된다. 속장이 구원의 확신이 없다면 소경이 소경을 인도하는 꼴이 될 것이다. 속장은 배우고 확신한 일에 열심을 다해야 한다. 무엇보다 담임목회자와 파트너십을 갖고 속장 교육에 반드시 참여

해야 하고, 개인적인 성장을 위한 기도 생활과 은혜 체험을 위해 힘써야 한다. 목회자의 입장에서는 거듭난 증거와 성령 체험만 있다면 잘할 수 있기 때문에 이 두 가지를 확인하는 것이 필요하다.

b. 너를 돌보는 것은 두 가지 형태이다. 첫째, 기도로 돌보는 것이다. 기도로 돌보는 것은 성령의 능력을 의지하는 것이다. 매일 속회원의 이름을 부르며 기도하면 그 사람의 영을 끌어당기는 흡인력이 생긴다. 하나님은 기도하는 사람을 통하여 일하시기 때문에 속장이 기도하기 시작하면 자연히 속장은 영적인 리더십을 갖게 된다.

마태복음 18장 18절을 보면, 예수의 강력한 약속은 기도를 통하여 주어졌다. "무엇이든지 땅에서 매면 하늘에서도 매일 것이요 땅에서 풀면 하늘에서도 풀리리라"는 천국 열쇠의 약속이다. 속장이 천국 열쇠인 기도를 사용하면 하늘의 능력이 나타나기 시작한다. 성령의 역사로 내적인 순종과 사모하는 영을 부어주시고 외적으로는 때를 따라 천사들의 도움을 받을 수 있는 것이다. 속장은 심방 전에 미리 충분한 기도로 성도들의 주변을 정리하고, 방해하는 어둠의 세력을 무력화시켜야 한다. 이것이 기도로 돌보는 사역이다.

둘째, 생활로 돌보는 것이다. 이것은 속장의 봉사와 구체적인 돌봄의 사역으로 번거롭고 힘들 수 있다. 그러나 사랑은 입술에 있는 것이 아니라 손끝에 있다. 선한 사마리아인의 비유같이 생활의 강도를 만나 도움이 필요한 속회원이 있다면 직접 돌봐주고, 아프면 죽을 쑤어서 먹게 해주고 일손이 바쁘면 돕기도 하는 등 구체적인 돌봄을 실천할 때 속회원들이 믿고 따르게 되는 것이다.

관리 속회에서는 이러한 돌봄이 안 되니 속회에 구심점이 떨어지고 친화력이 생기지 않는다. 인도자는 말씀만 전하고, 속장은 연락하고 속회 보고만 한다면 사역은 누가 하는가? 바로 이런 속회가 조직은 있는데 목자는 없어서 양들이 사랑에 굶주리고 돌봄을 받지 못하며, 위로와 힘을 얻을 수 없는 유명무실한 속회인 것이다.[7]

    c. 돌봄의 완성은 서로 돌보는 것이다. 존 웨슬리 조직 중 밴드의 핵심은 '직고', 즉 서로에게 모든 것을 솔직하게 고백하는 것이다. 이는 상호 영적 책임을 지는 것을 말한다.[8] 사람은 홀로 살 수 없는 사회적인 존재다. 성화를 이루는 것은 혼자 고행함으로 이루는 것이 아니라 관계 속에서 이룰 수 있는 실천적(practical)인 것이다. 서로 기도해주고, 서로 책임져주고, 서로 감시해주면서 함께 성화를 이루어가는 것은 삼위일체적인 존재 방식이다. 이러한 의미를 잘 이해하지 못하면 속회에서 삶을 나누다가 나중에는 비밀을 누설하고 시험에 들기도 하는 불상사를 가져올 수 있다. 그러나 진정한 돌봄의 정신을 이해하면 다른 사람의 문제가 내 문제가 되고 나의 약점이나 다른 사람의 약점이 흉이나 비판거리가 아니라 내가 돌봐주어야 할 사역이 되는 것이다.

    동시에 서로 돌보는 것은 속장만 일방적인 돌봄의 수고를 하는 것이 아니라 속회원이 속장을 돌보고 또 다른 속회원을 돌보는 것이다. 이런 과정을 통해 서로 성화를 향한 영적 여정을 함께 할 수 있게 되며, 이것이 교회 안에 속회가 존재해야 하는 이유인 것이다.

◆ 2. 신학적 이해

속회 토양 작업이 성공하려면 제일 먼저 담임목회자가 이에 대해 충분한 이해를 해야 한다. 부대를 이끄는 사령관의 분명한 철학과 확신이 없으면 전투에서 승리할 수 없을 것이다. 그러므로 담임목회자가 확고한 의지와 철저한 이론과 목회 철학으로 무장되어 있어야 강력한 에너지가 나올 수 있다.[9]

(1) 인간과 소그룹의 성경적 의미

존재하는 모든 것은 창조자의 그림자이다. 창조자의 인격과 존재 방식의 틀 안에서 창조되기 때문에 창조자의 그림자라고 할 수 있다. 속회를 신학적으로 접근하는 이유는 속회에 대한 기초를 확실히 하기 위해서이다. 존 웨슬리의 속회는 유행하는 프로그램이 아니다. 그러므로 그 근원적인 물음과 대답을 통하여 정리해 보고자 한다.

속회의 의미를 잘 이해하기 위해 인간은 어떤 존재인지를 확인하는 것이 필요하다. 속회는 사람을 위한 공간이기 때문이다. 창세기에서 인간은 하나님의 형상대로 지음 받은 존재라고 밝히고 있다(창 1:27). 여기서는 제한적으로 존재론적인 접근보다는 하나님과의 관계적인 존재로서의 인간, 그리고 'How'로서의 접근보다는 'Why'로서의 접근을 하고자 한다.

인간이 창조자의 그림자라고 한 것이 사실이라면 먼저 창조자이신 성삼위 하나님의 존재방식을 살펴보지 않을 수 없다. 창세기 1장 26

절은 "하나님이 이르시되 우리의 형상을 따라 우리의 모양대로 우리가 사람을 만들고"라고 말한다. 이 말씀 속에 창조의 비밀이 들어있다. 우선 하나님께서는 공동체의 존재 방식을 취하고 계신다. 스스로 고립된 존재도 아니고 능력을 홀로 행사하시는 존재가 아니라 협력과 조화를 상호 의존적으로 누리고 계신다. 26절 안에 '우리'라는 말이 세 번이나 나온다. 이것은 인간 창조의 모델을 하나님 자신으로 설계하시고 창조하시는 과정을 드러내고 있다.

첫째, "우리의 형상을 따라(창1:26)"라는 말은 본질적인 창조의 기초를 성삼위 하나님의 존재방식을 모델로 한다는 것이다. 그래서 인간의 속성 속에는 하나님의 형상을 닮고 싶어 하는 욕구가 있으며, 존 웨슬리는 이것을 성화로 끌어올리고자 한 것이다. 둘째, "우리의 모양대로(창1:26)"는 관계하는 존재, 상호의존적인 존재 형태대로 만들자는 것이다. 그래서 인간은 사회적인 존재로 더불어 살 때 가장 자연스럽고 행복한 것이다. 셋째, "우리가 사람을 만들고(창1:26)"는 목적을 가진 존재를 의미하는 것으로, 피조물로서의 사명과 만드신 목적 실현을 위한 존재로 창조한 것을 담고 있다. 인간은 단순히 피조된 존재에 불과한 것이 아니라 하나님의 뜻과 목적이 의도된 존재로 창조되었다.

둘째, 하나님이 삼위일체로 존재하는 것은 공동체적으로 존재한다는 뜻이다. "3"은 최소한의 공동체다. 하나님은 남자와 여자를 만들고 그들과 함께 하시기를 원하신 것이다. 그 증거가 에덴동산의 모형이다. "그들이 그날 바람이 불 때 동산에 거니시는 여호와 하나님의 소리를 듣고 아담과 그의 아내가 여호와 하나님의 낯을 피하여 동산 나무사이에 피하여 숨은지라. 여호와 하나님이 아담을 부르시며 그에게 이르시되 네가 어디 있느냐(창3:8-9)"

아담과 하와는 평소에는 하나님과 가까이 대화하며 교제하는 행복한 삶을 살았는데, 그날 곧 선악과를 따먹고 죄를 지은 날에는 피하여 숨었다. 하나님께서 동산에 다가오셔서 그날의 삶을 함께 하시려고 "아담아 네가 어디 있느냐(창3:9)"하고 물으시는데 아담과 이브는 자신을 숨기고 감춤으로 관계가 깨어지고 만 것이다. 그 결과 아담과 하와는 에덴동산에서 쫓겨 나게 되었다.

공동체는 존 웨슬리의 말대로 상호 영적 책임의식을 가지고 서로 돌보고 삶을 나누는 것이다. 건강한 공동체는 마음을 함께 나누고 죄를 고백하며 삶을 공유함으로 하나 되는 것이다. 혼자서는 온전하게 설 수 없기 때문에 함께함으로 온전함을 유지할 수 있도록 한 것이다. 아무리 큰 나무라도 혼자서는 폭풍 앞에서 설 수 없다. 그러나 뿌리가 얽혀 서로 붙들어준다면 아무리 폭풍이 몰아쳐도 굳건히 설 수 있다. 인간도 하나님의 존재 방식으로 서로 붙들어주는 공동체 안에 있을 때 온전하게 될 수 있다.

셋째, 아담은 창조된 최초의 인간이었다. 그는 환경과 조화로운 관계를 가졌으며, 하나님과 친밀한 관계를 맺었음에 틀림없다. 에덴동산은 진정한 낙원이요 안전한 거주지였다. 아담은 하나님과 평화로웠을 뿐만 아니라 자신도 평화를 누렸다. 아담은 우주 안에서 차지하고 있는 자신의 위치를 확신했다. 그러나 하나님은 아담에게 그 이상의 것, 즉 인간관계를 주길 원했다. 하나님은 "사람이 혼자 사는 것이 좋지 아니하니(창2:18)"라고 말씀하셨다.

아담이 처음 하와를 보았을 때, 육체적 감각으로 경험할 수 있는 그 이상의 깊은 친밀감과 그녀에 대한 거부할 수 없는 갈망을 느꼈을 것이다. 왜냐하면 하나님께서 그들 내면 깊은 곳에 정서적, 신체적 관계를 위한 갈망과 함께 내적 영혼의 결합, 즉 인간관계라고 할 수 있는 영혼의 친밀한 결속력을 심어 놓았기 때문이다. 그들은 하나님과 서로와의 관계 속에서 안전하고 깊은 만족을 누렸다.

이렇게 심겨진 관계의 DNA는 세 가지 요소로 구성되어 있다. 그것은 다른 사람, 당신 자신, 그리고 하나님과의 관계를 위해 지음 받았다는 것이다. 이 설계의 특징은 우리가 그것을 인식하든 못하든, 그리고 그것에 따라 살든 안 살든 우리 모두에게 적용된다는 것이다. 무엇보다 이 세 가지 관계의 DNA는 상호관련성이 있다.

하나가 균형을 잃으면 나머지 둘도 삐꺽거린다. 하나를 강화시키면, 나머지 둘도 저절로 견고해진다. 하나님-자신-다른 사람들과의 관계는 위대한 계명으로 우리에게 주어졌다. "네 마음을 다하고 목숨을 다하고 뜻을 다하여 주 너의 하나님을 사랑하라 하셨으니 이것이 크고 첫째 되는 계명이요 둘째도 그와 같으니 네 이웃을 네 자신 같이 사랑하라(마22:37)" 신약 성경의 가르침은 우리의 DNA 안에 감춰진 것을 일깨운다. 하나님과의 관계가 첫째요 가장 위대한 관계이며, 다른 사람을 사랑하는 능력은 자신을 사랑하는 능력과 관계가 있다는 것이다.

이것이 삼위일체론의 핵심이기도 하다. 위르겐 몰트만(Jürgen Moltmann)은 사회적 삼위일체론과 공동체적 삼위일체론에서 상호순환, 상호침투, 상호내재, 상호 의존적 구조로 설명한다. 이것은 속회의 내적 구조를 가장 잘 설명하는 구조이기도 하다.[10]

오늘날 많은 사람들이 개인주의적 삶을 추구한다. 과학의 발달과 컴퓨터의 진화로 스마트폰과 온갖 기기들을 양산해 내는 상황에서 구태여 사람과의 관계 때문에 스트레스를 받는 대신 혼자만의 즐길 거리를 찾는다. 우리는 우리도 모르는 사이에 스스로 자신을 고립시키는 시대를 살고 있다. 그러나 인간은 그렇게 살 수 없는 존재다. 인간은 혼자 있기를 원하면서도 더불어 사는 존재로 창조되었기에 사람을 그리워한다. 이것이 모순적인 인간 존재이다. 인간은 항상 의미 있는 공동체를 찾으며 거기에 소속되기를 원한다.

인생은 관계라 정의할 수 있고, 나머지는 부수적인 것이다. 하나님은 관계를 위해 우리를 창조하셨다. 이것은 무엇을 의미하는가? 인간의 존재 속에는 소그룹 속에서 관계할 때에 균형과 행복을 누릴 수 있는 존재라는 뜻이다.

(2) 존 웨슬리 속회의 신학적인 기초

존 웨슬리에게 속회는 복음을 받아들인 이들에게 어머니 같은 역할을 하는 돌봄의 공동체였다. 그러나 이렇게만 이야기하기엔 부족한 부분이 많다. 중요한 것은 신학적인 질문을 통하여 뿌리를 발견하고 실체를 밝혀내는 작업이 필요하다.

① 속회란 무엇인가?

세상에는 수많은 소그룹이 있고 각각의 소그룹마다 나름대로 목적과 가치를 지닌다. 그러나 존 웨슬리가 지향하는 속회는 관리 차원의 조직이나 전도 목적의 그룹이 아니었다. 존 웨슬리가 속회를 통해 궁극적으로 지향한 목적은 성화를 이루는 것으로 그리스도인의 완전(Christian perfection)에 있었다.

그리스도인의 완전을 향한 여정에는 몇 가지 특징들이 나타난다. 프랑크 베이커는 "메소디즘의 가장 특징적 성격은 '마음 뜨거운 교제(warm-hearted fellowship)'이었으며, 이것은 속회 안에서 가장 충만하게 경험되었던 것이다. 속회는 수천 수만의 신자들을 소그룹으로 묶어 돌보고 양육하며 훈련시키는 가장 보편적이고 기본적인 방편이 되었다."[11]고 말한다. '마음 뜨거운 교제'는 초대교회 원시공동체가 모델이다. 그들은 날마다 성전에서 모이고 가정에서 모여 말씀을 배우고 떡을 떼며 교제하고 기도하기에 힘썼다. 그야말로 마음 뜨거운 교제의 김이 모락모락 피어오르는 것 같은 분위기가 감지된다.

마음 뜨거운 교제는 그냥 이루어지는 것이 아니다. 마음을 아우르는 사랑의 울타리가 있어야 한다. 사람들은 나와 관계없는 일에는 별로 관심이 없다. 그러므로 돌보는 사랑으로 이끌어주며 영적인 필요를 채워주어야 한다.

존 웨슬리는 속회의 동력 중 하나로 상호 간 삶을 솔직하게 나누는 방법을 사용하였다. 이것은 단순한 대화가 아니라 지난 한 주 동안 일어났던 삶의 이야기를 솔직하게 나누는 간증을 의미한다. 모두가 솔직한 이야기를 나누다 보면 공감대가 형성되고 말씀으로 향하게 된다.

일반적으로 상담 소그룹에서는 자기를 열어서 고백함으로 스스로 치유하게 만드는 방법을 사용하지만, 존 웨슬리 속회는 적극적으로 성령의 인도하심을 구하며 말씀의 빛으로 나가고 돌봄과 후원을 실천한다. 이 일을 위해 속장은 속회의 중심이 되며, 단순한 리더가 아니라 목자인 것이다. 속장은 목양의 개념을 가진 목자이다. 예수께서 보여주신 선한 목자의 모델이야말로 속장의 이미지와 잘 맞는다.

이렇게 마음을 열어서 삶의 이야기를 나누며 성화를 향한 첫 발걸음을 딛게 되면 자연히 회개와 성령의 인도하심을 간구하고자 하는 마음이 일어난다. 뜨거움이란 주관적인 감정이 아니라 성령의 역사를 의미한다. 존 웨슬리가 올더스게잇(Aldersgate)에서 경험했던 성령 체험이다. 이상하게 마음이 뜨거워지면서 믿어지고 확신이 생기는 거듭남의 사건을 말한다. 단순히 음식을 나누며 친교 하는 모임이 아니라 성령 안에서 나누는 교제를 말한다. 이것은 속회원 중 누군가가 은혜를 갈망하면 함께 기도하고, 누군가가 어떤 문제에서 헤매고 있으면 함께 중보하며 영적으로 풀어가는 것이다. 이러한 공동체는 성령의 능력 아래 있는 공동체라 할 수 있다.

둘째, 속회의 특징은 톰슨(E. P Thompson)이 올바르게 고찰했듯이 영국의 비국교도 전통들과 날카롭게 구별되는 감리회의 연계적 체제 즉 연대주의 혹은 연결주의(Connectionalism)라는 것이다. 연계를 통해서 존 웨슬리는 그의 교구에 대한 직접적인 목회상의 감독을 계속하였으며, 이것이 속회를 "교회 안의 작은 교회(ecclesiolae in ecclesia)"라고 부르는 이유가 되었다.[12]

오늘날 대부분의 교회는 담임목회자 한 사람의 카리스마 리더십에 의한 종적인 구조를 취한다. 이런 구조에서 목양은 목회자의 설교에 의존할 수밖에 없다. 교회 규모가 작은 경우에는 심방을 통한 관계 형성으로 이루어진다. 그러나 이렇게 형성된 신앙에는 몇 가지 문제가 있을 수 있다.

먼저 담임목회자의 설교에 은혜가 없다고 느껴지면 언제든지 교회를 떠난다는 것이다. 그래서 떠돌이 교인(가나안 교인)이 늘어나며 성도들의 신앙은 기형적인 신앙으로 변질된다. 또 관계지향적으로 형성된 교회는 담임목회자가 이동할 경우 그를 따라가거나 교회를 옮긴다. 아니면 후임목회자에게 고통의 가시가 되는 경우가 많다. 건강한 신앙이란 종적인 관계 형성이 아니라 횡적인 관계 형성을 지향해야 한다. 그것이 평신도 운동이며 '교회 안의 작은 교회' 운동의 본질인 속장 중심의 목양 사역이다. 담임목회자 중심의 종적인 구조를 가진 교회는 연대성을 잘 갖지 못한다. 공유하는 것보다는 개인화하고 사유화하는 경향이 있다.

속회의 특징은 연대성이다. 교회적 차원에서 할 수 없는 친밀한 관계, 친교, 교육, 돌봄 등을 통하여 건강한 교회를 만들어 갈 수 있다. 지금 한국 감리교회에는 당회, 구역회, 지방회, 연회 등 조직만 남아있고, 그 안에서 생명력을 찾아보기 힘든 것이 사실이다. 특히 교제와 돌봄과 생명력 있는 속회는 찾아보기 어렵고, 성화를 목표로 했던 존 웨슬리의 정신과는 거리가 먼 명목상의 조직으로 전락했다. 열심히 모인다는 속회도 들여다보면, 성화를 위한 조직이 아니라 교인 유지와 헌금과 교제를 위한 모임 정도의 수준을 넘어서지 못한다. 그래서 속회가 갖고 있는 영적인 매력을 잃어버린 성도들은 남선교회나 여선교회, 장로회 등에 더 많은 관심을 갖게 되었고, 이런 현상으로 인해 속회는 점점 생명력을 잃어가고 있는 것이 현실이다.

② 속회는 무엇을 추구하는가?

앞에서 잠시 언급한 것 같이 속회는 성화를 위한 방편으로 만들어졌으며 궁극적인 목표는 그리스도인의 완전이다. 존 웨슬리는 구원을 추상적인 것으로 말하지 않았다. 구원을 받은 자답게 각자의 삶 속에서 성화의 열매를 맺는 것을 목표로 속회를 조직하였다. 즉, 존 웨슬리는 속회를 통하여 구원받은 모든 성도들을 성숙한 그리스도인, 사회에 대해 책임지는 진정한 그리스도인이 되도록 만들고자 했다.

존 웨슬리는 조직 구성에 탁월한 능력을 가졌으며, 강한 리더십을 가진 리더였다. 속회는 한 사람의 뛰어난 영성과 지도력과 능력이 연대주의 속에서 이룰 수 있는 최상의 조직이라고 할 수 있다. 그러나 이러한 조직에도 한계는 발견된다. 리더의 영성과 성화를 위한 헌신, 그리고 따라오는 성도들의 순종과 속장들의 역할의 문제다.

브리스톨에서 처음 시작했던 밴드는 속회로 전환할 수밖에 없었고, 존 웨슬리가 추구했던 선발 신도회에 속한 사람들은 평생 40여 명에 이르렀다고 한다. 오늘날 우리들의 문제는 성화의 단계별 훈련과 조직 그리고 거기에 이르는 방법이 없다는 것이다.

그리스도의 완전을 추구하며 살기 위해서는 굉장한 결단을 해야 하고 어쩌면 도시를 떠나야 하는 상황일지도 모른다. 그러나 분명한 것은 존 웨슬리 속회가 추구하는 것은 성화이며, 이렇게 성화된 그리스도인들은 순종과 복음 사역에 헌신함으로 자연히 부흥의 씨앗이 되었고, 속회는 부흥의 전초기지 역할을 하게 되었다는 것이다. 존 웨슬리 속회가 전도 소그룹을 목적으로 삼는다면 주객이 전도된 것이다. 존 웨슬리 속회는 영혼을 돌보고 성화를 훈련하는 목적으로 시작하여 복음전도와 부흥이 그 결과로 나타난 것이지 전도를 목적으로 조직한 것이 아니었음이 분명하다.

③ 왜 속회여야 하는가?

속회의 기능 가운데 오해하고 있는 부분을 살펴볼 필요가 있다. 속회는 성경공부 하는 곳이 아니다. 어떤 사람은 속회 교재에 공부할 것이 없다면서 성경을 잘 가르칠 수 있도록 더 좋은 교재를 만들어 달라고 주문하기도 한다. 만일 속회의 목적이 성경 공부라면 속회를 만들 필요가 없다. 미국 감리교회가 개발하고 지금도 몇몇 교회들이 실시하는 장년 교회학교에서 성경을 배우는 것이 훨씬 좋다. 또는 제자훈련 성경공부반을 만들어 공부하는 것이 더 좋을 것이다.

또 다른 오해는 속회를 예배 모임으로만 여기는 경우다. 하나님께 예배드리는 것은 개인적으로도 얼마든지 할 수 있다. 그러나 개인적으로 실천하기 어려운 것이 있다. 나를 후원하고 격려하고 돌봐주며 때로 책망해주기도 하는 영적 훈련이다. 간증과 은혜를 나누고 치유하는 공동체의 축복은 혼자서는 할 수 없다. 그리스도의 몸의 기능으로 협력을 배우고 성화를 이루어가는 것도 혼자서는 안 된다.

'왜 속회여야 하는가?'의 질문 앞에 발상의 전환이 필요함을 느낀다. 용어의 문제를 두고 많은 고민을 해보았지만 마땅한 단어가 생각나지 않는다. 그래서 이렇게 해보기를 제안한다. '속회'라는 단어는 감리교의 전유물이 되었지만 우리가 사랑하지 않았고 활용하지 못했다.

우리는 다시 칼을 가는 마음으로 속회라는 용어를 창조적으로 활용하여 브랜드화 할 필요가 있다. "당신은 어디에 속했나요?"라는 질문을 하면 은사 속회를 소개하기 쉽다. 속회 이름을 특성화하여 가정 속회 혹은 포도나무 속회 등등으로 붙인다. 속회는 이미 교회 안에 들어와 있는 교인들을 중심으로 조직하기 때문에 대화의 문을 열어주는 중요한 방편이 되기도 한다. "속회가 무엇인지 들어보셨나요?", "속회가 왜 필요한지 아시나요?" 등 다양한 질문과 함께 속회를 알리는 영상을 만들어 홍보함으로 다시 한 번 한국 감리교회의 속회 부흥을 열어갈 수 있기를 기대한다.[13]

(3) 속회가 교회성장에 미치는 영향

존 웨슬리는 속회를 운영하는 목적을 교회 성장에 두지 않았다. 구원받은 신도를 어떻게 구원의 완성을 향한 여정으로 인도하는가에 있었다. 존 웨슬리 소그룹의 조직적인 특성에는 성화를 향한 강한 의지와 성화로 이끌고자 하는 의도가 나타난다. 신도회에서 속회로, 성화의 특성이 나타나는 이들을 선발하여 밴드로, 더욱 성숙한 성화를 이룬 이들은 선발 신도회로 단계를 두어 훈련을 시켰고, 신앙적으로 실패한 이들이나 불성실한 이들은 참회자반에서 다시 재교육을 받게 하였다.

오늘 날에는 상상하기 힘든 철저한 돌봄과 권징을 겸한 운영 방법이었다. 그렇다면 이것이 교회 성장과 어떤 관계성을 가지고 있는가? 존 웨슬리 속회나 감리교 운동은 성화를 목적으로 한다고 해서 그 조직이 수도원처럼 폐쇄된 성화 훈련원과 같은 것은 아니었다.

어떤 이들은 영성 훈련원을 만들어 훈련하는 것이 존 웨슬리의 성화 신학을 제대로 표현해 내는 것으로 생각하는 경우가 있다. 하지만 존 웨슬리는 수도원을 만들 생각이 없었다. 존 웨슬리의 신학은 생활 속에서 실천적으로 성화를 실현함으로 복음화를 이루어가는 것이었다. 속회 자체가 부흥이나 성장에 목적을 두지 않았더라도 개인의 성화가 가져오는 결과는 복음을 증거하며 선행을 실천하는 것으로 나타나야 하고, 사회적 성화의 주체가 되는 것이기 때문에 자연히 성장과 부흥은 추구하는 방향에서 만나게 되는 또 다른 얼굴이었다.

3. 공감대 형성을 위한 방법들

(1) 설교

목회자 설교는 가장 강력한 무기다. 그러니 "교회 안의 작은 교회인 속회가 진정한 교회다"라는 다양한 설교를 해야 한다. 동시에 돌봄의 사역이 왜 중요한지도 설교해야 한다. 그래서 모든 성도들의 공감대를 이끌어야 비로소 속회 토양 작업이 시작될 수 있다. 새벽에도, 낮에도 집중적으로 설교해야 한다. 토양 작업을 위한 설교의 범위를 간단히 소개하면 다음과 같다.

① 소그룹의 원리에 대하여
 a. 하나님의 존재방식과 소그룹 / 창1:26-28
  첫째, 공동체의 최소 단위는 3이다.

둘째, 하나님은 삼위일체적으로 존재하신다.

셋째, 소그룹은 가장 강력한 조직이다.

b. 더불어 살아야 할 인간 / 창2:18-25

첫째, 인간은 홀로 살 수 없는 사회적 존재다.

둘째, 인간의 DNA 속에는 관계 DNA가 있다.

셋째, 인간은 하나님의 형상대로 지음받은 삼위일체적인 존재다.

c. 협력함으로 얻는 축복 / 창11:1-9

첫째, 협력의 능력은 언어의 통일이다.

둘째, 협력의 능력은 시너지 효과다. 예) 기러기들의 협력정신

셋째, 협력의 성공은 축복이다.

② 속회의 중요성에 대한 설교

a. 교회 안의 작은 교회 (행2:43-47)

b. 목양을 위임하라 (출18:13-27)

c. 서로를 위한 공동체 (약5:13-18)

d. 주님의 몸을 세우기 위하여 (엡4:11-12)

e. 속회는 바벨탑이 아니다 (창11:1-9)

f. 목자는 인도자다 (창13:14-18)

g. 독불장군은 외롭다 (출2:11-15)

h. 세겹줄 기도의 능력과 속회 (출17:8-16)

i. 은사 속회와 교회 성장 (출31:1-11)

j. 속장은 누가 해야 하나? (신1:9-18)

k. 돕는 자가 없는 자의 불행 (삼상31:1-6)

l. 사탄은 홀로 있는 자를 노린다 (삼하11:1-5)

　　m. 거룩한 속회의 기적 (단1:8-16)

　　n. 풀무불의 기적 (단3:19-30)

　　o. 공동체(속회)에 주시는 약속 (마18:18-20)

③ 돌봄 사역의 중요성에 대한 설교

　　a. 돌보시는 하나님의 사랑 (창1:1-5)

　　b. 돕는 배필이 되라 (창2:18)

　　c. 돌보는 이 없는 땅의 비극 (창2:4-6)

　　d. 내가 내 동생을 돌보는 자입니까? (창4:9-12)

　　e. 돌봄의 사역은 생명의 방주다 (창6:13-22)

　　f. 중보기도와 돌봄 사역 (창18:16-21)

　　g. 돌봄에 실패한 롯 (창19:12-22)

　　h. 돌봄의 목표는 성화다 (창25:27-34)

　　i. 십일조와 돌보시는 손길 (신14:22-29)

　　j. 너를 돌봄으로 얻는 축복 (룻1:15-18)

　　k. 돌보지 않음으로 인한 비극 (삼상2:22-26)

　　l. 당신의 물맷돌은 준비되었나? (삼상17:41-49)

　　m. 진정한 돌봄의 모델 (삼상20:17-23)

　　n. 아둘람의 돌봄 사역 (삼상22:1-2)

　　o. 돌보는 자의 축복 (삼하9:1-8)

　　p. 지나가는 기회를 축복으로 만든 여인 (왕하4:8-16)

　　q. 자신을 돌봄으로 사명자가 되라 (느2:1-10)

이 외에도 소그룹의 목표와 비전에 대하여 교회의 여러 상황에 따라 설교로 토양 작업을 하는 것은 매우 필요한 과정이다.

(2) 외부 강사를 통한 토양 작업

전문 강사나 속회를 잘 운영하고 있는 속장의 간증은 큰 도움이 될 수 있다. 똑같은 말을 들어도 외부 강사를 통하여 들으면 더 신뢰를 갖는다. 강사 선정이나 초청의 문제는 속회연구원(CMI)에 문의하면 된다.

(3) 영상 활용하기

눈으로 보는 영상매체는 매우 큰 공감을 불러일으킬 수 있는 도구다. 요즘 교회에는 영상 기기들은 잘 준비되어 있지만 잘못된 선입견 혹은 사용 미숙으로 인해 잘 활용하지 못하는 경우가 많다. 지금은 미디어가 극도로 발전한 시대이기 때문에 미디어를 소홀히 하면 안 된다. 지금은 모든 성도들, 즉 어린이로부터 노인에 이르기까지 영상에 이미 친숙해진 상태이다.

그동안 교회는 미디어에 대한 정확한 이해 없이 미디어 자체를 영성과 결부시켜 터부시 하는 경향이 있었다. 물론 어떤 부분에서는 염려가 될 수 있지만 성령은 모든 영역에서 일하시는 분임을 간과해서는 안 된다.

4. 교회 유형에 따른 접근방법

(1) 새로 부임한 교회

전임자의 사역에 대해 절대 왈가왈부해선 안 된다. 이것은 불문율과 같은 것으로 아무리 목회를 죽 쑤고 사임했다고 해도 그를 좋아하는 교인이 있기 마련이다. 그러므로 전임목회자의 사역을 평가해서는 안된다.

부임한 교회에서 가장 먼저 해야 할 일은 교인들과 친해지는 것이다. 교인들이 신임목회자를 가슴으로 받아들일 때까지 기다려야 한다. 어떤 경우든지 간에 신임목회자를 기대하는 그룹만 있는 것이 아니라 싫어하는 교인도 있기 마련이다. 그리고 전임목회자와 친한 이들이 많으면 많을수록 저항력이 크게 나타날 수도 있음을 인지하고 있어야 한다.

톨스토이가 말한 대로 사람들은 변화를 말하면서도 자신들은 변하려 하지 않는다. 이러한 교회의 경우는 로렌스 패리스가 쓴 책 『목회 10계명(생명의말씀사, 2006)』이 많은 도움이 될 것이다. 제목들만 나열하면 다음과 같다.

① 교회의 형성 배경을 알라
② 필요한 변혁만 시도하라
③ 설교에 목숨을 걸라
④ 교회 재정을 투명하게 관리하라
⑤ 비현실적인 기대에서 자유로워라

⑥ 자기관리에 충실하라

⑦ 이 사람들을 주의하라

⑧ 교회 밖의 활동을 제한하라

⑨ 목회자의 역할을 분명히 알라

⑩ 분별하고 집중하라

이 책의 특징은 기존 교회에 새로 부임한 목회자의 시각으로 목회를 바라본다는 데 있다. 평범하게 보일 수 있는 목회 원칙들이 새롭게 시작되는 목회 속에서 어떻게 적용이 되는지 그 현장을 말하고 있다. 따라서 목회를 새롭게 시작했거나 준비하고 있는 이에게는 목회의 철학이나 원칙들을 세울 수 있고, 이미 목회를 하고 있는 이에게는 자신의 목회를 새롭게 되돌아볼 수 있는 기회가 될 수 있을 것으로 보인다.

예를 들어보자. 첫 번째 계명인 '교회의 형성 배경을 알라'는 교회의 기원이나 중요성 등의 일반적인 이론을 언급하는 것이 아니라 부임하게 되는 교회의 환경을 파악하라는 내용이다. 로렌스 목사는 "목회자들은 새로 주어진 목회 환경에서 충실하고 효율적으로 사역하기 전에, 그 환경의 가치 있고 복잡한 요소들을 먼저 알아보아야 한다"고 권면하고 있다.

또한 신임목회자가 성도들에 대해서 별로 아는 바 없이, 성도들의 삶을 너무 많이 그리고 너무 빠르게 변화시키려고 한 것이 결국 목회의 실패의 원인 중 하나임을 지적하며 교회에 꼭 필요하고 덕을 세우는 변혁만을 시도하라고 말하고 있다. 이것이 두 번째 계명인 것이다.

신임목회자는 새 목회지에서 자신 있게 추진할 수 있는 '블루칩', 즉 몇 가지 탁월한 계획들을 한꺼번에 사용하지 말아야 한다. 오히려 블루칩은 꼭 필요한 변화를 위해서만 사용해야 한다고 권면한다. 목회자가 원하는 변화가 아무리 신앙적으로 견고해도 성도들의 의사를 무시한 채 목회자만의 의지로 그 블루칩이 낭비되어서는 안 된다는 말이다. 블루칩은 성도를 위해 주어진 것이지 목회자 자신을 위해서 주어진 것이 아님을 명심해야 한다는 것이다. 한 가지를 덧붙인다면 목회자는 이미 시행된 변혁이 마무리될 때까지 새로운 변화를 시도하거나 성도들에게 알리는 일은 삼가야 한다고 강조한다. 한 가지 변화가 뿌리를 내려 삶의 일부가 되기까지 시간이 필요하기 때문이라는 것이다.

설교의 중요성은 아무리 강조해도 지나치지 않을 것이다. 여느 목회자도 그렇게 주장하는 것처럼 로렌스 목사도 '목숨을 걸어야 한다'고 역시 언급하고 있다. 성도들 입장에서 그들이 설교와 예배를 통해서 은혜를 받지 못하면 그 목회자가 잘 할 수 있는 일이 도대체 무엇인지 의구심을 갖기 시작한다는 것이다. 물론 성도 중심으로 설교가 흘러가서는 안 되지만 설교의 방향이 성도를 향해서임을 또한 잊어서는 안 된다는 의미다.

목회자가 꼭 기억해야 할 몇 가지의 것들이 있다. 교회 밖의 일에 쓰는 시간을 줄여야 한다는 것이다. 그 시간은 교회 성도들을 위해 써야 하는 시간이기 때문이다. 교회 밖의 일은 대부분 목회자에게 몰려오는 기회가 아니라 오히려 유혹임을 명심해야 한다. 또한 목회자는 바른 신학에 집중해서 교회를 지도하고 각 성도의 은사를 개발해서 교회에 봉사하도록 하는 것이 주된 역할임을 잊어서는 안 된다. 온전한 목회자의 시간을 바른 신학의 정립과 가르침 그리고 그것으로 성도를 향해 달려가는 데 사용해야 한다는 것이다. 또한 성(性) 문제에 분명한 선을 그어야 한다. 뿐만 아니라 영적 간음이 될 수 있는 세상적인 명예에 대해서도 단호한 입장을 취해야 한다. 이것이 여덟, 아홉, 열 번째의 계명들이다.

신임목회자를 향한 로렌스 목사의 마지막 권면은 '멘토를 만나라'는 것이다. 생각대로 되지 않거나 어려움을 만날 때마다 찾아오는 '자기 연민(self-pity)'이라는 감정에서 벗어나기 위해서는 절대적으로 자신을 사랑해주고 권면해 줄 수 있는 멘토가 필요하다는 것이다. 없으면 찾아내야 하는 적극성도 가져야 한다. 왜냐하면 예수께서도 '홀로' 사역하지 않고 함께 나눌 사람을 찾았기 때문이다.

여기서 이 내용을 자세히 소개하는 이유는 너무나 정확한 지적이며, 목회에서 크든 작든 직접 겪었던 문제였기 때문이다. 오늘날 성도들의 교회 문화가 달라지고 있는 것 같다. 예전처럼 '꿩 잡는 것이 매'라는 식의 목회나 오직 심방 목회로 밀어붙이는 시대는 분명 아니다. 신인류의 탄생같이 새로운 교인들이 탄생한 것 같다. 그러므로 신임목회자는 부임한 교회의 상황을 너무 빨리 변화시키거나 변화를 이끌어 내려 해서는 안 되는 것이다.

교회의 평신도 리더는 장로 그룹이다. 오늘날 목회자와 장로는 평행선상을 달리는 관계가 되고 말았지만 장로의 리더십을 인정하고 그들의 협조를 구하지 않으면 안 된다. 그러므로 장로 그룹을 앞세우기 위해 충분한 대화와 이해를 구하는 노력을 해야 한다.

또 다른 방법은 모델 속회를 만들어 입소문을 내게 하는 것이다. 이것은 가장 효과적인 방법 중의 하나이기도 하다. 교인들의 선입견은 순종하는 것 같으면서도 아닌 것들이 많다. 신임목회자일 경우 그 편차는 매우 크다고 할 수 있다. 교인들의 신앙 십계명은 이미 전임목회자에 의해 만들어져 있다고 보아야 한다. 우리의 목회가 매뉴얼화 되어있다면 모르거니와 모든 목회자들이 자기들만의 노하우로 목회하기 때문에 목회자가 바뀔 때마다 어려움을 겪는 것은 평신도들이다. 평신도들의 신앙 여정 속에 그동안 자리 잡고 있던 규칙들이 새로 부임한 신임목회자에 의해 달라지는 것들이 많고, 어떤 것들은 이해가 잘 안 되는 부분도 있기에 갈등은 있기 마련이다.

더구나 속회는 이미 관리 속회로 매뉴얼화 되어 있기 때문에 조직을 바꾸거나 방법을 바꾸면 잘 이해하려고 하지 않는다. 그러므로 모델 속회를 만들어 전보다 좋다는 결과를 가지고 입소문 내는 방법은 교인들의 생각을 바꾸는데 좋은 대안이 된다. 그렇지 않으면 많은 저항으로 인해 속회 토양 작업이 실패로 돌아갈 수도 있다.

(2) 현재 목회하는 교회

어떤 의미에서 신임목회자의 경우보다 더 어려운 것이 한 교회에서 오랫동안 목회를 다져왔던 목회자일 것이다. 습관으로 이미 길들여진 상황에서 새롭게 시도한다는 것은 귀찮은 일이다. 그럼에도 불구하고 변화의 드라이브를 걸고 싶다면 다음의 방법을 사용하면 효과적일 수 있다.

첫째, 물갈이의 원리다. 깊은 산 속의 옹달샘을 청소한 후 물을 깨끗하게 하려면 다 퍼내는 것이 아니다. 새로운 물을 계속 흘러 들어가게 하면 된다. 마찬가지로 전통적인 교회의 물갈이는 두 가지다. 설교를 통하여 새로운 가치를 계속 공급해야 한다. 그러면 성도들의 의식 속에 새로운 물이 들어가기 시작하고 의식의 변화가 서서히 일어나기 시작한다. 둘째는 새로운 식구들이 50%를 넘어서야 한다. 이것은 교회의 부흥과 함께 가능한 일이다. 셋째 전문 강사와 간증자들을 통해 속회의 변화가 중요함을 인식시켜야 한다. 또는 돌봄 속회를 잘 하고 있는 교회를 평신도 리더들과 같이 방문하여 눈으로 보게 하면 좋다. 그리고 마지막으로 모델 속회를 만들어 운영한 후 간증시키고 설득하는 것이 효과적이다.

이상의 과정을 통해 분위기가 성숙해지면 돌봄의 속회로 전환하는 일을 서서히 시작하는 것이 좋다. 그러나 이 외에도 예상치 못한 변수들이 있을 수 있다. 이럴 때 무엇보다 중요한 것은 속회에 대한 목회자의 분명한 신념이 있어야 한다. 목회자의 분명한 신념과 목회 철학이 없다면 속회 토양 작업은 실패로 돌아갈 가능성이 농후하다.

(3) 여러 소그룹을 시도해 본 교회

이런 경우는 전문 강사의 도움이 절대적으로 필요하다. 이미 교인들은 목회자를 신뢰하지 않는다. '이번 것은 얼마나 가려나?'하면서 시큰둥할 것이다. 그러므로 전문 강사를 통하여 신뢰할 수 있도록 전문적인 비교 분석과 신학적인 내용과 실천적인 차이에 대한 것을 듣고 설득해야 한다. 학문적으로만 접근하면 안 된다. 반드시 목회현장의 풍부한 경험과 실적이 있어야 한다.

(4) 개척교회

　　개척교회의 경우 물적 인적 자원이 없기 때문에 아무 것도 할 수 없다고 생각하는 경우가 많다. 그러나 사실 개척교회는 흰 도화지와 같은 상태이기에 가장 수월하다. 지우고 그리는 것보다 낫기 때문이다. 개척교회의 경우는 힘들더라도 매뉴얼대로 시작하면 된다.

5. 변화를 위한 전략

(1) 변화를 거부하는 이유

　　변화의 주체가 내가 아니라는 것 때문이다. 미지의 세계에 대한 불안감에 사로잡힌다. 변화의 목적이 나와는 상관없다. 실패가 두렵다. 변화에 대한 보상이 미흡하다. 현재에 지나치게 안주한다. 생각이 부정적이다. 리더에 대한 감정이 좋지 않다. 개인의 사소한 비평에 감정이 상한다. 개인적인 손해를 볼 수 있다. 또 다른 헌신을 요구한다. 속 좁은 사람은 변화를 받아들이지 않는다. 관습은 변화를 거부한다.

(2) 저항 대처 방법

　　교육으로 변화에 대한 이해를 공유한다. 저항할 만한 사람들의 참여를 유도한다. 함께 등산이나 식사를 하면서 자주 변화의 필요성을 말한다. 이끌고 지지해 준다. 활발한 의견 조정으로 동의를 이끌어 낸다. 영향력 있는 사람을 위촉하여 긍정적인 역할을 준다.

(3) 변화를 위한 토양 작업

사람에 대한 신뢰감을 쌓아 간다. 다른 사람에게 변화를 요청하기 전에 당신부터 변해야 한다. 훌륭한 리더는 조직의 역사를 알고 있다. 영향력 있는 사람이 리더십을 발휘한다. 리더의 두 가지 특성(①그들은 어디론가 가고 있다. ② 다른 사람이 자신과 함께 가도록 설득할 능력이 있다.) 당신 안에 있는 변화를 점검하라. 변화를 시도하기 전에 지지를 부탁한다. 변화를 돕는 안건을 개발하라. 비공식적으로 영향을 끼치게 한다. 변화가 어떤 사람들에게 도움이 되는지 보여 준다. 변화의 주체임을 강조하라. 소유권이 없으면 변화는 단기적인 것이 되고 만다.

(4) 홍보전략

오늘날은 이미지의 시대다. 사람을 만나면 우리 마음의 스크린에 사진처럼 첫인상이 찍힌다. 교회에서의 홍보 역시 교인들에게 그렇게 나타난다. 그러므로 홍보에 많은 신경을 써야 한다. '속회에 대한 홍보를 어떻게 할 것인가?'를 연구해야 한다. 내 교인들이기 때문에 한 번 광고하면 된다고 생각한다면 그것은 이미 30%의 흡인력을 잃어버리는 것이 된다. 말로 광고하는 것보다 포스터를 활용하는 것이 효과 있고, 포스터보다 영상을 겸한 홍보는 그 효과가 배가될 것이다.

새들백 교회의 릭 워렌 목사는 어떤 주제나 목표를 이미지화하고 홍보하는 일에 탁월하다. 그 교회를 방문하면 왜 홍보가 중요한지를 알게 된다. 작은 일이라고 소홀히 하지 말고 교회에 맞는 그리고 목회에 맞는 홍보 구호나 성취하고자 하는 내용을 연구하여 교회 곳곳에 붙이고 홍보하는 일에 정성을 들이면 교인들도 결코 소홀히 생각하지 않을 것이다.

① 속회 홍보를 위한 홍보 문구의 예

   a. 돌봄 없이 생명 없다. 돌봄 만이 속회 부흥

   b. 돌봄의 축복은 부메랑 되어 돌아온다.

   c. 교회 안의 작은 교회인 속회 만이 진정한 교회다.

   d. 부흥의 파장을 일으키는 성도가 되자.

   e. No Cross No Crown!

   f. 당신의 변화가 부흥의 시작입니다.

   g. 돌보는 사랑으로 하나 되는 공동체

   h. 돌봄, 마음에서 손끝으로

   i. 속회는 감리교의 뿌리다.

   j. 속회는 성화의 모태다.

   k. 속회가 살아야 교회가 산다.

   l. 당신을 위해 돌봐줄 공동체는 속회뿐이다.

② 영상 제작

홍보에 가장 효과적인 것은 좋은 영상을 통해 홍보하는 것이다. 그러나 이 일을 이루기 위해서는 전문가의 손길이 필요하다. 교회 내에 영상에 대한 전문가가 없다면 외부 전문가의 도움을 요청하는 것이 좋다. 그 후 시간을 두고 영상 전문가를 발굴하여 훈련시키는 것이 필요하며, 교회 내에 영상 담당 파트를 신설하여 활용하는 것이 필요하다.

영상 전문팀이 구성이 된 경우라면 교회에서 홍보하고자 하는 내용을 결정하고 시나리오를 작성한 뒤, 영상 제작을 진행해야 한다. 처음부터 만족스러운 결과를 기대하기 보다는 함께 기획하고 그 결과물에 대해 평가하면서 점진적으로 발전시켜 나가는 것이 중요하다.

미주

1) 돌봄 속회는 관리 속회와 대조적으로 목자가 양을 치듯이 담임목회자가 직접 속장들을 코치하고 속장은 속회원들의 영성과 생활 그리고 은사적인 팀 사역을 함께 하는 일에 돌보고 세워줌으로 성장해 가는 속회를 말한다.
2) 김진두, 『웨슬리의 실천신학』, (서울:KMC, 2004), 185.
3) 박용호, 『속회 CM 내비게이션』, (서울:KMC, 2010), 33.
4) 현재의 경우는 속회의 리더를 인도자와 속장으로 나누고 있으며, 속장은 행정적인 면을 처리하는 반면, 강의나 설교는 인도자가 하도록 역할을 구분하고 있다.
5) 박용호, 『존 웨슬리의 속회론』, (서울:KMC, 2008), 81.
6) 찰스 V. 거킨, 유영권, 『목회적 돌봄의 개론』, (서울:은성, 1999), 28.
7) 박용호(2008), 148.
8) 한상호, 『직고를 통한 소그룹 부흥』, (서울:생명의 말씀사, 2004), 85.
9) 박용호(2008), 142.
10) 곽미숙, 『삼위일체론 전통과 실천적 삶』, (서울:대한기독교서회, 2009), 661.
11) 이재완, 『요한 웨슬리와 선교』, (서울:한들출판사, 2004), 260.
12) 김진두(2004), 160.
13) 박용호(2010), 34.

06 속회의 양육과 돌봄 기능

속회는 교회 안의 작은 교회로 행복과 은총, 거룩의 공동체이다. 속회원들은 서로 사랑하고 돌보며 세움을 받고, 그 세움을 통해 증인 되는 삶을 살아야 한다. 하지만 증인의 삶은 저절로 되는 것이 아니다. 속회 안에서 영적 성장을 이루려면 반드시 양육과 돌봄이 필요하다.

양육이란 어린 아이를 잘 자라도록 기르고 보살피는 것이다. 돌봄이란 건강한 생활을 유지하거나 증진하고 건강의 회복을 돕는 행위를 말한다. 즉 보살핌이다. 속회 안에는 장성하고 온전한 신앙인만 있는 것이 아니기에 속회원들이 온전한 신앙인으로 회복하고 성장하기 위해서는 속장 또는 이미 믿음으로 세움을 받은 다른 사람들의 양육과 돌봄이 필요하다.

여기서는 양육과 돌봄의 목적 그리고 예수께서 행하신 양육과 돌봄의 방법을 되짚어 보며, 속회 안에서의 실제적인 적용을 돕고자 한다.

1. 양육과 돌봄의 이해

(1) 양육

양육이란 아동을 어른으로 성장하도록 돌보면서 사회적 능력을 길러주는 것으로, 하워드 헨드릭스는 양육을 '다른 사람의 삶에 영향을 끼치는 것'이라고 하였다.[1] 이와 같은 개념으로 믿음 안에서의 양육이란 구원받은 자가 그리스도의 장성한 분량에 이르기까지 자라도록 보살피는 행위이다. 이 양육은 하나님 뜻 안에서 행해지는 것으로 성경적 교육 방법으로 그리스도를 닮아가도록 성장하게 하여 또 다른 사람을 돕도록 하는 것이다.

(2) 돌봄

구약에서 '돌보다'로 사용되는 히브리어 단어 '다라쉬(שרד)'는 상대방 혹은 가족의 안식을 위해 일거리를 살피고 그들의 생활을 돌본다는 의미이다. 신약에서 '돌보다'의 희랍어는 '프로노에오($\pi\rho o \nu o \varepsilon \omega$)'의 의미는 '앞장서다, 다스리다, 능가하다, 인도하다, 돕다, 보호하다'이며, '인도하다', '보살피다'라는 의미의 '프로이스테미($\pi\rho o \iota \sigma \tau \eta \mu \iota$)'도 신약에서 8회 사용되었다.[2] 또한 박용호 감독은 "돌봄은 한 생명이 건강하게 자라서 자기의 사명을 다하고 증인의 삶을 통하여 하나님께 영광 돌리는 존재가 되도록 목자같이 그리고 어머니의 손길같이 유모의 돌봄같이 사랑과 섬김과 기도와 희생으로 수고하는 것"이라고 하였다.[3]

(3) 양육과 돌봄의 관계

양육은 기본적으로 돌보는 사역이다. 양육의 효과를 극대화시키기 위해서는 돌봄이 필요하다. 그리스도의 장성한 분량에 이르게 하는 양육에도 돌봄이 필요하다. 많은 사람들이 예수를 믿기로 하고 교회에 오지만 제대로 정착하지 못하고 떠나는 경우가 많다. 예수를 구원자로 믿기로 한 모두가 장성한 믿음의 사람으로 성장하는 것은 아니다. 믿음의 양육을 하지 않으면 태어난 아이를 그냥 방치하는 것과 같다. 그러므로 속장은 영적 돌봄을 통해 속회원들을 양육해야 한다.

 ## 2. 양육의 목적

속회 안에는 다양한 믿음을 가진 성도들이 있다. 믿음이 연약한 자에 대하여 바울은 "어떤 사람은 모든 것을 먹을 만한 믿음이 있고 믿음이 연약한 자는 채소만 먹느니라(롬14:2)"고 하면서, "믿음이 강한 우리는 마땅히 믿음이 약한 자의 약점을 담당하고 자기를 기쁘게 하지 아니할 것이라(롬15:1)"고 하였다. 믿음이 강한 사람들은 믿음이 약한 자들을 양육하고 돌보아 장성한 믿음의 사람이 되게 해야 한다. 이를 위해 바울은 믿음이 강한 사람들에게 무엇을 해야 하는 지에 대해 다음과 같이 말한다.

"그가 어떤 사람은 사도로, 어떤 사람은 선지자로, 어떤 사람은 복음 전하는 자로, 어떤 사람은 목사와 교사로 삼으셨으니 이는 성도를 온전하게 하여 봉사의 일을 하게하며 그리스도의 몸을 세우려 하심이라 우리가 다 하나님의 아들을 믿는 것과 아는 일에 하나가 되어 온전한 사람을 이루어 그리스도의 장성한 분량이 충만한 데까지 이르리니 이는 우리가 이제부터 어린 아이가 되지 아니하여 사람의 속임수와 간사한 유혹에 빠져 온갖 교훈의 풍조에 밀려 요동하지 않게 하려 함이라 오직 사랑 안에서 참된 것을 하여 범사에 그에게까지 자랄지라 그는 머리니 곧 그리스도라 그에게서 온 몸이 각 마디를 통하여 도움을 받음으로 연결되고 결합되어 각 지체의 분량대로 역사하여 그 몸을 자라게 하며 사랑 안에서 스스로 세우느니라"(엡4:11-16)

이를 요약하면,
- 성도를 온전하게 한다.
- 봉사의 일을 하게 한다.
- 그리스도의 몸을 세우려하심이다.
- 하나님의 아들을 믿는 것과 아는 일에 하나가 되게 한다.
- 온전한 사람이 되어 그리스도의 장성한 분량이 충만한 데까지 이르게 한다.
- 어린 아이가 되지 아니하여 사람의 속임수와 간사한 유혹에 빠지지 않게 한다.
- 온갖 세상적 교훈의 풍조에 밀려 요동하지 않게 하려한다.
- 오직 사랑 안에서 참된 것을 하여 범사에 예수에게까지 자라게 한다.
- 예수로 인하여 서로 도움을 받고 연결되어 교회를 자라게 한다.
- 사랑 안에서 자신이 건강한 신앙인으로 세워져가야 한다.

속장은 속회원들을 온전히 성장하게 하고, 그리스도의 분량까지 자라게 하며, 세상 풍조에 흔들리지 않고, 성도들 간에 서로 사랑으로 연합하며 각 사람을 건강한 신앙인으로 세워 증인이 되도록 해야 한다. 이 일은 구원받은 공동체인 속회 안에서 이루어져야 할 가장 중요한 사역이다. 특히 속회의 영적 리더인 속장은 돌봄을 통해 속회원들을 양육하여 위의 사명을 감당해야 할 책무가 있다.

3. 돌봄을 통한 양육 방법

모든 신앙인은 신앙의 모델을 예수에게서 찾는다. 예수의 삶은 우리를 온전하고도 거룩한 믿음의 제자가 되어 땅 끝까지 이르러 예수의 증인이 되게 하였다. 따라서 속장이 속회원들의 영적 성장을 위해 양육하는 방법인 돌봄 역시 예수의 삶에서 찾을 수 있다. 예수의 삶은 사랑이다. 그 사랑이 결국 양육이며 양육의 방법인 돌봄이다.

(1) 포기하는 사랑

예수의 사랑은 자기 영광의 보좌를 버리고 이 땅에 내려오신 사랑이다. 바울은 이런 예수의 사랑에 대해 "그는 근본 하나님의 본체시나 하나님과 동등됨을 취할 것으로 여기지 아니하시고 오히려 자기를 비워 종의 형체를 가지사 사람들과 같이 되셨고(빌 2:6-7)"라고 말한다. 예수의 자기 포기는 우리를 향한 사랑의 시작이다. 예수는 제자들에게 자기를 따르려면 자기를 부인하는 일부터 할 것을 요구하고 있다. 예수가 우리에게 요구하는 사랑은 바로 포기하는 사랑이며, 그 포기하는 사랑이 양육과 돌봄의 첫 걸음이다.

    속장은 교회와 속회를 위해 자기의 것을 포기하지 않고는 사명을 이룰 수 없다. 예수가 자신의 영광의 보좌를 포기함으로 우리와 교회를 얻은 것처럼, 속장은 자기의 영광과 유익을 포기함으로 부흥하는 속회와 속회원들을 얻게 된다.

(2) 자신을 낮추는 사랑

    예수가 이 땅에 오심은 낮고 천한 곳에서부터 시작된다. 낮추지 않고서는 아픔이 보이지 않는다. 높은 곳을 바라보면 고난당하는 이들의 눈물을 결코 볼 수 없다. 예수는 "인자가 온 것은 섬김을 받으려 함이 아니라 도리어 섬기려 하고 자기 목숨을 많은 사람의 대속물로 주려 함이니라(마20:28)"라고 선언했다. 이는 예수의 삶을 단적으로 보여주는 것이다.

    예수는 낮춤으로 죄인 된 모습이 되어 우리와 소통하셨다. 자신을 낮춘다는 것은 상대와 소통하는 일이다. 나를 낮추지 않으면 상대와 소통할 수 없고, 소통되지 않으면 사람은 마음을 열지 않는다. 소통 없이 이해하고 공감하는 일은 있을 수 없다.

(3) 함께 하는 사랑

> "또 산에 오르사 자기의 원하는 자들을 부르시니 나아온지라 이에 열둘을 세우셨으니 이는 자기와 함께 있게 하시고 또 보내사 전도도 하며 귀신을 내어 쫓는 권세도 있게 하려 하심이러라"(막3:13-15)

예수는 제자들을 부르신 이유를 "함께 있게 하시고"라고 말씀하셨다. 예수에게 제자를 어떻게 사랑했냐고 묻는다면 언제나 함께 하는 것이라고 대답하실 것이다. 그것이 우리를 부르신 목적이다. 예수와 함께 하는 일이 예수께 사랑받는 일이며, 사랑하는 일이다.

예수께서 제자들과 언제나 함께하셨던 것처럼 속장의 역할도 그러하다. 언제나 속회원들과 함께 해야 한다. 함께 하지 않는 돌봄은 없다. 속회원들의 신앙과 삶에 함께해야 하고 동행하는 자여야 한다. 우리는 그런 관계를 가족이라고 부른다. 속회는 가족 공동체이다. 가족이란 한 개인을 구성하는 삶의 가장 깊숙한 자리이며 운명공동체이다. 가족 구성원들은 서로의 삶을 책임지며 끝까지 사랑의 관계를 통하여 서로를 성장시키며 세워준다. 교회와 속회가 바로 그러한 장소이며 그러한 관계이다.

가족의 리더로서 속장은 속회원들과 함께해야 한다. 관심으로 함께하고, 기도로 함께하고, 행함으로 함께 한다. 함께 신앙의 삶을 나눌 때 그들은 하나가 되고 서로 연결되어 성장하게 된다.

(4) 차별하지 않는 사랑

예수는 제자들을 부를 때 차별하지 않으셨다. 사람들과 교제를 나눌 때에도 결코 차별하지 않으셨다. 사람들이 예수를 향하여 죄인들의 친구라고 조롱할 정도로 세리와 죄인들의 친구가 되어 주셨다. 차별하지 않음이 예수의 사랑이다.

> "너희는 유대인이나 헬라인이나 종이나 자유인이나 남자나 여자나 다 그리스도 예수 안에서 하나이니라"(갈3:28)

누구든지 예수 믿으면 구원을 받게 된다. 이는 차별 없는 사랑이다. 누구든지 하나님께 올 수 있도록 휘장을 찢어 통로를 열어놓으셨다. 우리의 구원받음과 은혜받음은 차별하지 않는 사랑 때문이다. 예수께서 "아버지께서 내게 주시는 자는 다 내게로 올 것이요 내게 오는 자는 내가 결코 내쫓지 아니하리라(요6:37)"고 하셨다. 누구든지 내게 오는 자는 차별하지 않겠다는 것이다.

속장은 생각과 마음에 차별이 없어야 한다. 세상적 가치로 사람을 판단하고 차별한다면 주의 사랑에 어긋나는 일이다. 양육과 돌봄에 차별이 있어서는 안 된다. 속장은 자기의 경향과 상관없이 예수를 통해 속회 안으로 들어온 누구라도 차별적 마음을 가져서는 안 되며, 자리나 섬김에 차별이 있어서도 안 된다.

(5) 보여주는 사랑

예수는 자신이 얼마나 제자들을 많이 사랑하는지 보여주셨다. 섬김은 이렇게 하는 것이고, 기도는 이렇게 하는 것이고, 하나님의 일은 이렇게 하는 것임을 직접 보여주셨다. 그것이 사랑이다.

"내가 너희에게 행한 것 같이 너희도 행하게 하려 하여 본을 보였노라"(요13:15)

예수께서 보여준 것은 행함의 본이다. 따라오도록 보여주었다는 것이다. 예수를 만나고 그의 행함을 본 자들은 모두 달라졌다. 베드로의 변화는 참으로 놀라운 것이다. 그는 어부에서 예수의 제자가 되었다. 그러나 다혈질 성격, 마음만 앞서는 나약함으로 삶의 굴곡을 겪었다. 끝내는 예수를 따르리라 호언장담하던 그가 예수를 세 번이나 부인한다. 그러나 그는 처절하게 가슴을 치며 배신의 죄를 뉘우치고 예수의 크신 자비에 힘입어 다시금 회심을 하고 또 한 걸음 크게 나아간다. 그리고 드디어 진정한 제자로 거듭나 마침내 예수와 교회를 위해 목숨까지 바친다. 참으로 놀랍고도 드라마틱한 성장이요 변화가 아닐 수 없다.

교회와 속회는 변화한 이들의 장이 되어야 한다. 한 가족이라도 각자 다른 나이와 성향 그리고 배움을 가지고 있다. 구성원들은 서로 성장하는 모습을 바라보며 배워간다. 속장은 예수께서 제자들과 함께 하시면서 행함의 본을 보이신 것처럼 먼저 본을 보여주어야 한다. 속장은 기도와 찬송, 헌금 생활과 봉사, 예배자로서의 본을 보여야 한다.

믿음이 작은 자들은 누군가에게 배워야 한다. 아이들은 가정에서 부모에게 배우고, 학교에서 스승에게 배우고 친구에게 배우고, 모든 삶에서 배운다. 속장은 속회원들에게 모델이 되는 리더가 되어야 한다. 그리고 사도 바울처럼 선포할 수 있어야 한다. "너희는 나를 본받는 자가 되라." 결국 속장은 예수를 믿는 나를 보여줌으로 예수를 증거 하는 자이다.

하나님의 말씀을 가르친 다음에는 하나님의 말씀을 지키게 해야 한다. 마태복음 28장 20절은 "내가 너희에게 분부한 모든 것을 가르쳐 지키게 하라"고 말한다. 성경의 약속들은 하나님의 말씀을 배우고 그대로 지킬 때 축복으로 주어진다.

(6) 기다리는 사랑

예수의 사랑은 기다려주는 것이다. 예수께서는 제자들이 온전한 신앙인이 될 때까지 기다려주셨다. 그것이 예수의 사랑이다. 아무리 급해도 열매가 익을 때까지 기다려야 한다. 기다림에 실패하면 진정으로 성공하는 리더가 될 수 없다.

사도 바울은 우리의 이러한 기다림이 헛된 소망이 아니라고 하면서 "이는 환난은 인내를, 인내는 연단을, 연단을 소망을 이루는 줄 앎이로다(롬5:4)"라고 하였고, 더욱이 "이 소망이 부끄럽게 아니함은 우리에게 주신 성령으로 말미암아 하나님의 사랑이 우리 마음에 부은바 됨이니(롬5:5)"라고 했다. 신앙인의 기다림이란 막연한 허공을 쳐다보는 기다림이 아니다. 기다림은 곧 소망이 되는데, 바로 예수 그리스도의 믿음으로부터 출발하기 때문이다. 예수께서 베드로를 잘 세워 교회의 기둥이 되게 한 것과 같은 믿음의 기다림이다. 속장이 속회원들을 기다려주는 것도 주께서 그들을 성장하게 할 것이라는 믿음과 소망으로부터 시작한다.

기다림은 오직 미래의 희망을 가진 자가 행하는 것이다. 오늘 힘들고 어려워도 참고 기다리는 것은 하나님에 의해 미래가 준비될 것이라 믿기 때문이다. 그래서 예레미야는 "내 고초와 재난 곧 쑥과 담즙을 기억하소서. 내 심령이 그것을 기억하고 낙심이 되오나 중심에 회상한즉 오히려 소망이 있사옴은 여호와의 자비와 긍휼이 무궁하시므로 우리가 진멸되지 아니함이니이다(애3:19-22)"라고 고백했다. 지금은 고초와 쑥과 담즙을 먹는 것처럼 힘들고 낙심이 되지만 하나님의 자비와 긍휼하심을 믿음으로 또 미래의 새로운 희망을 꿈꾸고 있기에 기다리는 것이다.

속장도 때로는 기다림에 지치기도 한다. 어떤 경우든, 실패한 현실 속에서 기다리라고 하는 것은 고통이기 때문이다. 그러나 믿음 안에서의 기다림은 미래의 확신을 기초로 한다. 기다림을 통해 날마다 속회원들이 성장하는 미래를 기대하게 된다.

기다림은 예수의 뜻을 따라가는 삶에 필요한 조건이다. 기도의 응답을 기다려야 하고, 부족함이 온전해질 때까지 기다려야 한다. 예수께서 우리를 기다리신 것처럼 그렇게 기다리는 것이다. 기다리되 믿고 기대하면서 기다리고, 기도하면서 기다리라. 그리고 감사하면서 기다리는 것이다.

(7) 자신의 모든 것을 다 내어주는 사랑

예수의 사랑은 제자들을 위해 그리고 소외된 사람들에게 자신의 모든 것을 다 내어준 사랑이었다. 예수의 다 내어주심은 십자가에서 발견할 수 있다. 예수께서 십자가상에서 조롱과 멸시를 받고 있을 때 하늘은 어두워지고, 예수의 절규가 울려 퍼지고 있었다. 하나님께 가장 큰 아픔이 될 수밖에 없는 예수의 절규는 우리를 향한 사랑의 절정이다. 우리의 구원은 천상의 아름다운 화음처럼 우리에게 다가온 것이 아니라, 십자가상에서의 절규로써 다가왔다.

> "제 구시 즈음에 예수께서 크게 소리 질러 가라사대 엘리 엘리 라마 사박다니 하시니 이는 곧 나의 하나님, 나의 하나님, 어찌하여 나를 버리셨나이까 하는 뜻이라"(마27:46)

예수의 사역은 우리에게도 동일하게 적용된다. 회복과 부흥은 예수의 방법이 아니면 결코 누구도 얻을 수 없다. 속장의 고백은 "내게는 우리 주 예수 그리스도의 십자가 외에 결코 자랑할 것이 없으니 그리스도로 말미암아 세상이 나를 대하여 십자가에 못 박히고 내가 또한 세상을 대하여 그러하니라(갈6:14)"는 바울의 고백으로 대신할 수 있을 것이다.

속장도 예수처럼 또 바울처럼 다 내어줘야 한다. 그렇게 할 수 있는 것은 주의 사랑이 나를 붙들기 때문이다. 그 사랑에 붙들려 나의 모든 것을 다 내어주는 것이다. 속장이 가는 길은 바로 예수께서 걸어가신

길이다. 예수처럼 기꺼이 제자들을 위해 죽기까지 자기를 내어주는 사랑의 길이다. 바울은 데살로니가 교회를 향하여 "우리가 이같이 너희를 사모하여 하나님의 복음뿐 아니라 우리의 목숨까지도 너희에게 주기를 기뻐함은 너희가 우리의 사랑하는 자 됨이라(살전2:8)"고 말했다. 목숨까지라도 기꺼이 기쁨으로 주는 것이 진정한 사랑이요 돌봄이다.

(8) 승리하는 사랑

예수는 결국 부활로 승리의 역사를 보여주셨다. 승리의 영광에 이르는 길을 보여주셨다. 부활은 변화를 만들어 낼 수 있었다. 예수는 죽음에서 이기심을 부활로 증명하셨고, 제자들은 성령의 충만함으로 세상을 이겼다. 속장이 증명해야 할 삶도 승리의 삶이다. 승리의 삶은 변화의 삶이며, 변화를 만들어낼 수 있는 삶이기 때문이다.

십자가를 통하지 않고서는 부활을 경험할 수 없다. 속장은 십자가를 경험한 자들이다. 십자가의 사랑에 붙들리고 십자가의 사명을 감당하고 십자가의 사랑으로 행하는 자들이다. 그러기에 부활을 경험한 자들이다. 부활을 경험한 자들은 부흥의 사람들이며 승리한 사람들이다.

승리를 경험한 속장들은 자기가 모든 일을 맡아 완벽하게 일을 성취하는 자들이 아니라 속회원들이 승리를 경험할 수 있도록 돕는 자이다. 속회원들이 예수로 인해 변화하고 회복하고 부흥하는 놀라운 기적을 경험하도록 인도한다. 그것이 속회원들을 점점 예수의 제자로 세워지게 하는 방법이다.

(9) 증인이 되게 하는 사랑

　속회는 교회에 소속되어 있으면서도 독립된 교회의 역할을 하며, 그 안에서 하나님 나라 공동체의 본질을 회복하고, 세상에서 빛과 소금의 역할을 감당할 그리스도의 군사를 양육하는 곳이다. 속회는 교회를 살리고, 세상을 변화시킬 수 있는 곳이다.

　속회는 고정된 프로그램이나 운영체제가 아니다. 속회는 유기체로서 생명력이 있고 삶을 회복하고 부흥을 경험하는 곳이다. 예수 안에서 제대로 사는 것으로의 회복이다. 예수의 은혜로 우리의 삶에서 예수의 뜻이 이루어지는 축복의 회복이다. 그것이 증인이 되는 삶이다.

　예수는 제자들에게 "오직 성령이 너희에게 임하시면 너희가 권능을 받고 예루살렘과 온 유대와 사마리아와 땅 끝까지 이르러 내 증인이 되리라(행1:8)"고 하셨다. 속장은 증인이다. 증인이란 "나는 이것이 사실이다."라고 말하며 '어떤 사실을 증명하는 사람'이다. 속장은 예수가 누구인지 들었고 체험으로 만난 증인이다. 예수의 권세가 있는 복음의 증인이다. 속장은 속회원들을 예수의 증인이 되도록 해야 한다. 그것이 양육과 돌봄의 완성이다.

◆ 4. 돌봄의 실제

　우리는 예수를 최고의 가치로 인정하고, 그 안에서 우리 역시 최고의 존재가 되었다. 그런데 그 가치만 안다고 해서 그리스도의 장성한 분량에까지 이를 수 있는가? 우리는 살다가 힘들고 지치고 어려울 때 속회와 믿음의 사람들을 통해 위로받고 다시 용기를 얻어야 한다. 주의 이름으로 치유와 회복이 일어나야 한다. 속회는 위로의 장소, 회복과 부흥의 장소가 되어야 한다.

속회가 하나님 나라라면 속회원은 하나님 나라 백성들이다. 이 세상에 속한 사람들은 수고하고 무거운 짐을 지고 살아가는 사람들이다. 속상한 사람, 참담한 아픔으로 한숨 짓는 사람, 자신의 능력의 한계 때문에 번민하는 사람들이 있다. 자신의 체면과 자존심 때문에 자신의 아픔이나 상한 마음을 드러내지 못하고 가슴앓이를 하는 사람들도 있다. 속회는 예수 그리스도가 머리 되시고 왕이 되시는 하나님 나라 공동체이다. 상처받고 아픈 누구라도 속회 안에서 예수의 이름으로 치유를 경험하는 사랑의 돌봄이 있어야 한다.

(1) 관심을 가짐

돌봄의 시작은 관심이다. 속회원을 사랑받기에 합당한 자로 여기며 한 사람 한 사람 관심을 쏟는 일부터 시작해야 한다. 대충 보면 보이지 않을 일들이 집중하면 보이게 된다. 그들이 왜 속회에 빠지는지, 왜 참석하기를 힘들어하는지, 왜 예배에 참석하지 않는지, 왜 승리하는 인생을 살지 못하는지, '왜'라는 질문으로부터 시작하며 관심을 가져야 한다. 기본적으로 속장은 속회원에 대해 다음의 정보를 숙지하고 있어야 한다.

- 일반 정보 : 이름, 주소, 기념일, 직업, 전화, 생일 등
- 가족 관계 : 배우자, 자녀, 친척 중 신자 유무 등
- 종교 배경 : 기독교에 대한 이미지, 성경 지식, 성경적 오해들, 과거의 신앙유무 등
- 특별 관심 : 습관, 취미, 기술 등
- 현재 문제 : 현재의 고민, 필요사항 등

깊은 관심을 통해 속회원의 상황을 이해하고 알면 알수록 제대로 양육하고 돌볼 수 있는 기회를 더 많이 가질 수 있게 된다.

(2) 문제를 함께 나눔

속회원들에게 깊은 관심을 갖다보면 그들의 문제를 발견하게 된다. 그 문제들은 속회에서 해결되어야 한다. 물론 교회에서도 위로와 치유 그리고 회복의 기적은 일어난다. 하지만 속회는 작은 공동체로서 큰 공동체인 교회보다 더욱 친밀한 관계 속에서 신앙을 나눌 수 있는 곳이기에, 속회원들이 가지고 있는 문제에 대해서도 더욱 집중해서 함께 기도할 수 있다. 또 속회원들과 깊이 관계를 맺으며 돌보는 속장이 있기에 더욱 그러하다.

존 웨슬리는 속회 안에서 생활의 문제가 해결되도록 하였다. 매주 모이는 속회에서 속회원들은 일상생활의 문제들을 서로 토론하며 서로 격려하였다. 그러면서 서로의 문제에 대하여 비밀을 지켰다. 속회 안에서 서로의 문제를 서로 나눌 수 있다는 것은 서로에 대한 믿음이 생겼다는 말이다. 깊은 관심을 통해 문제를 알고 그 문제를 해결해주

는 과정에서 서로에 대한 신뢰가 생기고, 서로의 문제를 서로 나누고 함께 기도할 수 있는 문제 해결의 공동체가 되게 하는 것이 돌봄의 핵심 요소다.

요즘은 극 개인주의 시대이다. 다른 사람들과 관계를 맺기보다는 철저하게 개인적 삶을 추구한다. 그러기에 외롭고 곤고하다. 단절된 관계는 사탄의 관계성이다. 하나님의 관계성은 함께 하는 소통이다. 속회에서 서로 믿어주고 들어주며 지켜주는 소통의 관계성을 올바르게 회복해야 한다.

(3) 문제를 함께 해결함

속회원들의 문제를 함께 나눈 후에는 그 문제가 해결되도록 해야 한다. 속회원의 아픔을 함께 나누고, 그 아픔으로부터의 해방을 도와야 한다. 죄와 허물로 인하여 문제들이 발생했다면 함께 기도하며 사랑으로 치유해주어야 한다. 존 웨슬리도 속회의 기능 중에서 죄로부터의 해방의 역할을 강조하였다. 속회원들은 서로 고백한 죄가 사해지도록 서로를 위해 기도했다. 그 결과 죄의 사슬이 풀리고 묶였던 끈이 끊어졌으며, 더이상 죄에 매여 살지 않게 되었다. 많은 사람들이 헤어나지 못하던 유혹에서 해방되었고, 하나님과의 단절의 삶을 서로 고백하고 회개함으로 속회는 영적인 문제를 해결하는 장소가 되었다.

속회에서 나눈 문제는 기도로 연결되어야 한다. 기도는 돌봄에 있어서 빼놓을 수 없는 중요한 사역이다. 그러므로 속회에서는 속회원들의 문제를 놓고 항상 함께 기도해야 한다. 기도를 통해 문제가 해결되는 기적을 경험하게 됨으로 속회원들의 신앙은 성장하게 된다. 속회는 하나님의 행복한 은총의 공동체이다.

(4) 돌아봄

존 웨슬리는 "아픈자를 방문하라"고 말한다. 그는 이런 자비의 일이 하나님의 은총의 수단임을 강조한다.[4] 그는 아픈 자에 대해 다음과 같이 정의하였다.

> 나는 '아픈 자'라는 말을 병상에 누워 있는 자 혹은 엄격한 의미에 있어서 병에 걸린 사람들만을 의미한다고 생각하지 않습니다. 이는 오히려 정신적이든 신체적이든 모든 종류의 고난을 겪고 있는 사람들을 포함하는 것이라 봅니다. 이들 중에는 선한 사람들과 악한 사람, 하나님을 경외하는 이들과 그렇지 못한 사람들 모두가 포함됩니다. 바로 우리가 방문하여야 할 고통 가운데 처한 모든 사람들을 말하는 것입니다.[5]

삶의 현장 속에서 속회원들을 돌아보는 일은 그들의 삶이 예수께 돌아오게 하고 회복하게 하는 가장 중요한 요인이 된다. 심방은 보통 목회자들의 사역처럼 여기고, 속장들은 속회원들의 문제를 목회자에게 알려주는 것으로 자신의 역할을 다했다고 생각하기도 한다. 그러나 진정한 돌봄은 삶에서의 돌봄이다. 속장은 속회원에게 문제가 발생했을 때 다음과 같이 대처하는 것이 좋다.

- 1단계 : 속회원이나 선교지역에서 문제가 생기면 제일 먼저 속장이 심방을 하고, 그 결과를 목회자에게 보고한다.
- 2단계 : 1차 심방을 다녀온 속장이 예비 속장 또는 속회원들과 함께 심방을 한다.
- 3단계 : 해결되지 않은 속회원은 목회자와 함께 심방한다.

돌봄은 섬김에서 시작한다. 모든 일이 예수 그리스도의 사랑으로 그리스도의 증인이 되게 하는 것이다. 속회 안에서의 양육과 돌봄은 결국 그리스도의 품성을 닮아가는 것이다.

5. 돌봄을 위한 속장의 일주일 사역

속회는 작은 교회이며, 하나님 나라 공동체이며, 가정이며, 목장이다. 그 안에서 속장은 생명을 구하고 관리하는 자이며, 회복과 부흥의 통로이다. 속장의 일주일은 회복과 부흥의 시간이며 창조와 기적의 시간이다. 그런 점에서 속장의 사역은 교회 안의 모든 사역보다 우선한다. 왜냐하면 하나님 나라를 세우는 일이며, 확장하는 일이기 때문이다. 그러므로 속장은 속회와 연결된 일을 가장 먼저 생각하고 돌보고 행해야 한다.

속장의 사역은 주중 어느 하루의 사역이 아니라 일주일 내내 진행하는 사역이어야 한다. 어떤 때는 숙제를 검사하는 선생처럼, 돌보고 동행하는 부모처럼, 지키고 보호하는 경찰처럼 해야 한다.

(1) 주일 사역

주일은 모든 날의 시작으로 속회의 회복과 부흥이 주일 사역에 달려 있다고 해도 과언이 아니다. 주일은 속회원들과 직접적으로 만나고 섬기고 돌볼 수 있는 날이다.

① 주일 예배 전
    a. 주일 예배 오기 전에 속회원 모두에게 전화한다.
    b. 안부와 함께 예수의 이름으로 축복한다.
    c. 주일 출석 여부를 확인한다. 불참자에 대해서는 불참 사유를 파악해야 한다.

예배 전의 전화는 사랑이며 관심이다. 믿음이 약한 이들에게는 그 관심이 교회로 나오는 결단의 기회가 된다. 참석하지 못하는 이는 거룩한 부담감을 가지게 되고, 다음 주일부터 참석을 결심하는 기회도 된다.

② 주일 예배 시
    a. 예배 전 참석하겠다고 약속한 속회원들의 동향을 파악한다.
    b. 참석자에게 관심을 가진다.
      : 한 번 이상 반드시 만남을 시도하고 축복한다.
      : 속회원들이 전도한 새신자는 반드시 함께 만난다.

새신자인 속회원이 있다면 혼자 예배드리도록 내버려 두어서는 안 된다. 속장이든 다른 속회원이든 함께 예배드릴 수 있도록 조치를 취해야 한다. 다른 일로 바쁜 속장이 되어서는 안 된다.

③ 주일 예배 후

    a. 결석자를 위해 주보를 받아 둔다.

    b. 속회 보고서를 작성하고 제출한다.

    c. 결석자들에게 전화와 안부 문자를 보낸다.

주일 예배를 마치고 나면 속장은 참여하지 못한 속회원들에게 관심을 가져야 한다. 부득이하게 빠진 일에 대한 관심과 함께 그 주일 말씀과 광고를 알려준다. 축복하고 친절하게 격려해주어야 한다.

(2) 월~화요일 사역

- 주일 결석자를 다시 확인한다.
- 결석 이유의 경중에 따라 심방을 결정하고, 심방한다.
- 심방을 하되 혼자보다는 예비 속장 또는 속회원과 동행한다.
- 반드시 심방 후 교회에 보고한다.

(3) 수요일 사역

수요일은 중간 점검 시기이다. 속회원에 대한 전체적인 관심을 가질 때이다. 수요 예배 참석 권면과 함께 말씀대로 잘 살고 있는지 살펴본다. 그리고 질병이나 큰 우환은 없는지 점검하고, 혹시라도 있다면 목회자에게 보고하고 함께 심방을 한다.

(4) 목~금요일 사역

- 목요일이나 금요일에 속회 모임을 가진다.
- 속회 모임은 돌봄과 세움의 시간이 되어야 한다.
    a. 주일 예배 후 어떻게 지냈는지 점검하고 확인한다.
    b. 주일 말씀이 어떻게 적용이 되었는지 점검하고 확인한다.
    c. 받은 은혜를 점검하고 확인하는 시간이어야 한다.
- 불가피하게 다른 날 속회 모임을 가졌다고 해도 이 날에는 반드시 확인하고 점검한다.
    a. 점검하지 않으면 속회원들의 신앙은 퇴보하고 속회에 무관심해진다.
    b. 반드시 점검하고 확인해서 치하하고 격려하고 위로하고 축복한다.
- 1차 보고하였지만 문제가 해결되지 않은 속회원을 목회자와 함께 심방한다.

(5) 토요일 사역

속회원 전체에게 한 주간 잘 지냈음에 감사하며 축복한다. 그리고 주일 예배 참석을 권면하며 참석 여부를 확인한다. 주일 예배를 드리는 일에 망설이고 머뭇거리는 속회원들에 대해서는 참석을 결단할 수 있도록 도와야 한다. 그리고 참석하지 못하는 속회원들에게는 신앙적 조언자가 되어주어야 한다. 토요일은 속회원들로 하여금 주일을 믿음으로 준비하게 하는 중요한 시간이다.

속장은 특별한 사람이다. 하나님으로부터 특별하게 부름 받고 사명을 위임받은 특별한 사람들이다. 이 특별한 은혜로 양육하고 돌보는 속장의 사역은 속회원들의 믿음을 굳건히 하며 증인의 삶을 살도록 성장하게 하는 사역이다.

6. 양육을 위한 예비 속장 세우기

기본적인 속회의 부흥은 결국 속장을 통해서 이루어진다. 그러므로 속장은 교회의 부흥과 성장을 위해 속회에서 꾸준한 관심을 갖고 충성된 예비 속장을 찾아내야 한다. 그리고 찾아낸 예비 속장에게는 다양한 방법으로 속회에 참여하게 하여 속장으로서의 역량을 키워줘야 한다. 예비 속장을 세우고 분속하는 일은 양육과 돌봄에서 빼놓을 수 없는 중요한 사역이다.

(1) 모든 속회원들을 예비 속장으로 보라

속회의 목표는 "이는 성도를 온전하게 하여 봉사의 일을 하게하며 그리스도의 몸을 세우려 하심이라(엡4:12)"는 것과 같이 하나님의 사람들을 세워 그들을 통해 교회를 세우는 일이다. 이는 종교개혁자 루터가 '이신칭의' 교리를 발견한 뒤, 모든 성도가 제사장이라는 만인제사장 교리를 주장함과 같다. 구원받은 모든 사람들은 하나님께 제사장으로 부르심을 받은 자라는 것이다. 속장은 속회원들을 현재와 미래의 사역자로 인정해야 한다. 예수는 그들을 사용하기를 원하시고 그 준비를 속장에게 맡긴 것이다. 그러므로 모든 속회원들을 주의 선택된 사역자로 보고 인정하는 것이 필요하다.

(2) 예비 속장을 찾으라

모든 속회원들을 예비 속장으로 인정하되 그 중에서 속장이 될 만한 자격을 갖춘 사람을 찾아내야 한다. 그 방법으로 윌로우크릭교회가 제시한 내용을 속회에 맞춰 수정해보았다.[6]

- 속회를 우선순위에 두는 구성원을 찾아보라.
- 속장의 리더십에 도전하는 사람들을 눈여겨보라. 혹 인도할 기회를 얻지 못해 좌절감을 느끼는 예비 속장일지 모른다.
- 은사가 있는 사람들을 찾으라.
- 시간을 정해 놓고 새로운 예비 속장을 찾는 기도를 하라.
- 속회에 비전을 품은 사람을 찾으라.
- 속회원들이 다른 사람들과 함께 일하는 모습을 관찰하라.
- 사역을 주고 책임을 맡겨 리더십의 잠재력을 체크해보라.

그 외에도 영적, 정서적 그리고 사회적인 관점에서 준비된 예비 속장을 찾을 수 있다. 예비 속장으로 훈련하는 일도 중요하지만 이미 준비된 예비 속장을 찾는 일은 더욱 중요하다.

(3) 사역과 리더십을 나누라

속장은 그리스도의 사랑으로 속회원들을 돌보고 양육하여 속장이 가지고 있는 리더십을 번식시키는 자이다. 속장은 새로운 리더십을 키워내야 한다. 예비 속장이 세워지면 그들과 함께 사역을 나눠야 한다. 베드로는 "각각 은사를 받은 대로 하나님의 여러 가지 은혜를 맡은 선한 청지기 같이 서로 봉사하라(벧전4:10)"고 하였다. 모든 사람들은 주의 선택된 사역자로 자신의 사역을 감당해야 하고, 속장은 사역을 나누어 그들로 사역을 감당케 해야 한다. 그렇게 사역은 확장되어야 한다.

(4) 점차적으로 사역을 예비 속장에게 넘겨라

예수는 그의 제자들에게 어떻게 사역하는지 보여주셨다. 그리고 제자들이 전도도 하게 하시고 병자를 고치게 하셨다. 부활 승천하시면서 교회 사역도 맡기셨다. 이처럼 예비 속장에게도 점차적으로 사역을 넘겨줘야한다. 보기만 해서는 성장하지 못한다. 예비 속장들로 하여금 점차적으로 사역을 감당할 수 있도록 해야 하고, 나중에는 독립적으로 속회를 분속하여 독립할 수 있게 해야 한다.

신앙생활의 첫 시작은 영적인 유아상태라 할 수 있다. 유아는 시간이 지난다고 스스로 알아서 자라는 것이 아니라, 부모의 도움 아래 성장할 조건이 갖추어져야 성장한다. 속회 안에서 영적 유아와 같은 속회원들에게는 그들을 도와줄 영적 부모가 필요하다. 그리고 그들은 영적인 부모로부터 양육과 돌봄을 받아 성장해야 한다. 교육과 훈련, 돌봄을 통해서 그들은 그리스도의 장성한 분량에 이를 수 있다. 결국 돌봄과 양육을 통해 속회원들은 삶의 변화를 이루고 하나님 나라 백성으로 세상을 변화시킬 수 있고, 그리스도의 거룩한 증인이 될 수 있다. 속장의 돌봄과 양육은 복음 안에서 생명력 있는 관계성을 통해 이루어진다. 이 관계 맺기를 통해 서로 이해하고 성령의 인도하심을 확인하고 순종하는 삶을 산다. 그로 인해 하나님 나라는 회복되고 유지되고 확장된다. 그러므로 속장에게 양육 받아 세워진 예비 속장들은 속회 성장과 부흥의 통로가 되기까지 성장해야 한다.

미주

1) 하워드 핸드릭스, 박경범, 『사람을 세우는 사람(Standing Together)』, (서울: 디모데, 1998), 118.
2) 강병훈, 『주제별종합자료사전 (vol.4)』, (서울: 성서연구사, 1990), 193.
3) 박용호, 『속회 CM 네비게이션』, (서울:KMC, 2010), 185.
4) 존 웨슬리, 한국 웨슬리학회 편 『웨슬리 설교전집 6』, (서울: 대한기독교서회, 2006), 274.
5) Ibid, 276-77.
6) 빌 도나휴, 김주성, 『삶을 변화시키는 소그룹 인도법』, (서울: 국제제자훈련원, 1997), 90.

07 속장의 자질과 리더십

　　속회는 하나님 나라 공동체이다. 속회를 하나님 나라로 회복하고 부흥하게 하는 가장 중요한 요소는 역시 속장이라 말할 수 있다. 따라서 속회의 성공 여부는 속장에게 달려 있다. 속회는 속장만큼 성장한다고 해도 과언이 아니다. 속장은 그리스도의 진정한 동역자이며 목회자의 동역자이다. 속장은 속회원들로 하여금 하나님의 형상을 닮아가도록 경건에 이르기를 힘쓰게 하며, 속회원들을 그리스도의 사랑으로 서로 사랑하며 한 비전을 향해 나아가게 해야 한다. 그런 속장의 수고를 통해 속회는 속회로서의 역할을 다하며, 교회 성장에 있어서도 견인차 역할을 하게 된다.

　　이 장에서는 속회를 하나님 나라 공동체로 회복하기 위해 가장 중요한 속장의 리더십과 그 역할에 대해 살펴보려 한다.

1. 속장의 역할과 자질

(1) 존 웨슬리의 속장 역할 이해

속장은 속회원들에게 '영혼의 감독자', '영혼의 목자'의 역할을 담당하는 평신도 목회자이다.[1] 처음 속장은 매주 가정을 방문하여 헌금을 걷는 것으로 사역을 시작하였다. 속장들은 각 가정을 방문하면서 그들의 사정을 알게 되었고, 특별히 그들의 영적인 형편을 조사하여 존 웨슬리에게 보고했다. 존 웨슬리는 "내가 믿을 수 있는 사람들을 속장으로 세워 돌보게 하는 방법 외에는 더 좋은 수가 없다."고 하였다.[2]

존 웨슬리는 속장의 임무에 대해 다음과 같이 설명하였다.[3]

- 속회원들의 영적 성장을 위해 최소한 일주일에 한 번씩 자신의 속회원들을 돌아본다. 필요에 따라 상담, 책망, 위로, 권고의 방법을 권장한다. 또한 속회원들이 가난한 이들을 위해 내는 구제 헌금을 모금한다.
- 속회원들 가운데 병을 앓고 있는 사람들이 있거나 폭도가 있을 경우, 그래서 그들이 책망을 받아들이지 않을 경우 신도회의 담당 목회자에게 이 사실을 알린다. 그리고 속회로부터 거두어들인 구제 헌금이나 그 밖의 것들은 신도회의 청지기(Stewards)에게 전한다.

하지만 존 웨슬리가 보기에 가가호호 방문하는 방법은 효율적이지 않았고, 다음과 같은 여러 가지 문제의 소지가 있었다.[4]

- 모든 가정을 심방하는 것은 속장들이 감당하기에 너무나 많은

시간이 들었다.
- 많은 사람이 그들의 심방을 꺼려하는 주인이나 친척들과 함께 살고 있었다.
- 심방을 원하는 가정에서는 주로 많은 사람들 앞에서 이야기를 하는 것은 가능하였으나 개인적으로 이야기할 만한 기회가 충분하지 않았다.
- 한 사람이 다른 사람에 대해 오해하는 일이 발생했는데, 이는 함께 자리하지 않고는 해결할 수 없었다.
- 모든 가정을 방문해야 하는 필요성을 느끼지 못하는 문제들이 가정에 많이 발생하였다.

이러한 문제를 해결하기 위해 속회는 속회원들이 함께 모이는 방식으로 변경되었다. 이러한 방식은 속회원들의 형편을 더욱 더 충분히 파악하는데 도움이 되었으며, 심방이 어려운 사람들에게는 매우 효과적이었다. 어떤 사람들은 속회라는 모임은 그 자체로서 좋은 방편으로 인정하지만 속장들이 사역을 감당하기에 부족하지 않느냐는 질문을 했고, 존 웨슬리는 다음과 같이 말하였다.[5]

- 몇몇 속장들은 그럴지도 모릅니다. 그러나 그들의 헌신과 봉사에 하나님께서 은혜를 더하시는 것은 그 누구도 부인할 수 없습니다.
- 만일 속장들 가운데 어느 한 사람이라도 은사나 은혜 위주로 사명을 감당하고 있다면 그는 책망을 면하기 힘들 것이고, 속장의 임무를 내려놓게 될 것입니다.
- 혹시 그러한 사람을 알고 계신다면 저에게 꼭 알려주시기 바랍니

다. 그러면 저는 그들을 변화시키기 위해 최선을 다할 것입니다.
- 그들이 변화되는 것은 우리의 간절한 바람이기도 합니다. 이를 위해 우리는 매주 화요일 저녁마다 목회자들이 그러한 사람들을 만나서 상담할 것이며, 그들을 위한 양육과 중보기도 역시 멈추지 않을 것입니다.

이처럼 존 웨슬리는 속장이 속회의 영적인 리더로서 온전히 설 수 있도록 양육하고 세워가는 일을 하였다. 속장은 속회원들의 신앙 상태를 점검하고 확인하여 그들이 그리스도인의 완전에 이르도록 하고, 하나님의 나라를 세우고 확장하는 데 중요한 역할을 하도록 하였다. 속회원들은 지난 한 주간 동안의 경험을 이야기하는 가운데 그리스도의 장성한 분량에 이르도록 서로 도왔다. 속회원들은 지난 한 주간 동안 경험한 기쁨과 슬픔, 세상과 육체와의 싸움, 영적인 투쟁, 천국에 대한 소망, 교회를 위한 봉사와 경건, 은밀한 기도, 이웃과 형제를 위한 기도, 인생의 경건과 궁극적 소망 등을 이야기하며 서로의 영적 경험을 나누었다. 속장은 속회원들이 서로 고백한 죄가 사해지도록 위하여 기도했다. 많은 사람들이 지금까지 헤어 나오지 못했던 유혹에서 해방되었고, 하나님과의 단절의 삶을 서로 고백하고 기도함으로 영적인 문제를 해결하도록 하였다.

또한 속장은 적어도 일주일에 한 번 이상 속회원을 심방하고, 그들이 풍성한 영적 생활을 하고 있는가 돌아보았으며, 때를 따라 충고나 훈계도 해주고, 권면하고 위로해주며 가난한 자들을 위해 내는 헌금을 받아오는 일을 하였다. 그리고 속장은 속회라는 조직을 통하여 수동적인 믿음 생활에서 능동적이고 창조적인 믿음 생활과 함께 목회자와 회중을 연결하는 교량 역할을 하였다.

존 웨슬리에게 속장은 가장 중요한 영적인 동역자이고 영적 관리자이며 부흥의 원동력이었다. 속장은 거룩한 하나님 나라를 회복하는 회복자였던 것이다.

(2) 속장의 역할

① 하나님의 거룩한 자로서의 속장

하나님은 이스라엘 백성들에게 "나는 여호와 너희의 하나님이라 내가 거룩하니 너희도 몸을 구별하여 거룩하게 하고 땅에 기는 길짐승으로 말미암아 스스로 더럽히지 말라 나는 너희의 하나님이 되려고 너희를 애굽 땅에서 인도하여 낸 여호와라 내가 거룩하니 너희도 거룩할지어다(레11:44-45)"라고 하셨다. 하나님은 거룩하시다. 거룩이란 히브리어로 '카도쉬'인데 분리를 의미한다. 이는 '내가 거룩하니 너희도 구별하여'라는 말이다. 세상과 분리하여 구별된 삶을 사는 것이다. 예수는 세상과 함께 있되 세상과 분리되어 하나님 아들의 삶을 살았고, 세상 사람들과 함께 살되 하나님의 뜻을 따라가는 죄 없는 삶을 사셨다. 예수의 삶은 거룩한 삶이었다. 그러므로 예수를 따라가는 우리들에게도 거룩하고 온전한 삶을 요구하신다.

'하나님이 거룩하니 속장은 거룩하라'는 말로 이해할 수 있다. 속장들에게 거룩하라고 요구하는 이유는 우리가 예수로 인해 구원을 받은 자이기 때문이며, 예수의 십자가로 인해 우리 안에 죄를 짓게 할 사탄이 물러갔음을 의미하는 것이다. 우리가 거룩하게 살아갈 자격을 얻었다는 것이며, 그렇게 살아갈 수 있음을 의미한다. 이는 우리의 소유나 행함으로 인한 거룩함이 아니라 거룩한 존재로 세움을 받은 것이다. 또 속장은 속회원들에게 '내가 거룩한 것처럼 너희도 주안에서 거룩하라'라는 말을 전할 수 있다. 이는 속회원들도 구원받은 자이기에 거룩함으로 서고 또 그 거룩함으로 살도록 도울 수 있다는 것이다. 그런 존재가치를 가진 자가 바로 속장이다.

② 부모로서의 속장

"그리스도 안에서 일만 스승은 있으되 아비는 많지 아니하니 그리스도 예수 안에서 복음으로써 내가 너희를 낳았음이라 그러므로 내가 너희에게 권하노니 너희는 나를 본받는 자가 되라"(고전4:15-16)

바울은 디모데에게 자신을 본받는 자가 되라고 한다. 자신은 지식을 가르치는 스승이 아니라 모든 삶의 영역을 돌보고 양육하는 아비라고 말한다. 바울은 지식과 기술을 전달하는 스승을 넘어 디모데를 자기 생명보다 더 귀하게 여기며 양육하고 돌보고 세워간 것이다. 바울은 디모데뿐만 아니라 모든 성도들에게도 그런 마음으로 사역하였다.

"우리는 그리스도의 사도로서 마땅히 권위를 주장할 수 있으나 도리어 너희 가운데서 유순한 자가 되어 유모가 자기 자녀를 기름과 같이 하였으니 우리가 이같이 너희를 사모하여 하나님의 복음뿐 아니라 우리의 목숨까지도 너희에게 주기를 기뻐함은 너희가 우리의 사랑하는 자 됨이라"(살전2:7-8)

바울은 데살로니가 성도들을 향하여 유모가 아이를 기른 것처럼 양육하였다고 말한다. 그들을 위해서라면 목숨까지도 주기를 기뻐했다고 말한다. 또한 "너희도 아는 바와 같이 우리가 너희 각 사람에게 아비가 자기 자녀에게 하듯 권면하고 위로하고 경계하노니(살전2:11)"라고 하였다.

바울의 마음이 곧 속장의 마음이다. 부모가 자녀를 사랑하고 돌봄으로 양육하는 일이 속회원을 향한 속장의 일이다. 부모의 역할과 같은 속장의 역할에 대하여 박동찬 목사는 "속장은 속회원들을 사랑과 용납의 마음으로 양육해야 하며, 속회원들에게 상황에 맞는 영적 공급을 책임져 주어야 한다. 그리고 속회원들을 보호해 주어야 하고 격려해 주어야 한다."고 하였다.[6] 속장은 속회원들을 위해 자기의 목숨까지라도 줄 수 있을 정도로 헌신적이어야 하며, 동시에 깊은 신뢰와 사랑과 배려를 바탕으로 권면과 엄한 책망도 해야 한다.

③ 교사로서의 속장

속장이 교사로서의 역할을 잘 감당할 때 속회원들은 잠재력을 발휘할 수 있다. 교사로서의 속장은 속회원들이 현재의 자리에서 그리스도의 비전을 자신의 비전으로 삼고 실행할 수 있는 단계까지 성장할 수 있도록 예수의 가르침을 잘 가르치고, 행할 수 있도록 보여주고 인도하는 자이다. 또한 속회원들의 개인 성장과 사역 성장의 균형을 도와 교회와 세상에서 봉사할 수 있는 기회를 만들어 주며, 리더십을 계발하여 속장의 사역을 이을 수 있는 새로운 속장을 길러낸다. 결국 교사로서의 속장은 하나님 나라의 확장을 위한 부흥과 속회 증식을 위하여 속회원들을 훈련하고 격려하여 새로운 속회가 세워질 수 있도록 돕는 자이다.

④ 중재자로서의 속장

속회는 교회 안의 작은 교회이다. 이는 속회가 교회의 모든 조건을 다 가지고 있다는 의미이다. 속회는 교회의 모든 구성 요소를 가진 자율적인 작은 교회와 같지만, 속회는 반드시 교회 안에 있어야 한다. 그러므로 속장은 교회와 그리고 목회자와 밀접한 관계를 유지해야 한다. 속장은 언제나 교회의 비전과 함께 가야 하고, 목회자의 목회 방향과 지도력 아래에 있어야 한다. 속회는 교회가 요구하는 견고한 특성과 목적을 유지하되 속회만의 독특성과 유연성이 있어야 한다. 이는 책임적 자율성이다.

속회 안에는 다양한 기질, 성격, 신앙과 삶의 스타일, 경제 및 문화적 차이 등 다양한 다름이 존재한다. 그래서 교회와의 관계, 목회자와의 관계 그리고 교회 성도들 간의 관계 속에서 다양한 문제들이 발생할 수 있다. 사람들이 관계 속에서 가지는 여러 가지 의구심과 문제들은 중재하고 해결해주는 자가 있어야 한다. 따라서 속장은 교회와 속회, 성도들과 속회원들 상호 간 중재를 통해 교회에 덕을 세우며, 속회원들의 신앙적 성숙을 돕는 중재자로서 역할을 해야 한다.

(3) 속장의 자질

자질이란 타고난 성품이나 소질을 말한다. 그런 의미에서 속장은 속회를 제대로 성장하게 하는 중요한 자질을 필요로 한다.

① 소명의식이 있어야 한다

속장의 가치는 예수에 의한 부르심과, 그 부르심으로 인해 받은 소명에서 나온다. 속장은 상황에 따라 세워지는 것이 아니라 오직 예수에게 부르심을 받은 자이다. 그러기에 속장은 다른 속회와의 비교, 가시적 성장 등이 아니라 예수에게 부르심을 받은 존재로 가치가 증명되어야 한다. 그렇기에 속장에게 필요한 것은 자신이 누구인지에 대한 정확한 인식이다.

속장이란 직분이 그들을 특별하게 하는 것이 아니라, 그 직분에 대한 소명 의식을 올바로 인식하면서부터 특별해지는 것이다. 부르심의 소명의식이 부족한 속장은 하나님을 기쁘시게 하기보다는 사람을 기쁘게 하는 일에 치중하게 될 것이다(갈1:10). 반면 소명의식이 분명한 속장은 예수 안에서 자신의 정체성을 찾고 부르신 일에 충실하게 된다.

② 동기가 좋아야 한다

속장은 무엇을 하든지 그의 동기가 옳아야 한다. 아무리 결과가 좋다고 해도 시작 동기가 좋지 않으면 그 결과 또한 옳지 못하다. 바울은 "무슨 일을 하든지 마음을 다하여 주께 하듯 하고 사람에게 하듯 하지 말라 이는 기업의 상을 주께 받을 줄 아나니 너희는 주 그리스도를 섬기느니라(골3:23-24)"고 하였다. 오직 그리스도 예수로부터 시작하고 그의 뜻을 따라 행해져야 한다. 그의 뜻이란 "여러분은 자기를 위하여 또는 온 양 떼를 위하여 삼가라 성령이 그들 가운데 여러분을 감독자로 삼고 하나님이 자기 피로 사신 교회를 보살피게 하셨느니라(행

20:28)"라는 바울의 설명처럼 예수께서 맡기신 양 떼를 보살피는 일이다. 속장의 동기가 자기의 이름을 내고 높아지기 위함이나 다른 사람에게 보이기 위함 또는 강요에 의한 것이라면 잘못된 것이다. 속장의 동기는 오직 예수로부터 시작되며, 그 분의 뜻에 의해 시작되는 것이어야 한다.

③ 삶과 신앙에 본을 보여야 한다

속회원들은 속장보다 믿음이 약한 자들이다. 그들에게는 닮고 싶은 사람이 필요하다. 예수는 "내가 아버지의 계명을 지켜 그의 사랑 안에 거하는 것 같이 너희도 내 계명을 지키면 내 사랑 안에 거하리라(요 15:10)"고 말한다. 그리고 제자들의 발을 씻어주시고 "내가 너희에게 행한 것 같이 너희도 행하게 하려 하여 본을 보였노라(요.13:15)"고 하셨다.

예수는 무엇을 명령할 때 그 명령에 대한 본을 보여주셨다. 사랑해라! 어떻게? 내가 사랑한 것 같이. 내 계명을 지켜라! 어떻게? 내가 아버지의 계명을 지킨 것과 같이. 섬겨주어라! 어떻게? 내가 너희를 섬겨준 것과 같이 하라고 하셨다. 그 예수를 본받은 바울이 '너희는 나를 본받는 자가 되라'고 한 것처럼 속장도 속회원들에게 신앙의 본을 보여주어야 한다.

모든 사람은 배우며 성장한다. 속장은 듣게 하고 보게 함으로 가르치는 자이다. 기도, 찬송, 예배와 섬김의 본을 보여주어야 한다. 속회원들이 믿고 따라갈 수 있고 배울 수 있도록 앞서 보여주는 속장이 되어야 한다.

④ 사랑이 있어야 한다

속장에게 가장 중요한 자질은 사랑이다. 예수께서 보여주시고 베푸신 사랑이다. 바울은 "내게 있는 모든 것으로 구제하고 또 내 몸을 불사르게 내줄지라도 사랑이 없으면 내게 아무 유익이 없느니라(고전 13:3)"고 하였다. 속장은 속회원들이 그리스도의 온전한 제자가 될 것을 인정하고 사랑으로 대하라는 것이다. 사랑으로 속회원들의 잘못을 신속하게 시정해 주며, 결핍된 것을 보충해 주고, 진실하고 강한 믿음을 가질 수 있도록 도와주고 기도해 주는 것이다. 이 모든 일에 주께서 우리를 사랑하신 것과 같은 마음으로 행하는 것이다.

그 외에도 속장은 속회원들과 대화를 통해 격려하고 지지하며 돌보아야 한다. 속회 안에서의 비전 공유와 사명의 일치를 위해서는 속장의 의사소통 능력이 있어야 한다. 또 영적 직관력도 있어야 한다. 예수의 인도하심을 분명하게 인지할 수 있는 영적 직관력이다. 이 직관력은 속회원들을 영적으로 지도할 때 꼭 필요한 중요한 능력이다. 이러한 지도력은 속회원들에게 긍정적인 믿음과 지속적인 신뢰를 심어주게 된다.

2. 속장의 리더십 이해

리더십을 말하려면 먼저 리더가 무엇인지를 알아보는 것이 중요하다. 두 사람 이상이 모이면 그 가운데는 영향력을 보이는 사람이 있다. 특히 관계 속에서 지속적으로 영향력을 보여주는 사람이 있다. 곧 리더는 다른 사람들에게 지속적으로 영향을 주는 사람이라고 말할 수 있다. 그런 리더가 개인이나 집단의 생각과 행동에 영향을 주는 것을 리더십이라 말한다.

(1) 리더십이란

지금까지의 역사는 독자적인 권력과 힘을 중심으로 한 헤드십(headship)이 중심이었다. 그런 헤드십에 대조되는 개념이 리더십이다. 리더십은 조직의 목표를 달성하려는 리더와 조직 구성원들의 끊임없는 상호작용과 영향력을 교환해 나가는 과정이다. 각자의 처한 환경 차이 때문에 리더십에 대한 정의는 다양할 수밖에 없다.

프랜티스는 "리더십은 어떤 그룹 속에서 신중하게 특별한 영향력을 발휘하도록 훈련된 것이며, 이 영향력을 그룹으로 하여금 그들의 진정한 필요를 성취할 영속적이고 유일한 목표를 향해 움직이도록 한다"고 하였다.[7] 피터 와그너는 "효과적인 교회 리더십은 성도들의 현재와 미래를 향한 잠재력을 정확히 파악하며, 그리하여 성도들로 하여금 하나님이 원하시는 모습으로 나갈 수 있도록 독려한다. 리더는 항상 너무 멀지 않게 앞장선다. 리더는 다른 사람이 보지 못하는 가능성을 보며 이 가능성을 이루기 위하여 성도들의 관점을 바꾼다"고 하였다.[8] 또한 존 맥스웰은 리더십이란 영향력이라고 하였고, 안승오는 "리더십이란 리더가 한 조직이 나아갈 방향에 대한 비전을 세우고 조직의 성원들과 그 비전을 나누면서 그 비전을 성취할 수 있도록 성원들에게 영향을 주는 능력"이라고 하였다.[9] 리더십이란 어떤 조직과 구성원의 목표를 달성하기 위하여 조직과 구성원의 활동에 영향을 끼치고 동기를 부여하고 도움을 주는 능력이다.

이와 같은 리더십을 가진 자는 배려와 격려, 설득을 통해 다른 사람들을 움직이는 존재이고, 행동 지향적이며 공동의 목표를 최우선으로 하고, 자신이 대표하는 사람들의 가치를 위해 행동하는 사람이다. 그러기 위해서 리더는 언제나 자기 계발을 하는 자이며, 공동의 목적을 이루는 자이다.

그런 리더가 되기 위해 조지 바나는 그의 책 『리더십을 갖춘 지도자』에서 세 가지를 말한다. 첫째, 자신의 리더십 자질을 발견해서 개발시켜야 한다. 자기 자신을 스스로 인정하고 존경하면서 자신감을 가져야 한다. 둘째, 다른 사람의 리더십을 키워주어야 한다. 셋째, 팀을 이루어서 팀 구성원들의 리더십을 개발시켜주어야 한다.[10]

결론적으로 리더십이란 공동체 활동을 하는 모든 구성원이 가능한 최대의 만족감을 가지고 효과적인 목표 달성을 위해 행동하도록 하는 것으로, 공동체 안에서 다른 사람의 행동에 영향을 미치는 것이며, 자신을 개발하고 그 리더십으로 인해 구성원들이 공동의 목표를 제대로 성취하게 하며, 그들의 리더십을 개발시켜 좋은 리더가 되게 하는 것이다.

(2) 예수의 리더십

세상에서 가장 위대한 리더는 예수이며, 최고의 리더십은 예수의 리더십이다. 좋은 리더십을 지닌 리더가 되고자 하는 사람은 당연히 예수와 그의 리더십을 배워야한다. 예수는 그의 삶을 통해 '리더십이란 이런 것이다'라는 것을 보여주셨다. 어떻게 좋은 리더가 될 수 있는가라고 묻는다면 예수처럼 하면 된다고 답할 수 있다. 예수를 통해 배울 수 있는 가장 기본적인 리더십은 다음과 같다.

① 섬김(종)의 리더십

예수에게서 가장 먼저 떠오르는 리더십은 섬김의 리더십이다. 이는 예수가 "너희 중에는 그렇지 않을지니 너희 중에 누구든지 크고자 하는 자는 너희를 섬기는 자가 되고 너희 중에 누구든지 으뜸이 되고자 하는 자는 모든 사람의 종이 되어야 하리라(막10:43-44)"고 말한 종의 리더십이다.

예수의 섬김의 가장 적극적인 행동은 자기 목숨을 많은 사람의 대속물로 준 것이다. 이 모습은 이스라엘의 독립을 꿈꾸며 따랐던 제자들에게는 충격이었다. 예수는 하나님의 아들로서 하늘의 모든 권세를 다스릴 힘이 있었음에도 불구하고 오히려 섬김의 모습을 보여 주셨다. 위로는 하나님의 뜻에 복종하는 종의 모습으로, 아래로는 인간을 섬기는 종의 모습으로 세상에 오셨다. 그는 누가복음 22장 2절에 "나는 섬기는 자로서 너희 중에 있노라"고 말씀하셨다.

예수는 으뜸이 되고자 하는 리더는 섬기는 리더가 되어야 한다고 말한다. 그리고 그는 이방인의 집권자처럼 권세로 상대를 억압하지 않았다. 오히려 리더로서 자신을 '섬기는 자'라고 하였다. 그리고 십자가에 죽으시기 전에 제자들의 발을 손수 씻어주심으로 섬김의 리더십이 무엇인지 보여주셨다. 지위나 권세가 아니라 사랑과 섬김으로 리더의 권위를 보여주셨다.

> "내가 주와 또는 선생이 되어 너희 발을 씻겼으니 너희도 서로 발을 씻기는 것이 옳으니라 내가 너희에게 행한 것 같이 너희도 행하게 하려하여 본을 보였노라"(요 13:14-15)

예수는 제자들에게 들려주고 보여준 리더십에서 가장 중요한 덕목은 섬기는 일이라고 분명하게 밝혔다. 예수를 따르는 이들에게 섬기는 리더십은 선택이 아니라 명령인 것이다. 예수는 십자가에서 죽기까지 하나님과 사람들을 섬기셨고, 십자가에 죽으시기 전에도 제자들의 발을 씻어주심으로 섬김의 리더십이 무엇인지 보여주셨다. 예수의 섬김에 대하여 바울은 다음과 같이 말한다.

> "너희 안에 이 마음을 품으라 곧 그리스도 예수의 마음이니 그는 근본 하나님의 본체시나 하나님과 동등됨을 취할 것으로 여기지 아니하시고 오히려 자기를 비워 종의 형체를 가지사 사람들과 같이 되셨고 사람의 모양으로 나타나사 자기를 낮추시고 죽기까지 복종하셨으니 곧 십자가에 죽으심이라"(빌2:5-8)

섬김의 리더십에 있어서 기본은 사랑이다. 예수는 십자가에서 자신의 모든 것을 다 포기함으로 사람들이 얻게 될 구원을 기쁨이라 하셨다. 이것이 예수의 섬김 리더십이며 속장이 가져야 할 가장 중요한 리더십이다.

② 목자 리더십

다윗은 "여호와는 목자시니 내게 부족함이 없으리로다(시23:1)"라고 고백하였다. 목자 되신 하나님은 우리에게 부족함이 없는 존재이다. 하나님은 초월적인 하나님이신 동시에 목자처럼 언제나 그의 백성들과 함께 하시며, 부족함이 없도록 인도하시고 보호하시는 분이시다.

예수는 영적으로 방향을 잃고 방황하는 무리들을 보시고 저들을 목자 없는 양에게 비유하셨다(마9:36). 그러면서 "나는 선한 목자라 내가 내 양을 알고 나를 아는 것이 아버지께서 나를 아시고 내가 아버지를 아는 것 같으니 나는 양을 위하여 목숨을 버리노라(요10:14-15)"고 말하며, 하나님을 알지 못하고 방황하는 사람들에게 참 목자임을 선언하셨다. 예수는 요한복음 10장에서 목자로서 자신에 대해 설명하셨다.

첫째로 목자는 양을 알고 부르는 자이다. "문지기는 그를 위하여 문을 열고 양은 그의 음성을 듣나니 그가 자기 양의 이름을 각각 불러 인도하여 내느니라(요10:3)"고 하셨다. 목자이신 예수는 자기 양의 이름을 각각 부르실 정도로 양을 잘 아시는 분이다. 이름을 안다는 것은 그의 상황과 특징 그리고 그의 마음과 필요를 알고 있음을 의미한다. 목자인 속장들도 기본적으로 자기 속회원들의 이름을 부르며 기도하는 자여야 하며, 속장의 기도 속에는 그들의 형편을 아는 것이 포함되어 있어야 한다. 또 목자는 양이 자기의 음성을 알아 듣게 해야 한다. 양은 목자의 음성을 듣고 인도함을 받는다. 속회원들은 속장의 관리하고 돌보고 안내하고 인도하는 소리를 들어야 한다.

둘째로 목자는 양들을 앞서 옳은 길로 인도하는 자이다. "자기 양을 다 내놓은 후에 앞서 가면 양들이 그의 음성을 아는 고로 따라오되(요10:4)"라는 말씀처럼 예수는 양을 세상에 내어 놓은 후 앞서 가며 인도하는 분이다. 예수는 베드로에게 "나를 따라오라 내가 너희를 사람을 낚는 어부가 되게 하리라(마4:19)"하셨다. 먼저 가시면서 따라오라고 하시는 분이시다. 어떻게 믿고 섬기고 복음을 전하고 은혜를 나누는지를 우리에게 보여주셨다. 이와 같이 속장들은 속회원들 앞에서 가는 사람이어야 한다. 먼저 신앙생활을 보여주고 가르치는 사람이어야 한다.

셋째로 목자는 양을 보호하며 풍성한 꼴을 먹이는 자이다. "여호와는 나의 목자시니 내게 부족함이 없으리로다 그가 나를 푸른 풀밭에 누이시며 쉴 만한 물 가로 인도하시는도다(시23:1-2)"라는 다윗의 고백처럼 목자는 양에게 부족함이 없는 존재이다. 속장은 속회원들이 이단에 빠지지 않도록 돌보며, 말씀을 잘 소화하여 성장할 수 있도록 힘이 되어 주고, 편안하게 주와 동행하도록 인도하며, 그들의 삶에 하나님으로 인해 풍성한 복을 누리도록 하는 통로가 된다.

넷째로 목자는 양을 위해 목숨을 버리는 자이다. 예수는 "나는 선한 목자라 선한 목자는 양들을 위하여 목숨을 버리거니와 삯꾼은 목자가 아니요 양도 제 양이 아니라 이리가 오는 것을 보면 양을 버리고 달아나나니 이리가 양을 물어 가고 또 헤치느니라(요10:11-12)"고 하셨다. 삯꾼 목자는 자기 이익만을 위해 일을 하기 때문에 자기에게 손해가 나면 도망가지만 참 목자인 예수는 어떠한 어려움이 있어도 도망

가지 않고 양을 위해 목숨을 버리기까지 한다. 속장은 속회원을 위해 예수처럼 목숨을 버릴 수는 없을 지라도 속장으로서 속회원들을 지키고 보호하고 그들을 위해서라면 나의 목숨까지도 내어줄 것이라는 믿음의 결단이 있어야 한다.

다섯째로 목자는 잃은 양에게 관심이 있는 자이다. 예수는 "너희 중에 어떤 사람이 양 백 마리가 있는데 그 중의 하나를 잃으면 아흔 아홉 마리를 들에 두고 그 잃은 것을 찾아내기까지 찾아다니지 아니하겠느냐(눅15:4)"고 비유로 말씀하셨다. 목자라면 백 마리 중에 하나를 잃어버리면 그 한 마리 양을 찾을 때까지 포기하지 않는다는 것이다. 속장은 자기의 속회원들이 믿음에서 떨어져 하나님을 잃어버린 양이 되지 않도록, 혹시 잃어버렸다면 그를 다시 찾기를 위해 최선을 다해야 한다. 잃은 양을 바라보는 눈은 영혼을 천하보다 귀하게 바라보는 눈이며, 하나님의 마음을 가지고 사랑으로 바라보는 눈이어야 한다.

"네 양 떼의 형편을 부지런히 살피며 네 소 떼에게 마음을 두라(잠 27:23)"는 말씀처럼 목자의 가장 큰 관심은 자기의 양 떼이며, 그들을 옳은 길로 인도하는 것이다. 이와 같이 속장은 목자처럼 자기의 속회원들을 먼저 생각하고 자신의 마음에 이들을 품으며, 그들을 돌보고 세움으로 건강하고 온전한 신앙인이 되게 하는 자이다.

③ 청지기 리더십

베드로는 "각각 은사를 받은 대로 하나님의 여러 가지 은혜를 맡은 선한 청지기 같이 서로 봉사하라(벧전4:10)"고 한다. 청지기는 성경이 말하는 리더십이다. 청지기는 헬라어로 '오이코노모스'로 집안일을 관리하는 사람이란 뜻이다. 부자들은 종들을 관리하고 집안일을 돌보기 위해 관리인인 청지기를 고용했다. 그들의 지위는 종이지만 주인의 특별한 신임을 받았다. 청지기로서의 리더십은 어떤 모습일까?

첫째로 청지기는 위임받은 자이다. 청지기는 주인으로부터 특별한 사명을 위임받았다. 요셉은 보디발의 가정 총무로 위임받아 주인이 할 일을 대신 맡아 다스렸으며, 아브라함도 자기의 종 엘리에셀로 하여금 모든 소유를 관리하게 하였다. 엘리에셀은 아브라함의 아들 이삭의 신부 리브가를 데려오는 일을 맡길 정도로 주인의 집안일에 관여하기도 했다. 바울은 자신을 "하나님의 비밀을 맡은 청지기(고전4:1)"라고 하였다. 주인의 은밀하고 특별한 일을 맡아 행하는 자로 주인을 대신하는 자이다. 믿음의 청지기는 제자를 세우는 일과 증인이 되는 일을 예수로부터 위임받아 잘 감당하는 자이다.

둘째로 청지기는 주인의 소유물을 지키고 보호하는 자이다. 주인의 것을 잘 보호하고 관리하여 더욱 풍성하게 하는 자이다. 바울은 그의 제자인 디모데에게 "우리 안에 거하시는 성령으로 말미암아 네게 부탁한 아름다운 것을 지키라(딤후1:14)"고 하였다. 청지기로서 속장은 교회와 속회 안에 들어오는 이단을 막고, 성도들의 신앙이 바로 서도록 돕는다.

셋째로 청지기는 주인의 뜻대로 일하는 자이다. 청지기는 자기가 원하는 대로 하지 않는다. 예수도 겟세마네 동산에서 자기의 뜻보다 아버지의 뜻대로 되기를 원했던 것처럼, 나의 주장이 아니라 오직 주인의 뜻대로 행동하고 일하는 자이다.

청지기는 주인의 이익을 위해 일하는 자로서 반드시 그 권한에 따른 평가를 받는다. 달란트 비유에서처럼 열심히 노력하여 이익을 남긴 종과 그냥 땅에 묻어 두었던 종에 대한 평가가 있었던 것과 같다. 예수는 철저하게 하나님으로부터 사명을 위임받아 하나님의 뜻대로 십자가에서 다 이루셨고, 하나님께서 보내신 사람들을 끝까지 관리하며 사랑하셨다. 청지기로서의 속장은 예수 그리스도에게 특별히 선택받은 자로서, 예수를 대신하여 하나님 나라 공동체인 속회를 예수의 뜻대로 운영해야 한다. 그렇게 오직 하나님께 영광이 되게 하는 자가 속장이다.

④ 제자를 세우는 리더십

예수의 리더십은 제자들을 통해 나타났다. 예수께서 제자들에게 "너희는 가서 모든 민족을 제자로 삼아 아버지와 아들과 성령의 이름으로 세례를 베풀고 내가 너희에게 분부한 모든 것을 가르쳐 지키게 하라(마28:19-20)"고 하셨다. 예수는 제자를 선택하고 함께 생활하며 가르치고 삶의 본을 보여주셨다. 그리고 승천하시면서 제자들에게 또 다른 제자 사역을 위임하셨다. 그는 자기에게 오는 모두를 제자로 삼지 않았다. 예수는 열두 명의 제자를 선택했고, 그들에게 집중했다. 제자를 세우는 일은 예수의 사역에서 가장 핵심적인 일이었다.

a. 관계 세우기

예수는 제자들과 함께 하며 지극히 개인적인 관계를 가지셨다. 제자들은 어떤 집회 현장에서 만난 사람들이 아니었다. 제자들은 예수께서 밤새워 기도하시고 선택한 사람들이었다. 제자들은 그의 친구였고 예수에게 마음을 여는 사람들이었다. 예수는 제자들과 함께하려고 그들을 선택하셨다. 함께 하는 것이 관계이다. 동행을 통해 예수 자신의 삶을 보여주며 자신을 조금씩 알아가게 하는 관계를 세우셨다.

　b. 삶을 통한 가르침

　　예수의 제자 양육 방법은 대중적 설교가 아니었다. 예수는 현재 이곳에서 일어나는 일들을 통해 중요한 영적 원리들을 가르치셨다. 들에 핀 백합화로 삶의 원리를 말씀하시고, 하나님 나라에 대한 가르침도 흔히 볼 수 있는 겨자씨, 가라지, 땅에 숨겨진 보화 등을 비유로 들어 쉽게 이해하도록 가르쳤다. 예수는 일상생활 속의 진리를 재차 말씀하며 제자들을 세워가셨다.

　c. 붙들림으로 인한 변화

　　제자들은 달라졌다. 성정이 급했던 시몬은 베드로라는 이름을 부여받고, 결국 초대교회의 반석이 되었다. 그들의 변화는 온전히 예수 때문이었다. 예수와 함께 했기 때문에 마음과 성품 그리고 정체성에 놀랄만한 변화가 일어났다. 리더십 형성에 있어서 가장 중요한 것은 가르침이 아니라 붙들리는 것이다. 제자들은 예수와의 관계를 통해 이미 변화되었고, 변화를 멈추지 않는 제자가 된 것이다.

　d. 개별적 가르침

　　예수는 열두 제자들을 가르칠 때 동일한 방법을 사용하지 않으셨다. 제자들의 은사와 성품들, 하나님이 부르신 목적에 따라 개인별로 구별하여 가르치셨다. 변화산, 회당장 야이로의 죽은 딸을 살리심, 그리고 겟세마네 동산에서는 베드로와 요한 그리고 야고보만 따로 불러서 가르쳤고, 의심 많은 도마에게는 직접 십자가에 못 박힌 손과 옆구리를 만져보도록 하시며 가르치셨다. 예수는 많은 사람들에게 설교하셨지만 집중적으로 열두 제자들에게 가르침을 주셨다. 그 열두 제자들은 예수의 사역을 위임받아 온 세계를 변화시키는 예수 사역의 위임자들이 되었다. 예수의 영향력은 '다른 사람들을 가르칠 수 있는 믿음 있는 사람들'에게 집중하므로 널리 퍼져갔다. 그 개별적 가르침은 지금도 수많은 예수의 제자들을 세우는 데 가장 중요한 원리가 되고 있다.

예수의 리더십은 교회와 속회 리더십의 모델이다. 세상의 리더십이 자신의 이익을 위해서만 일하는 것이라면, 예수의 리더십은 보호하고 격려하며 먹이고 생명을 주는 섬김의 리더십이다. 그 리더십이 초대교회를 세웠고, 예배와 전도와 양육을 통해 진정한 하나님 나라를 건설하는 원동력이 된 것이다.

(3) 속장의 리더십

속장의 리더십은 예수와 성경의 리더십을 근거로 하여 속회를 하나님 나라 공동체로 회복하고 부흥하게 하며, 속회원들의 영적 성숙을 이루어 그들로 예수의 제자로 온전히 세워지게 하는 것이다. 속장은 그가 가지고 있는 리더십을 가르치고 보여주어 바울의 '내가 주를 본받은 것과 같이 너희도 나를 본받으라'는 말을 실천해야 한다. 속회원들로 하여금 그리스도의 장성한 분량이 충만한 데까지 이르러 거룩한 증인이 되도록 본을 보이는 것이 속장의 리더십이다.

속장은 속회원들이 열정을 가지고 예수를 닮아가도록 돕고 세우는 자이다. 이는 부모가 자녀들이 장성한 자로 성장하기를 원하는 것과 같다. 속장은 관리자를 넘어 부흥자가 되어야 하며, 새로운 변화의 통로가 되어야 한다. 생각과 마음의 변화를 넘어 삶의 변화로 이끌어야 한다. 그것이 진정 속장이 가져야 할 리더십이다.

① 하나님의 선택을 믿으라

바울은 "로마에서 하나님의 사랑하심을 받고 성도로 부르심을 받은 모든 자에게 하나님 우리 아버지와 주 예수 그리스도로부터 은혜와 평강이 있기를 원하노라(롬1:7)"고 말한다. 속장의 리더십은 반드시 예수의 부르심으로부터 시작되어야 한다. 나로 하여금 속장의 가치를 깨닫게 하신 이는 하나님이다. 즉, 나를 책임져 속장의 가치대로 사용하실 이는 하나님이시다. 하나님은 속장을 속장으로서의 역할을 잘 감당할 수 있도록 하실 것이다.

하나님이 속장을 선택하신 것처럼 속회원들도 선택하였음을 믿어야 한다. 그들의 모든 변화의 과정은 오직 하나님의 선택 안에 있음을 믿어야 한다. 선택하신 하나님은 우리를 사용하실 것이다. 속회원들의 더딘 변화나 성장에 민감하게 반응하지 말고, 그들의 문제로 인해 염려하지 말아야 한다. 하나님은 선택한 속장을 통해 반드시 일하시고 성장과 변화의 통로가 되게 하실 것이다.

② 속회원들의 변화를 믿고 기대하라

예수를 만난 사람들마다 기적 같은 변화를 경험하였다. 변하지 않을 사람은 없다. 철옹성 같던 사울도 예수를 만나고 복음 전도자가 되었다. 또 바울을 만난 사람들도 그들의 삶이 예수를 닮아가는 자들로 변화하였다. 주 안에 있는 자들은 반드시 변화됨을 믿고 기대해야 한다. 우리가 그들의 환경과 조건을 보고 변화에 대한 믿음과 기대를 포기한다면 그들은 변할 기회를 잃어버리게 된다. 속장은 속회원들의 상황에 따라 다양한 역할을 감당할 수 있지만, 그 시작은 속회원들이 예수 안에서 반드시 변화될 것이라고 믿고 기대하는 일이다.

③ 성령의 역사를 믿으라

속장의 노력이나 헌신만으로 속회원들의 영적 성장과 변화를 이끌어낼 수는 없다. 그것은 우리 안에서 역사하시는 성령께서 하시는 일이다. 바울은 "나는 심었고 아볼로는 물을 주었으되 오직 하나님께서 자라나게 하셨나니 그런즉 심는 이나 물주는 이는 아무 것도 아니로되 오직 자라게 하시는 이는 하나님뿐이니라(고전3:6-7)"고 고백한다.

우리는 속회원들을 위해 돌보고 양육할 수 있지만 결국 그들의 영적 성장과 변화는 오직 하나님이 하시는 일이다. 바울도 자신의 사역에 대해 "내 말과 내 전도함이 설득력 있는 지혜의 말로 하지 아니하고 다만 성령의 나타나심과 능력으로 하여 너희 믿음이 사람의 지혜에 있지 아니하고 다만 하나님의 능력에 있게 하려 하였노라(고전2:4-5)"고 고백하였다. 성령께서 나와 속회 그리고 속회원들 안에서 일하시는 것을 믿어야 한다.

④ 속회원들과 함께 동행하라

성장과 변화의 과정은 '함께'이다. 예수는 제자들을 선택한 이유를

"산에 오르사 자기가 원하는 자들을 부르시니 나아온지라 이에 열둘을 세우셨으니 이는 자기와 함께 있게 하시고 또 보내사 전도도 하며 귀신을 내쫓는 권능도 가지게 하려 하심이러라(막3:13-15)"고 말씀하셨다.

속장 리더십은 '함께함'으로 시작된다. 속장은 속회원들과 함께 있는 자이며, 함께 있게 하는 자이다. 함께는 닮아가게 할 수 있는 중요한 방법이다. 제자는 한 순간에 만들어지지 않는다. 삶 속에서 함께 동행함으로 형성되는 것이다. 속장은 속회원들과 함께 해야 한다. 그 안에서 속회원들은 속장을 통해 예수를 경험하게 되고, 그로 인해 리더십을 배우고 경험하게 된다.

예수는 제자들에게 그의 삶을 통해 신앙과 삶을 보여주셨다. 그리고 자기를 본받도록 하셨다. 그리고 예수를 본받은 바울도 "형제들아 너희는 함께 나를 본받으라 그리고 너희가 우리를 본받은 것처럼 그와 같이 행하는 자들을 눈여겨 보라(빌3:17)"고 하였다. 이는 바울이 자신을 본받되 또 다른 사람들의 본이 되는 삶을 살라고 당부한 것이다.

⑤ 제자를 삼고 세우라

"너희는 가서 모든 민족을 제자로 삼아 아버지와 아들과 성령의 이름으로 세례를 베풀고 내가 너희에게 분부한 모든 것을 가르쳐 지키게 하라 볼지어다 내가 세상 끝날까지 너희와 항상 함께 있으리라 하시니라"(마28:19-20)

예수의 명령은 모든 사람을 제자로 삼으라는 것이다. 제자 사역은 하나님 나라 회복과 확장을 위해 가장 중요한 사역이다. 제자는 태어나는 것이 아니라 만들어지는 것이다. 제자를 만드는 일은 재생산이다. 예수의 제자가 또 다른 사람을 제자로 삼고, 그 제자는 또 다른 제자를 세워나가는 하나님 나라의 연속성이다. 그런 이유로 바울은 디모데에게 "네가 많은 증인 앞에서 내게 들은 바를 충성된 사람들에게 부탁하라 그들이 또 다른 사람들을 가르칠 수 있으리라(딤후2:2)"고 하였다.

이와 같이 속장은 제자를 세우고 그들이 또 다른 제자를 재생산하게 하는 사람이다. 속장은 속회 안에서 자신이 먼저 예수의 온전한 제자로 세움 받도록 예수의 말씀을 잘 듣고 행해야 한다. 그 후에 자신의 삶을 속회원들에게 가르치고 보여주어 예수를 닮은 증인의 삶을 살게 해야 한다. 그렇게 그들로 하여금 또 다른 제자를 세우도록 하는 것이 속장의 가장 중요한 사역이며 리더십이다.

⑥ 거룩한 증인이 되라

속회의 완성은 증인의 삶이다. 예수의 십자가와 부활의 증인, 교회의 주인이며 구원자되신 예수의 증인이다. 예수를 통해 달라진 나의 삶에 대한 증인이다. 이런 증인의 삶은 감사하고 행복한 삶이다. 그런 삶을 살았더니 "주께서 구원 받는 사람을 날마다 더하게 하시니라(행 2:47)"는 말씀처럼 교회는 부흥하고 성장하게 된다. 속회는 세상을 향해 예수의 증인이 되는 공동체이다. 많은 교회들이 속회를 프로그램화하고 교회 성장의 한 방법으로 생각하기도 하지만, 본질적으로 중요한 것은 증인의 삶이다.

하나님은 이스라엘 백성들에게 "나는 여호와 너희의 하나님이라 (…)내가 거룩하니 너희도 거룩할지어다(레11:44-45)"라고 하셨다. 이는 하나님이 거룩하니 하나님의 백성이며 리더인 속장은 거룩하라는 말로 이해할 수 있다. 거룩해진 속장들에게 요구하는 것은 속장이 거룩한 것처럼 속회원들도 주안에서 거룩하게 하라는 말로 이해할 수 있으며, 이 속장에 대한 역할을 예수의 말씀으로 정리할 수 있다.

"예수께서 이르시되 네 마음을 다하고 목숨을 다하고 뜻을 다하여 주 너의 하나님을 사랑하라 하셨으니 이것이 크고 첫째 되는 계명이요 둘째도 그와 같으니 네 이웃을 네 자신 같이 사랑하라 하셨으니 이 두 계명이 온 율법과 선지자의 강령이니라"(마22:37-40)

미주

1) 김진두, 『웨슬리의 실천신학』, (서울:진흥, 2000), 262
2) 존 웨슬리, 웨슬리신학연구소 편역, 『존 웨슬리 저널 Ⅰ』, (서울: 신앙과지성사, 2020), 535.
3) 존 웨슬리, 한국웨슬리학회 편역, 『존 웨슬리 논문집 Ⅰ』, (서울: 한국웨슬리학회, 2009), 21.
4) Ibid, 22.
5) Ibid, 24-25.
6) 박동찬, 『살아있는 속회 만들기』, (서울:CMI, 2015), 116.
7) 존 하기, 권명달, 『세계를 변화시키는 리더십』, (서울:보이스사, 1996), 24.
8) C. Peter Wanger, 『Leading Your Church to Growth』, (Ventura: Regal Books, 1984), 87.
9) 안승오, 『핵심 원리 7가지』, (서울:기독교서회, 2006), 191.
10) 조지 바나, 최기운, 『리더십을 갖춘 지도자』, (서울:베다니, 2000), 2.

08 속회의 성장과 배가 증식

건강한 교회는 속회를 통해 성장한다. 살아있는 속회는 성장하기 때문이다. 그 원리는 배가 증식이다. 속회는 배가 증식(Multiplication)하며 지속적 성장이 이루어지는 곳이다.

◆ 1. 하나님의 창조 원리

성장과 증식은 하나님의 창조 원리이다. 하나님께서 창조하신 살아있는 모든 것은 성장하고 증식하게 되어 있다. 건강한 생명체는 성장하고, 성장한 후에는 재생산의 능력을 갖추게 된다. 그리고 일정한 조건을 형성하면 재생산을 통하여 증식한다. 증식을 통한 성장은 대부분 기하급수적인 성장을 가져온다. 하나님은 모든 생명체에 재생산 능력을 주셨고 증식이 이루어지게 하셨다. 성장하여 증식하게 되고, 증식을 통하여 지속 성장하는 것은 모든 생명체를 지으신 하나님의 창조 원리이다.[1]

특별히 하나님은 인간에게 "생육하고 번성하여 땅에 충만하라"는 복을 주셨다(창1:27-28). 실제로 인간은 그렇게 번성하여 온 땅에 가득하게 되었다. 이에 따라 영적 성장과 증식도 당연히 이루어져야 한다. 하나님의 축복은 육적인 성장과 증식만을 위한 것이 아니기 때문이다. 인간은 타락한 이후로 영적 생명력을 잃은 것과 같이 되어 성장과 증식을 멈추게 되었고, 영적 인구는 정체되고 말았다. 그러나 예수 그리스도를 통하여 거듭나는 영적 인구는 지속적으로 성장해야 한다. 그것이 하나님의 창조 원리에 부합되는 것이기 때문이다.

◆ 2. 초대교회의 성장

신약성경이 증거하고 있는 초대교회의 모습을 보면, 엄청난 성장과 증식이 이루어졌던 것을 알 수 있다. 사도들이 복음을 증거할 때 수많은 사람들이 회심했고 영혼 구원이 이루어졌다(행2:41; 4:4). 그들은 성전에 모이기 힘쓸 뿐만 아니라 집에서도 '작은 교회'로 모였다. 집에 모여 예배하고 말씀을 배우며 찬양하고 음식을 나누며 교제했다. 이렇게 집에서 모이는 교회 안의 작은 교회를 통하여 구원받는 사람의 수가 날마다 늘었고, 초대교회의 폭발적 성장과 부흥은 지속적으로 이루어지게 되었다(행2:46-47).

신약시대의 가장 보편적 교회 형태는 집에서 모이는 작은 교회였다.[2] 신약성경은 여러 곳에서 평신도의 집에서 모이는 그리고 평신도가 인도하는 교회를 소개하고 있다(롬16:3-5, 골4:15, 빌1:1-2). 집에서 모이는 작은 교회는 오늘날의 속회와 같다. 따라서 속회의 기원은 초대교회 당시 집에서 모이던 작은 교회에 있다고 할 수 있다. 교회가 오늘날과 같은 조직과 건물을 갖추게 된 것은 AD 313년 로마의 콘스탄틴 대제에 의해 기독교가 공인된 이후의 일이다. 그 이전에는 집에서 모이는 작은 교회들이 있었다. 이렇게 평신도가 인도하는 그리고 평신도의 집에서 모이는 작은 교회들을 통하여 초대교회는 성장과 증식을 이루게 되었다(행6:7; 9:31; 12:31).

 ## 3. 초대교회의 성장 원리

초대교회의 성장과 증식의 원리는 간단하다. 낳아서 기르는 것이다. 낳아서 기르면 번성하고 기하급수적인 증식이 이루어진다. 성경은 초대교회의 성장 모습을 '늘다, 더하다, 증가하다, 많아지다, 배가하다' 등의 뜻을 가지고 있는 헬라어 '플레듀노(πληθυνω)'라는 단어로 묘사하고 있다(행6:1). 영어성경에서는 'multiply(배가 혹은 증식하다)'로 번역되어 있다. 재생산을 통하여 배가되는 성장을 의미하는 말이다.

증식이란 더하여 늘리는 것인데, 더하기 식의 증가를 말하는 것이 아니라, 곱하기 식의 증가를 말한다. 즉, 하나가 둘이 되고, 둘이 넷이 되고, 넷이 여덟이 되는 기하급수적 성장이다. 이것이 바로 하나님께서 인간을 향하여 주신 최초의 복이었고, 이 복은 육적인 번식만이 아니라, 영적인 면에서도 그대로 이루어졌던 것을 초대교회의 성장을 보면 알 수 있다.

낳는다는 것은 영혼 구원을 말하는 것이다. 예수 그리스도를 알지 못하는 사람이 복음을 듣고 마음을 열어 예수를 구주로 영접하고 회심하는 것을 의미한다. 전도가 이루어지는 것이고, 세례를 베푸는 것이다. 기른다는 것은 영적 성장이 이루어지는 것이다. 예수 그리스도를 구주로 영접한 사람이, 예수 그리스도의 성품을 닮아가며 성숙한 믿음으로 나아가도록 양육되는 것을 의미한다. 예수의 제자가 된다는 것이고, 성화의 삶을 사는 것이다. 초대교회는 집이라는 교회 안의 작은 교회 속에서 낳고, 기르는 일을 통하여 지속적인 증식과 성장을 이루어갔다.

오늘날 교회는 한 영혼을 낳아서 기르는 초대교회의 단순한 성장 원리를 놓치고 있기 때문에 성장의 무한한 잠재력을 사장시키는 경향이 있다. 성장과 증식을 이루려면 낳고 기르는 원리를 적용해야 한다. 먼저 초대교회와 같이 집에서 모이는 작은 교회를 통하여 전도와 영혼 구원이 이루어져야 한다. 그리고 구원 받은 영혼은 제자로 양육되고 성화의 삶을 살도록 훈련 받아야 한다. 이렇게 낳고 기르면 성장과 증식은 자연스럽게 이루어진다. 성장과 증식은 복잡한 시스템을 요구하는 것이 아니다.

◆ 4. 초대교회의 성장 단계

사도 바울이 곳곳에 복음을 전하고 교회를 세워 나가는 과정은 한 가지 특징을 보여주는데, 그것은 리더들을 세워서 성장과 증식이 지속적으로 이루어지게 한 것이다.[3] 리더를 세우지 않고는 지속적인 성장이 이루어지지 않는다. 교회를 세운다는 것은, 교회를 위하여 헌신할 리더를 세우는 것이라 할 수 있다. 성장과 증식이 이루어지기 위해 리더를 세우는 과정은 매우 중요하다. 초대교회의 리더 재생산 과정을 보면 몇 가지 단계가 있음을 발견하게 된다.

(1) 1단계 : 본을 보임(Demonstration)

사람은 누구나 보고 배운다. 아무리 말로 가르친다 해도 보여주지 않으면 따를 수 없다. 제자에게는 보고, 따를 수 있는 모범이 반드시 필요하다. 그래서 사도 바울의 삶은 제자들에게 늘 본이 되어 주었다.[4] 데살로니가 교인들은 바울과 실라, 디모데의 성도다운 삶의 모습과 행동을 통해서 성도의 믿음이 무엇인지를 분명히 깨달을 수 있었다(살전1:5). 사도 베드로도 리더들에게 주장하는 자세로 하지 말고 본이 되어줄 것을 당부했다(벧전5:3).

오늘날 교회마다 속회의 중요성을 강조하고 있다. 하지만 속회의 리더들이 성장과 증식을 이루어가는 모범을 보고 배울 수 있는 기회가 충분한가 묻는다면 자신 있게 그렇다고 답할 수 없다. 교회와 교단을 통하여 속회의 리더들을 위한 이론적인 세미나와 교육은 지속적으로 이루어지고 있지만, 실제적으로 보고 배울 수 있는 현장 학습은 거의 없는 것이 현실이기 때문이다. 모범적인 속회 모임의 현장에 참여하여 모든 과정을 직접 보고 배울 수 있다면 그보다 더 효과적인 교육은 없을 것이다. 무엇보다 목회자가 지속적이고 구체적인 모델이 되어 준다면 가장 큰 효과를 거둘 수 있을 것이다. 그러나 목회자 자신도 모범적 소그룹이나 속회를 경험해 보지 못했다면 본을 보이는 데 한계가 있다. 말로만 가르치고 배우는 강의와 학습의 한계는 분명하다. 사도바울은 스스로 본이 되어 주었다. 리더가 먼저 구체적으로 본을 보이는 것이 초대교회의 지도력을 세우는 중요한 첫째 단계였다.

(2) 2단계: 본받음(Imitation)

배우는 사람은 본받으려는 자세가 꼭 필요하다. 제자는 '본받는 사람'이다(살전1:6). 본받으려는 자세를 갖고 있지 않으면 제자가 될 수 없다. 사도 바울은 스스로 예수 그리스도를 본받는 자로 살아가면서, 동시에 자신의 모습을 보고 본받는 자가 되라고 강조한다(고전 11:1). 모범적인 본을 보이는 자들을 그대로 모방하며 본받는 것이 제자가 되는 중요한 과정임을 깨달은 것이다.

본을 받는다는 것은, 그들의 모습과 행동을 단순히 흉내 내는 것을 의미하지 않는다. 궁극적으로 모범이 되시는 그리스도의 성품을 배우고, 그리스도의 사역과 삶을 닮아가는 것을 의미한다. 또한 모범이 되는 사도와 제자들의 믿음의 자세와 사역을 따르는 것을 말한다.

교회는 리더를 세우기 위해 지식적인 교육과 정보를 제공하는 것을 중요하게 생각해 왔다. 하지만 성경 지식이 풍부하고, 교회의 조직과 제도에 익숙하고, 또 많은 교육을 받았다고 해도 예수 그리스도의 성품을 닮은 제자로 세워지지 않는다면 그 사람은 훌륭한 지도력을 드러낼 수 없다. 관계 속에서 섬김과 순종을 통하여 훈련된 리더를 세워가는 데 가장 중요한 것은 보고 배우는 과정을 통해 본받는 것이다.

(3) 3단계 : 증식을 통한 성장(Multiplication)

증식은 양육 받은 제자가 새로운 영혼들에게 본이 될 때 일어나게 된다. 본이 된다는 것은, 다른 사람이 따를 수 있을 정도로 성장하여 어떤 영향력을 끼치게 되었다는 것을 의미한다. 낳고 기르는 것이 초대교회의 성장의 원리라고 했는데, 기른다는 것은 바로 본을 보이고 본받는 과정을 말한다. 본을 보이고 본받는 과정을 통해서 결국은 증식이 이루어지는 것이다. 증식이 전체적인 현상으로 지속될 때 거기서 기하급수적인 성장이 이루어지게 된다. 초대교회는 이렇게 낳고, 본을 보이고, 본을 받는 단계를 거듭하면서 성장을 이루어갔다.

◆ 5. 속회를 통한 영혼 구원: 낳기

위에서 살펴본 초대교회의 성장 원리와 단계가 속회에 적용될 때, 속회는 진정한 성장을 경험할 수 있게 된다. 첫째는 초대교회의 "낳고 기르는" 원리가 적용되어야 한다. 둘째는 리더의 본을 보고 배워 또 다른 리더가 배출되어 평신도 사역자로서 책임감 있는 사역을 할 수 있게 해야 한다. 이 두 가지 성장의 원리와 단계가 속회에 나타나게 될 때, 증식을 통한 진정한 속회의 성장을 이룰 수 있게 된다.

다시 말하면 속회가 성장하려면 먼저 속회를 통해 영혼 구원이 이루어져야 한다. 즉 새로운 영혼을 낳아야 기를 수 있는 것이다.[5] 따라서 속회의 성장은 전도로부터 시작되어야 한다. 전도는 관계를 통해서 이루어진다. 알지 못하는 어떤 사람을 통해서 믿음을 갖게 된 경우는 많지 않다. 대부분 부모, 형제자매, 자녀, 친척, 친구, 선후배, 이웃 등 아는 누군가를 통해서 믿음을 갖게 된다. 따라서 전도는 관계를 통한 초청이라고 이해해야 한다.

(1) 속회로 초청하기

일반적으로 전도를 할 때 비신자를 교회로 초청하게 된다. 하지만 기존 신자들에게는 교회가 익숙하고 좋은 곳이지만, 비신자들이나 타 종교인들에게는 그렇지 않다. 어색할 뿐 아니라 두렵고 조심스러운 곳이기도 하다. 입장을 바꾸어 보면 쉽게 이해할 수 있다. 따라서 속회로 초청하는 것이 중요하다. 속회에는 관계성이 살아 있다. 적은 수가 모여서 서로 관심을 보여 주는 곳이며, 사랑과 따스한 정을 느낄 수 있는 곳이다. 삶의 나눔이 있고, 서로의 문제 해결을 위하여 기도해 주는 사람들이 있는 곳이다. 종교 의식 속으로 초청하는 것이 아니라, 관계 속으로 먼저 초청하는 것이 중요하다.

속회에서는 음식도 자유롭게 나눌 수 있다. 음식과 더불어 교제하면 관계가 쉽게 형성된다. 사랑이 담긴 음식, 기존의 관계에 기반한 초청 그리고 이를 기반으로 한 교제와 나눔이 있으니 속회로 오는 것은 그리 불편하거나 두려운 일이 아니다. 아는 사람이 초청하기 때문에 억지로 거부할 일이 아니다. 좋은 사람들을 만나고 그들의 관심을 받고 사랑을 받는 것은 오늘날 현대인들이 가장 갈망하고 갈급해 하는 것이 아닌가?

이렇게 속회로 먼저 초청하는 것을 가장 잘 할 수 있는 사람은 새신자들이다. 왜냐하면 주변에 비신자들이 많기 때문이다. 새신자들에게 전도를 하라면 못하지만, 비신자들을 초청하라고 요청하면 얼마든지 한다. 오히려 교회 오래 다닌 사람들은 주변에 비신자들이 많지 않기 때문에 전도할 대상자를 찾기 쉽지 않다. 먹을 것이 있고, 사랑이 있고, 관계성이 있고, 좋은 분위기가 있는 집에서 모이는 속회(작은 교회)에서는 이런 전도가 쉽고 가능한 일이다.

새신자들이 비신자들을 속회로 초청해 올 때, 속장과 기존 속회원들의 역할이 중요하다. 그들을 진심으로 사랑하며 정성껏 섬겨야 하기 때문이다. 그들을 위하여 기도해 주면서 관심과 사랑을 보여 주면 그들은 마음을 열고 관계 속으로 들어올 수 있게 된다. 속장은 속회원들과 함께 그들의 좋은 친구가 되어주고, 좋은 식구가 되어 주어야 한다. 새로운 전도 대상자를 찾아 초청하는 것은 쉽지 않지만, 새로 온 사람들에게 사랑을 베풀고 섬기며, 기도해 주고 도와주는 일은 잘 할 수 있는 일이다.

오늘날 얼마나 많은 사람들이 친구가 없는 세상, 식구가 없는 세상을 사는지 모른다. 세상이 각박할수록 좋은 관계에 대한 목마름은 더욱 커지게 되어 있다. 속회가 그들에게 좋은 친구, 좋은 식구가 되어 줄 때, 그들은 마음의 문을 열게 된다.

현대인들은 종교에 대해서는 관심이 없을지 모른다. 그러나 누구든지 관계에 대해서는 갈급함이 있다. 속회에 모여 진솔한 삶의 이야기를 나누며 아름다운 관계 속에서 살아가는 사람들을 볼 때, 도전을 받게 되고, 기독교와 신앙에 대해 새로운 이해를 하게 되고, 교회에 대한 잘못된 고정관념을 벗어 버릴 수 있게 된다.

속회에서 자신을 위하여 기도해 준다고 하면, 처음에는 별 의미 없이 받아들인다. 그러나 구체적인 기도 응답이 나타나게 되면 반신반의한다. 그런 일이 반복되면, 마음이 움직이게 되어 있다. 하나님이 살아계시고 또 우리의 기도를 들으시고 응답하시는 것에 대해 체험을 하게 될 때, 신앙생활을 향한 걸음을 뗄 수 있게 된다. 이렇게 속회를 통해 비신자들이 마음을 열 수 있도록 돕는 것은, 속장과 속회원들이 영혼 구원을 위해 함께 해야 할 매우 중요한 사역이다. 이런 과정을 통해 신뢰가 생기게 되면 이제 그들을 교회로 초청해야 한다.

앞서 말했듯 교회는 비신자들에게는 매우 어색한 곳이지만 속회를 통해 이미 관계가 형성되고 신뢰가 생겼기에 더 이상 불편하거나 두렵지 않을 수 있다. 속장과 속회원들이 주변에서 함께해 주기 때문에 잘 적응할 수 있다. 편한 마음으로 예배에 참석할 수 있고, 예배와 말씀을 통해 은혜를 경험할 수 있게 된다.

속장과 속회원들이 비신자들을 교회로 초청해 오면, 목회자는 복음을 전해서 예수께로 인도해야 한다. 많은 성도들은 어떻게 복음을 전해서 예수를 믿게 해야 할지 막막해 하는 경우가 많다. 그러나 예수를 영접하여 세례를 받게 하는 것은, 전문적으로 훈련을 받은 목회자가 하면 된다. 예수를 믿게 하고, 세례를 받게 하고, 예수의 제자가 될 수 있도록 훈련하는 것은 목회자가 감당해야 할 몫이다.

정리하면 다음과 같다. 새신자는 비신자를 속회로 초청하고, 속장과 속회원들은 그들을 섬기고 돌보고 사랑하며 기도해 주고, 그 마음을 열게 해서 교회로 초청한다. 그러면 목회자는 그들이 예수를 믿고 영접하여 세례를 받고 예수의 제자가 되게 한다. 이런 과정은 일종의 전도를 위한 협업 또는 전도의 분업화라 할 수 있다. 새신자나 기존 신자나 목회자가 각자 잘 할 수 있는 일을 분업으로 감당하여 영혼 구원의 열매를 맺게 된다. 이렇게 전도를 위한 분업이 이루어져서 진정한 영혼 구원의 열매를 맺으려면, 좋은 속회가 필수적이다. 초대교회와 같이 교회 안의 작은 교회라는 현장이 있어야만 한다. 관리 조직이 아닌 생명력이 있는 모임이 있어야 한다.[6] 종교로 초청하지 않고 관계 속으로 초청할 수 있는 좋은 속회가 있어야 한다.

비신자들의 교회에 대한 인식은 갈수록 좋지 않다. 앞으로 비신자들을 교회로 초청하는 것은 더욱 어려워질 것이다. 그런 측면에서 속회는 영혼 구원을 위한 매우 중요한 장소이며, 속회가 살아 있어야 소망이 있다. 속회를 통해 좋은 사람들의 관계 속으로 비신자들을 초청할 때 영혼 구원이 가능하다. 각자가 잘 할 수 있는 일을 감당하면서, 분업으로 영혼 구원의 열매를 맺는 일이 자연스럽게 이루어지게 된다.

(2) 속회에서 영혼 구원의 대상자를 함께 정하고, 함께 초청하기

일반적으로 전도를 계획할 때 성도들은 각자 전도대상자를 정하게 된다. 많은 교회에서 전도대상자를 "태신자"라고 표현한다. "태신자"라는 표현은 잉태된 신자라는 말인데, 평소에 전혀 사용하지 않으며 뜻도 쉽게 이해할 수 없다. 교회에는 이와 같은 표현이 많다. 굳이 한자어로 표현된 종교색이 강하고 어려운 단어를 사용할 필요는 없다. 사용하기 쉽고 당사자가 들었을 때에도 어색하지 않은 단어를 사용하는 것이 좋다. 예를 들어 "태신자"라는 표현 대신에 "VIP(Very Important Person)"라는 단어를 사용하면 얼마나 그 사람이 우리 모두에게 소중한 존재인지 인식할 수 있게 되고, 당사자가 들었을 때에도 기분 좋은 표현이 될 것이다.

전도대상자를 정할 때에 "한 사람이 한 사람씩" 전도하도록 계획하는 경우가 많다. 그러나 실제로는 결코 쉬운 일이 아니다. 속회를 통해 영혼 구원의 열매를 맺으려면, 속회에서 전도대상자를 함께 정하고 함께 초청하는 것이 중요하다. 영혼 구원을 하려면 선택과 집중이 필요하다. 영혼 구원뿐 아니라 모든 일이 그렇다. 신중하게 선택하고 선택한 것에 대해 집중할 때, 그 일에 열매를 맺을 수 있게 된다.[7]

영혼 구원을 위해서도 속회원들이 한두 명의 전도대상자를 함께 선택하여 정하는 것이 중요하다. 그래야 집중할 수 있기 때문이다. 한두 명의 전도대상자에게 모든 속회원들이 집중하여 사랑과 관심을 모아 전해 주면서 속회로 초청해야 한다. 반복적으로 속회원들이 함께 찾아가서 만나고 관계를 형성해 가면, 결국 마음을 열고 초청에 응하게 된다. 각 사람이 혼자서 초청하려면 쉽지 않지만 모든 속회원들이 협력해서 초청하면 효과가 훨씬 크다. 일정 기간을 정하여 속회로 초청하기 위해 속회원들이 돌아가면서 지속적으로 집중포화를 쏟아 붓듯 사랑을 베풀면 사람의 마음은 움직이게 되어 있다. 이렇게 속회를 통한 영혼 구원은 분업으로 이루어지고, 또한 협업으로 이루어진다.

(3) 속회에서 방문자를 새가족으로 품기

속회를 통해 영혼 구원의 열매를 맺으려면, 교회에 스스로 찾아오는 방문자를 속회가 품어 주어야 한다. 속회가 방문자를 새가족으로 만드는 주체가 되어야 한다. 교회는 규모에 관계 없이 스스로 찾아오는 사람이 있게 마련이다. 개척교회도 예외는 아니다. 스스로 찾아온 사람들이 전부 정착하게 된다면 당연히 교회는 성장하고 부흥하게 될 것이다. 결국 정착률이 성장과 부흥의 관건이다. 환영의 문을 여는 것 못지않게 뒷문을 닫는 것이 중요하다.

스스로 찾아오는 사람들은 하나님이 직접 초청해 주신 사람들이라고 할 수 있다. 어떤 사정으로 교회를 찾아오게 되었든지, 누군가 그들을 따뜻하게 품어주고 다시 찾아올 수 있도록 만드는 촉매자가 있어야 한다.[8] 그렇지 않으면 그들은 다시 오지 않는다. 이렇게 스스로 찾아온 사람들을 품어주는 주체는 속회이다. 방문자들에 대해 교회에서 목회자가 환영하며 교회를 안내해 주는 것만으로는 형식적인 절차로 끝나기 쉽다. 환영이 아니라 가족으로 맞아 주어야 한다. 그러기 위해서는 속회에서 환영하고 따뜻이 품어야 한다.

속회의 리더와 속회원들은 새로 온 사람들이 눈에 띌 때에 그냥 지나치면 안 된다. 적극적으로 찾아가서 환영하고, 속회로 초청해 주어야 한다. 관계 속으로 초청하여 새가족으로 만들어야 한다. 속회원들이 직접적인 관심을 보여 주어야 한다. 속회가 좋은 친구와 좋은 식구가 되어 주는 것이다. 그런 점에서 그들이 교회에 잘 정착하고 뿌리를 내릴 수 있게 하는 주체는 바로 속회라 말할 수 있는 것이다.

사람은 누구나 인생에 문제가 생기면 하나님을 찾게 되어 있다. 인생에 아무런 문제가 없는 사람은 하나도 없다. 언제 누가 스스로 찾아올지 모른다. 속회는 항상 준비되어 있어야 한다. 누구든지 하나님이 붙여 주실 때에 잘 품어서 뿌리를 내릴 수 있게 하겠다는 결단을 해야 한다. 아무리 교회의 예배와 시설과 프로그램이 훌륭해도 방문자가 스스로 계속하여 교회에 나오는 것은 결코 쉬운 일이 아니다. 방문 초기에 경험한 은혜와 감동만으로는 지속적으로 출석하며 정착하기에 충분하지 않다. 반드시 관계 속으로 초청해야 하고, 관계성을 형성해야만 뿌리를 내릴 수 있게 된다. 그런 면에서 속회는 뒷문을 맡아 지키는 주체라 할 수 있다. 뒷문 단속을 잘할 때에 영혼 구원의 열매를 맺을 수 있게 된다.

영혼 구원은 초청을 통해서 이루어진다. 관계를 통하여 속회로 초청하고, 예배로 초청하고, 예수께로 초청해야 한다. 좋은 속회는 새로운 영혼을 낳는 어머니의 태와 같은 곳이다.

6. 속회를 통한 양육: 기르기

　예수께서는 "제자를 삼으라"는 사명을 주셨다(마28:19-20). 제자를 삼기 위해서는 먼저 복음을 전하여 영혼을 구원해야 한다. 많은 교회들이 조직도 잘 되어 있고, 좋은 프로그램도 많아서 숨 쉴 새가 없을 정도로 바쁘게 돌아가는데, 정작 제자화에 실패하는 경우가 많다. 가장 큰 이유는 영혼 구원이 이루어지지 않기 때문이다. 먼저 낳아야 기를 수 있는 것이다. 예수 제자를 만드는 방법에만 집중하는 것이 아니라, 영혼을 구원하는 교회의 존재 목적에 초점 맞출 때 제자화는 성공할 수 있다.

　그의 영혼이 구원받았다면 거기서 멈추면 안 된다. 낳았으면 길러야 한다. 구원 받은 영혼들을 예수의 제자로 만들어야 한다. 예수 제자가 된다는 것은 존 웨슬리가 추구한 성도의 성화의 삶과 분리될 수 없다. 성도들을 성령의 능력으로 성화의 삶을 살아가도록 세워가는 것이다. 그래서 존 웨슬리는 그렇게 영혼 구원을 위해 힘썼을 뿐 아니라, 구원 받은 영혼마다 성화의 삶을 살아가도록 최선을 다했다. 여기에 감리교회의 정체성이 있다. 감리교회의 핵심은 영혼 구원에 있고, 구원 받은 영혼들이 성화의 삶을 살게 하는데 강조점을 두고 있다.

　속회는 성화의 삶을 살아가는 신실한 예수 제자를 세워가는 중심적이고 구체적인 현장이다. 속회는 새로운 영혼을 낳는 어머니의 태와 같을 뿐 아니라, 자녀를 기르는 가정과도 같다. 잘 길러서 새로운 리더로 세워야 한다. 양육을 통해 새로운 리더를 세울 때, 속회는 배가 증식할 수 있고 성장할 수 있게 된다. 새로운 리더를 세워가는 양육의 과정에 꼭 필요한 몇 가지 사항이 있다.

(1) 전인격적인 양육을 하라

사람에게는 지(知), 정(情), 의(意)가 있다. 건강하고 전인격적인 신앙생활은 지성, 감정, 의지의 세 가지 요소가 골고루 균형을 이룰 때 가능하다. 낳고 기른다는 것은 진정한 회심과 영적 성장이 이루어지는 것을 말하는 것인데, 이것을 위해서는 인간의 지, 정, 의가 골고루 터치되어야 한다. 감성을 터치해 주는 속회가 있어야 하고, 복음과 영적 성장에 대한 지적인 정보를 제공하는 성경공부가 있어야 하고, 의지적인 결단과 헌신을 이끌어내는 예배가 있어야 한다. 즉 예배와 속회와 성경공부가 균형을 이루고 있어야 한다.

첫째, 우리는 예배를 통하여 영광스러운 하나님의 임재를 경험하며 하나님을 만나고 하나님의 뜻을 깨닫게 된다. 그 은혜 앞에서 새롭게 결단하고 헌신하게 된다. 의지적인 요소를 통하여 하나님과의 관계의 새로움을 체험하며 새로운 삶으로 나아가게 된다. 둘째, 속회를 통하여 서로 모여 삶을 나누고 예수 그리스도를 믿는 믿음으로 살아가는 사람들의 모습을 보면서, 감정적인 부분의 터치를 경험하게 된다. 때로는 상한 마음의 치유와 회복이 이루어지고, 서로 위하여 기도하며 구체적인 사랑을 나누면서 감동을 받게 된다. 셋째, 성경공부를 통해서 배우고, 알고, 깨닫는 지적인 부분이 성취되어야 한다. 하나님이 우리에게 주신 지적인 능력을 통하여 복음에 대한 정확한 정보를 얻고, 배우고 확신한 일에 거하는 것은 매우 중요하다(딤후3:14). 이렇게 예배와 속회와 성경공부는 마치 삼각대 같아서 서로 균형을 이루고 있어야 전인격적인 신앙생활을 지속적으로 할 수 있다.

하지만 많은 교회들은 예배가 사역의 거의 모든 비중을 차지하고 있고, 사역이 예배 일변도로 흐르는 경우가 많다.[9] 예배는 중요하지만 예배만 있어서는 안 된다. 반드시 속회가 있어야 한다. 규모가 작은 교회에는 속회가 없는 경우도 많다. 대부분의 교회는 속회 평균 출석 인원이 주일 예배 출석 인원의 30% 이하다. 거의 형식만 가지고 있는 속회가 많다. 진정한 삶의 나눔을 통하여 서로 보듬어주고 위로하며 치유와 회복이 이루어지는 것을 경험하는 속회는 많지 않다. 속회는 교회 안의 작은 교회로서, 감성적인 터치가 이루어지는 곳으로 만들어야 한다. 요즘에는 기독교에 대하여 반감을 품고 있는 사람들이 많다. 이런 부정적인 감성들이 해소되지 않으면 복음에 마음을 열 수 없다. 다수가 함께 모이는 예배를 통해서는 이런 감성을 개인적으로 터치하는데 한계가 많다. 그러나 속회를 통해서는 각 사람의 감성을 어루만지며, 서로 아픔과 상처를 치유하고 회복의 경험을 할 수 있다.

동시에 좋은 성경공부가 단계별로 세워져 있어야 한다. 성경공부를 통해서 양육이 이루어지는 것은 아니지만, 성경공부가 없이 양육할 수는 없다. 모든 성도들을 위한 기초 단계, 속회의 리더들을 세우기 위한 단계, 리더들의 사역을 돕기 위한 단계 등의 성경공부를 제공해야 한다. 리더를 세울 때에는 기초단계를 마친 사람들이 대상이다. 목회자의 목회 철학과 사역의 방향을 이해하고 있어야 한다. 속회의 리더는 단순히 조직의 책임자가 아니라, 평신도 사역자요 목회자의 동역자가 되기 때문이다. 교회를 오랫동안 다녔지만 정작 성경공부의 기회를 갖지 못한 성도들도 많다. 성경공부를 통해서 사역자로 헌신할 수 있도록 준비시키는 일은 속회의 성장을 위하여 필수적인 과정이다.

(2) 속회 리더를 세우라

속회 리더는 배가 증식을 통한 속회 성장에 있어 가장 핵심적인 요소라 할 수 있다. 좋은 리더가 좋은 속회를 만들 수 있기 때문이다. 좋은 속회 리더는 상명하복 형태로 임명하는 것이 아니다. 속회 안에서 길러져야 한다.

속회의 리더는 평신도 사역자라는 인식이 중요하다. 오늘날도 초대교회와 같이 활발한 배가 증식이 이루어지려면 평신도를 사역자로 세워야 한다. 평신도를 사역자로 세우기 위해서는 먼저 목회자의 의식 변화가 필요하다.[10] 지금도 대다수 교회의 주보를 보면 '교회를 섬기는 이들'의 명단에는 목회자들과 유급 사역자, 또는 장로 명단만 들어있는 경우가 많다. 과연 이들만 교회를 섬기는 이들일까? 매주 주보를 보면서 평신도들은 자신의 사역과 역할에 대해 어떤 의식을 갖게 될까? 평신도 사역자라는 단어가 교회 안에서는 일반화 되었음에도 불구하고, 대부분의 목회자들은 아직도 평신도를 사역자로 인정하지 않고 있다는 증거가 아닐까? 한국교회와 목회자들은 스스로 중요한 질문을 스스로 던져야 한다.

평신도를 사역자로 세운다는 말은 무성하지만, 정작 목회자들의 의식 속에서는 그렇지 않은 것이 한국 교회의 현실이다. 교회를 섬기는 이들은 당연히 교회의 모든 성도들이다. 평신도들도 예수께서 주신 지상명령을 이루어 가는 중요한 사역의 주체임을 인정하고, 능동적으로 사역할 수 있도록 장을 마련해 주어야 한다. 목회자들의 역할은 그들이 섬김과 사역을 위해 은사를 발견하고 잘 활용할 수 있도록 훈련하고 세우는 일을 감당하는 것이다(엡4:11-12). 존 웨슬리는 적극적으로 평신도 사역자를 세우고 그들과 함께 사역을 이루어 갔다.[11] 존 웨슬리가 했던 것처럼 평신도 사역자를 적극적으로 세워서, 그들이 속회를 통해 낳고 기르는 사역을 하게 될 때, 초대교회와 같은 성장을 이루어갈 수 있게 될 것이다.

대부분의 교회는 연말에 속회를 재편성하면서 속회원의 구성을 조정하여 속회의 숫자를 늘려가는 경우가 많다. 이렇게 인위적인 재편성을 통해서 속회의 숫자를 늘려가는 것은 진정한 속회의 성장이라고 말할 수 없다. 배가 증식이 아니기 때문이다. 속회의 성장은 배가 증식으로 이루어져야 한다. 속회가 배가 증식을 통해 성장하려면 평신도 사역자를 적극적으로 세워갈 때 가능해진다. 결국 속회가 성장한다는 것은 또 다른 평신도 사역자를 세우는 것이다. 좋은 속장의 사역을 보고 배운 또 다른 속장이 나오게 될 때 속회는 배가 증식한다.

(3) 리더를 위한 속회를 운영하라

초대교회의 성장은 리더들이 본을 보이고, 본을 받아서 배우고, 보고 배운 제자들을 통해 배가 증식하는 단계를 통해 이루어졌다. 성경이 우리에게 가르쳐 주는 제자를 세우는 방식은 보고 배우는 것이다. 예수는 제자를 세우기 위해 학교를 세워 교육을 하거나 시험을 보지 않았다. 함께 먹고 함께 생활하면서 바른 삶을 보여 주셨고, 제자들은 그런 예수의 모습을 보며 배웠다(요13:15). 듣고 배우는 방식이 아니라 보고 배우는 방식을 사용하신 것이다. 사도 바울도 예수 그리스도를 본 받아 살기 위해 최선을 다했고, 성도들에게도 자신의 삶을 그대로 본받을 것을 요구했다(고전11:1). 사도 베드로도 양무리의 본이 되어 줄 것을 리더들에게 부탁했다(벧전5:3).

　양육의 중요한 원리가 여기에 있다. 기른다는 것은 본을 보여 주는 것이다. 사람들은 본 대로 행하게 되어 있다. 폭력적인 부모 밑에서 자란 자녀는 폭력성을 띨 경향이 크다. 그걸 싫어하면서도 본 대로 익히기 때문이다. 좋은 속회의 리더를 세우려면 리더의 본을 보여 주어야 한다. 속회의 리더는 보고 배우는 과정을 통해서 세워진다. 좋은 리더를 보고 배운 사람은 좋은 리더가 되어 본 대로 사역을 하게 된다. 속회에서 좋은 리더의 삶과 사역을 보여 주는 것이 새롭게 세워질 속회의 좋은 리더를 만드는 열쇠가 된다.

　속회의 좋은 리더를 세우기 위해서는 반드시 리더들을 위한 속회가 있어야 한다. 리더들을 위한 속회를 만들고, 목회자가 좋은 리더의 삶과 사역을 보여 주는 것이 중요하다.[12] 속회에서 어떻게 모임을 인도하고, 어떻게 삶을 나누고, 어떻게 속회원을 위하여 기도하는지, 어떻게 속회원을 환영하고 섬기고 돌보는지 보고 배울 수 있는 기회를 제공해야 한다. 오늘날 목회 현장에서 속회 리더들은 사실 무엇을 어떻게 해야 하는지 보고 배우지 못한 상태에서 리더의 역할을 담당하게 되는 경우가 대부분이다. 그래서 리더를 맡는다는 것을 부담스러워하고, 또 리더의 역할을 수행함에 있어서 실수하고 넘어지는 일들이 발생한다.

　리더들을 위한 속회를 만들고 목회자가 먼저 좋은 모델이 되어 주어야 한다. 속회의 숫자가 많지 않다면 모든 리더를 목회자의 가정에 초청하고 속회 모임을 가지면 된다. 한 달에 한 번은 모임을 가져야 좋다. 속회의 숫자가 많다면 조를 짜서 모이면 된다. 리더들에게 모델 속회를 경험하게 하는 것이다. 목회자로부터 직접 보고 배우는 기회를 제공하는 것이다. 속회의 리더들에게 목회자 가정에서 모임을 갖는 기회를 제공할 때, 그들은 평신도 사역자로서 자부심을 느끼게 된다. 동시에 리더들이 사역의 어려움을 나누며 질문할 수 있는 시간을 갖고, 목회자는 구체적인 사역의 방향과 해결방안을 제시해 주어야 한다. 단순히 사역의 방법을 가르쳐 주는 것이 아니라 사역자의 삶과 자세를 보여주고 속회원들과 어떻게 삶을 나누며 섬기고 인도하는지를 보여주는 것이다. 이 시간은 리더들에게 치유와 재충전의 시간이 되고, 속회 사역에 대해 구체적으로 배우는 기회가 된다.

7. 속회의 배가 증식

속회의 성장은 마치 또 하나의 나무를 심는 것과 같다. 생물학적으로 사과나무의 열매는 사과, 포도나무의 열매는 포도라고 하겠지만, 속회의 열매는 또 하나의 다른 나무를 심는 것이다. 식물을 증식시키는 방법 중에는 '꺾꽂이'라는 것이 있다. 식물의 가지, 줄기, 잎 따위를 자르거나 꺾어서 흙 속에 꽂아 뿌리를 내리게 하는 방법이다. 꺾꽂이를 하면 원래의 나무, 어미그루의 형질이 그대로 유지되면서도 증식이 비교적 간편한 장점을 갖고 있다.

속회의 성장도 이와 같다. 속회는 배가 증식을 통해 성장해 가야 한다. 속회가 또 다른 새로운 속회를 낳아야 한다. 재편성을 통해서 속회의 숫자를 조정하거나 늘려가는 것은 외형적으로는 속회가 성장한 것처럼 보일지 몰라도, 진정한 성장이라고 할 수 없다. 속회는 배가 증식을 해야 한다.

(1) 속회의 배가 시기

속회에서 영혼 구원을 통해 속회원들의 수가 늘어나게 되면 점점 관계성이 약화되는 것을 경험하게 된다. 삶을 나눌 수 있는 시간이 부족해지니 형식적인 나눔이 되고 깊은 내면의 고백을 생략하게 된다. 속회 모임에 대한 갈망도 사라지고, 의미도 약화된다. 그 결과 소속된 인원은 많지만 정작 출석하는 인원은 정체되는 현상이 나타난다. 따라서 배가의 적절한 시점을 찾는 것이 중요한데, 속회 평균 출석 인원이 12명 이상이 되면 배가를 준비해야 한다.

속회를 배가하는 것은 단순히 인원이 많아서 하는 것만은 아니다. 배가 증식할 때 영혼 구원의 열매를 더욱 맺을 수 있기 때문이다. 영혼 구원이 잘되어서 배가하고, 배가하게 되면 영혼 구원이 잘되는 상호작용이 있다. 또 배가는 속회의 활력을 불어넣을 수 있다. 속회에 참석하는 인원이 많아야 좋을 것 같이 생각하지만 실제로는 그렇지 않다. 배가를 통해 인원이 줄면 위기감이 생겨서 모임에 수동적이었던 속회원들이 적극적으로 바뀌게 되고, 영혼 구원에 더욱 힘쓰게 되기도 한다. 반드시 12명이 되어야 배가할 수 있는 것은 아니다. 다만 배가를 준비할 때 속장은 가장 먼저 목회자와 의논하고 기도하며 함께 준비해야 한다.

(2) 예비 속장 선정

속회 배가가 결정되면 속장은 먼저 예비 속장을 선정해야 한다. 예비 속장을 정하고 발표하는 시점이 매우 중요하다. 아직 배가가 준비되지 않았음에도 예비 속장을 너무 일찍 정하는 것은 바람직하지 않다. 새로운 리더를 세우려면 속회원 모두의 신뢰와 동의가 있어야 하기 때문이다. 미리 정해놓은 예비 속장이 예상과 달리 시간이 지나면서 속회원들에게 좋은 리더십을 보여주지 못하거나, 본이 되지 못하면 딜레마에 빠지게 된다. 이미 선정해 놓았기 때문에 리더로 안 세울 수도 없고, 신뢰를 얻지 못하고 상황에서 리더로 세울 수도 없기 때문이다. 예비 속장은 속회의 배가가 준비되었을 때에 세워도 늦지 않다. 예비 속장으로서 훈련의 시간을 길게 가질 필요는 없다. 왜냐하면 이미 속회 안에서 속장의 본을 보고 배우는 시간을 충분히 가졌기 때문이다.

속장은 기도하며 예비 속장으로서의 기본적인 자격(기초 성경공부과정 졸업, 십일조 생활, 사역 등)을 갖춘 속회원들 중에서 섬김과 순종의 준비가 되어 있는 사람을 예비 속장으로 정하고 목회자와 의논해야 한다. 만일 본인이 두려워한다면 속회에서 투표를 하는 것도 좋은 방법이 된다. 투표를 통해 속회원들의 지지와 후원을 약속받으면 용기를 내어 헌신할 수 있기 때문이다. 예비 속장으로 선정이 되면 다른 속회를 방문할 기회를 2회 정도 제공하는 것이 좋다. 한 속회에 오랫동안 소속되어 있었다면, 다른 속회를 경험하면서 다른 속장의 리더십을 참고하면 많은 도움이 된다.

(3) 인원 배분

배가 증식이 이루어지려면 기존의 속회원을 둘로 나누어야 하는데, 여기서 가장 많은 어려움을 겪게 된다. 분할의 기본적인 원칙은 그동안 성실하게 속회에 참여하고 있는 속회원들의 대부분을 새로운 속장에게 떼어 주는 것이다. 기존의 속장은 별로 참여도가 높지 않은 속회원들을 품어야 한다. 왜냐하면 기존의 속장은 배가 증식을 할 정도로 좋은 리더십을 이미 갖고 있기 때문이다. 사역의 경험이 있기 때문에 불성실한 소수의 속회원을 인도하며 앞으로 좋은 속회를 세워갈 수 있을 것이다.

속회원들을 배분할 때에는 비밀 기명투표의 방법을 사용할 수도 있다. 투표를 하되 속장만 결과를 볼 수 있게 하는 것이다. '새로운 속회에 소속되기 원함', '기존 속회에 소속되기 원함' 그리고 '결정을 위임함', 이 셋 중 하나에 기표하도록 한다. 속장은 결과를 보고 배가되는 속회에 적절한 인원이 배분될 수 있도록 조정해 준다. 최종적인 선택권을 속회원에게 주면 속회원은 자신이 속회를 선택했기 때문에 충성심과 의무감이 생기고, 속장은 속회원들이 자신을 선택했다는 사실 때문에 책임감이 커지게 된다.

식구가 나뉘는 것을 좋아하는 속회원들은 거의 없다. 모두에게 섭섭하고 아쉬운 일이다. 그러나 평소 속회의 우선순위를 강조한다면 인간적인 마음으로는 섭섭하지만 하나님이 기뻐하실 것을 생각하고 받아들이게 된다. 다만 일방적으로 성급하게 진행하지 말고 속장이 평신도 사역자로서 책임을 가지고 보람 있게 배가 증식을 할 수 있도록 맡겨 주는 것이 중요하다. 동시에 새로운 평신도 사역자를 세우며 배가 증식의 열매를 맺은 것에 모든 속회원들이 자부심을 가질 수 있도록 도와주어야 한다.

(4) 속회 '배가식' 진행

배가식(倍加式)을 주일 예배 시간에 진행하는 것이 중요하다. 배가식은 속회가 세워져서 사명을 다하는 중에 영혼 구원의 열매를 맺어, 또 다른 하나의 속회가 탄생하는 역사적이며 기념비적인 날이다. 모든 성도가 함께 축하하고 기뻐하는 축제의 시간이 되어 마땅한 일이다. 새로운 속회가 탄생하는 것을 진심으로 축하하고, 새로운 리더를 축복하는 시간을 가져야 한다. 교회의 모든 성도들이 속회 배가식을 통해 도전 받고, 교회의 존재 목적과 열매를 확인하는 기회를 갖게 하는 일은 동시에 새로운 속회를 맡은 리더나 속회원들에게 큰 격려가 된다.

배가식은 먼저 새롭게 세워지는 속장이 헌신 서약을 하고, 임명을 한 후에는 속장의 헌신과 결단이 담긴 간증을 나누게 한다. 모든 성도들이 축복하며 찬양하는 중에 속회원 한 명씩 나와 새로운 속장에게 꽃을 선사하면서 안아주고 격려와 석별의 인사를 나누는 시간을 갖는다. 담임목회자는 새로운 속회의 출범을 선포하고 축복의 기도로 마친다.

(5) 배가 이후

속회가 배가되고 난 후에는 두 속회 모두에게 많은 변화가 있을 수 있다. 기존 속장이 맡은 속회는 속장이 많은 경험과 경력을 갖추고 있기 때문에 큰 변화에 잘 적응할 수 있지만, 새로운 속장이 맡은 속회는 약간의 혼란과 미숙함으로 어려움을 겪을 수도 있다. 이때 새로운 속장은 기존 속장을 찾아가 사역에 대한 도움을 구해야 한다. 기존 속장은 배가된 속회를 위해 함께 기도할 뿐만 아니라, 새롭게 세워진 속장을 간헐적으로 만나 격려함으로 두 속회 모두가 건강하게 성장하도록 협력해야 한다. 두 속장의 동의 하에 필요하다고 생각될 경우에는 함께 연합하여 속회 모임을 갖는 것도 큰 힘이 되며 분위기 전환에 도움이 될 수 있다.

◆ 8. 결론

속회는 살아있는 세포와 같다. 세포는 생명력이 있기 때문에 여러 단계를 거치면서 지속적으로 성장, 성숙해 간다. 이와 마찬가지로 속회도 속회원들을 서로 알아가며 친숙해지는 단계를 지나며 자연스럽게 발생하는 갈등과 극복의 단계를 거치게 된다. 갈등을 극복한 속회는 끈끈한 사랑과 헌신으로 연결되는 단계를 지나 영혼 구원의 열매를 맺게 되고, 마침내 왕성한 사역의 단계를 거쳐 배가 증식의 단계로 발전하면서 성장하게 된다.[13]

정상적인 세포라면 무한정 커질 수 없고 때가 되면 분할하는 것처럼, 건강한 속회는 때가 되면 배가 증식의 단계를 거쳐야 한다. 속회가 배가 증식한다는 것은 건강함의 기준이며, 생명력 있는 유기적 공동체라는 증거가 된다. 만약 속회가 재생산을 통해 배가 증식하지 못하면 그 속회는 생명력을 잃고, 고인 물이 썩는 것처럼 현상 유지 조차 못하게 될 수 있다.

속회를 통하여 영혼 구원의 열매는 맺어져야 하며, 구원 받은 영혼마다 좋은 리더로 세워져야 한다. 초대교회가 낳고 기르는 과정을 통해 성장했던 것처럼, 속회가 배가 증식될 때 교회는 진정한 성장을 경험하게 되며, 예수께서 교회에 주신 지상명령을 온전히 이루어 가게 될 것이다.

미주

1) 이강천, 『코미멀』, (서울:쿰란출판사, 2015), 297.
2) 최영기, 『가장 오래된 새 교회』, (서울:두란노서원, 2016), 22.
3) 빌 헐, 박영철, 『모든 신자를 제자로 삼는 교회』, (서울:요단출판사, 1999), 169.
4) 후안 카를로스 오르티즈, 김성웅, 『제자입니까』, (서울:두란노서원, 1990), 118.
5) 월터 A. 헨릭슨, 네비게이토번역부, 『훈련으로 되는 제자』, (서울:네비게이토선교회 출판부, 1981), 78.
6) 옥한흠, 『제자훈련 열정 30년』, (서울:두란노, 1999), 69.
7) 조엘 코미스키, 박영철, 『셀그룹 폭발』, (서울:NCD, 2000), 122.
8) 존 맥스웰, 채천석, 『팀워크를 혁신하는 17가지 불변의 법칙』, (일산:청우, 2002), 122.
9) 옥한흠, 『평신도를 깨운다』, (서울:두란노, 1999), 108.
10) Ibid, 44.
11) 김진두, 『웨슬리의 실천신학』, (서울:KMC, 2010), 169.
12) 빌 헐, 박경환, 『목회자가 제자 삼아야 교회가 산다』, (서울:요단출판사, 1997), 245.
13) 랄프 네이버, 장학일, 『셀목회 지침서』, (서울:서로사랑, 2000), 287.

09 연령에 따른 다양한 속회 운영

속회는 성인들만을 대상으로 할 수 있는 것은 아니다. 세대 구분 없이 다양한 연령층에서 속회를 활용할 수 있고 또 활용하는 것이 영적 성장에 큰 도움이 된다. 여기서는 연령별 속회 운영을 어떻게 하는 것이 좋은지에 대해 언급하도록 한다.

◆ 1. 어린이 속회

부모의 신앙은 자녀들에게 전수되어야 한다. 모세가 출애굽기, 레위기, 민수기에 이미 기록한 내용을 후손들의 교육을 위해 신명기에서 다시 한번 강조하며 기록한 것을 보면 신앙 전수가 얼마나 중요한

지 알 수 있다. 신앙을 후손에게 전수하지 못해 당대로 끝난다면 그 신앙은 실패한 것과도 같다. 많은 교회들이 자녀 세대의 신앙 교육을 교회학교에 일임하는 경우가 많다. 그러나 자녀들의 신앙 교육이 일주일에 한 번 교회학교 교육만으로 이루어지기를 기대하는 것이 과연 바른 것일까? 부모 세대의 신앙이 자녀들에게 이어져 가는 일은 결코 교회학교 목회자와 교사들의 능력과 수고만으로 이뤄질 수 있는 일이 아니다.

속회는 부모가 어린 자녀들에게 신앙을 전수해 줄 수 있는 최고의 현장이다. 교회학교의 신앙교육과 함께, 어린이 속회를 만들어서 부모의 신앙을 물려주는 현장이 되게 해야 한다.

(1) 어린이 속회를 통해 얻는 유익

첫째, 어린이 속회는 부모의 신앙을 전수하는 곳이다. 어린 자녀들이 부모들의 신앙을 보고 배울 수 있기 때문이다. 어린이 속회에서는 같은 또래만 만나는 것이 아니다. 속회의 모든 어른들을 함께 만나게 된다. 함께 식사를 하고 모임을 갖고 찬양하고 기도하면서 신앙적인 공감대가 이루어지고, 자연스럽게 그들과 영적 가정을 이루게 되면서 부모세대의 신앙을 보고 배우게 된다.

둘째, 어린이 속회는 자녀들에게 신앙적인 가치관을 갖게 하며, 영적 성장과 양육이 이루어지는 곳이다. 어린이 속회를 통해 나눔과 섬김, 기도 훈련 및 양육이 이루어지면서 예수 제자로 자연스럽게 성장하게 된다. 어린이 속회에서는 주일 예배 때 들은 설교 말씀을 삶 속에서 어떻게 적용할지를 나누는 시간으로 활용할 수 있다. 삶 속에 실천했던 말씀을 나눌 때 서로에게 구체적인 도전이 되면서 신앙적 성장을 가져오게 된다.

셋째, 어린이 속회는 자녀들의 지도력 개발에 도움이 된다. 어린이 속회에서 속장을 맡은 어린이는 성경적인 리더십을 배우며 훈련한다. 속회 모임을 진행하고 또래나 어린 동생들을 돌보는 일을 통해 좋은 리더로 세워져 가며, 신앙적인 모범을 보이게 된다. 어린이 속회원들은 리더를 보고 배우면서 자연스럽게 리더의 소양을 갖추게 된다.

넷째, 어린이 속회는 자녀들이 공동체 안에서 관계성을 개발하는 기회를 만든다. 요즘에는 외동이 많기 때문에 성장기 자녀들이 가정에서 관계성 계발 기회를 갖기 쉽지 않다. 어린이 속회로 모이게 되면 또래의 영적 가족, 형제자매 관계가 자연스레 형성된다. 마음을 열고 대화하며, 서로의 필요를 이해하고, 돕는 경험과 훈련 기회를 기대할 수 있다. 어려서부터 자신의 어려움과 고민을 나눌 수 있고, 함께 도와주려는 친구들 속에서 안정감과 즐거움을 경험하게 된다.

다섯째, 어린이 속회를 통해 영혼 구원의 열매를 맺게 된다. 어린이 속회에서 전도대상자를 함께 선택하고 같이 기도하며 전도하게 되고, 즐거운 속회 모임을 만들어서 친구들을 초대하게 된다. 비신자 가정의 자녀들이 친구를 따라 속회 모임에 참석하면서, 그 부모들을 속회에 초청할 수 있는 기회도 생긴다. 결국 영혼 구원의 열매를 맺을 수 있게 된다.

(2) 어린이 속회 구성

어린이들은 독자적으로 속회를 위한 시간과 장소를 마련하는데 어려움이 있다. 따라서 부모들의 속회 모임과 함께 갖는 것이 좋다. 따라서 어린이 속회는 자연스럽게 부모들의 속회 구성과 동일하게 이루어진다. 즉 어른 속회원들의 6학년 이하 초등학생과 유치, 유아부 자녀들로 구성된다. 속회에 속한 가정의 자녀들이 함께 모이는 것이다.

어린이 속회의 목표는 학습에만 있지 않다. 때로 어린 자녀들의 학년과 연령의 편차가 클 수 있지만 이것이 속회 운영에 큰 어려움을 주지는 않는다. 형제자매가 함께 하는 경우도 있기 때문에 서로 돌보아 주는 것이 익숙하고, 연령과 학년으로 인한 역학관계가 이미 형성되어 있어서 교사 없이 원만한 모임을 진행할 수 있다.

(3) 어린이 속회의 속장

부모들의 속회와 동일하게 구성되지만 별도의 속회 이름이 있고 어린이 속장도 임명된다. 어린이 속장은 그 속회의 가장 고학년으로 임명하는 것이 바람직하다. 어린이들은 나이나 학년에 따라 리더십이 결정되는 경우가 많기 때문이다. 초등학생이나 유치, 유아들은 나이에 따라 성숙도의 차이 또한 크기 때문에 가장 성숙한 어린이가 속장을 맡는 것이 자연스럽다.

어린이 속장을 임명할 때, 교회학교 어린이부 목회자와 면담 시간을 갖고 어린이 속장의 리더십을 준비시켜 주는 것이 좋다. 담당 목회자는 부모 속회의 분위기를 살피고, 부모와 장년 속장의 협조를 부탁하여 어린이 속회 사역이 부모와 장년 속회와 공동사역이 되도록 한다. 어린이 속장 임명식은 주일 예배 시간에 진행하여 모든 성도들이 축하해 주며 사명감을 고취시켜 주어야 좋다. 어린이 속장 서약서에 미리 서명하여 발표하고, 임명 소감을 발표하게 하고, 담임목회자가 직접 임명장을 전달하고 축복하며 격려해 준다.

어린이 속장 훈련을 위해 매해 수련회를 갖는다. 교회학교의 여름성경학교나 수련회와는 달리 어린이 리더들을 위한 특별한 훈련의 시간을 가져야 한다. 수련회를 통해 속회 사역의 어려움을 나누며 서로 위로해 주고, 실제적인 사역의 노하우를 배우고, 속장 간에 팀워크를 다질 수 있도록 한다. 어린이 속장들은 수련회를 통해 리더로서의 자부심을 갖게 되고, 더욱 책임감 있게 사역을 감당할 수 있게 된다. 그 외에도 필요에 따라 어린이 속장들의 리더십 강화를 위한 훈련 프로그램을 개발하여 진행하면 좋다.

교회학교 어린이부 담당 목회자는 어린이 속장이 속회를 잘 인도할 수 있도록 특별한 관심과 열정을 가져야 한다. 어린이 속장을 세우고 훈련시킬 뿐만 아니라, 매주 속회 모임에 필요한 교재와 준비물 등을 준비하여 준다. 목회자는 어린이 속장에게 교재 사용과 특별 활동에 대한 자세한 안내를 해 주어야 한다. 또 담당 목회자가 주기적으로 속회를 방문하여 응원해 주면 어린이 속장은 힘을 얻게 되고, 어린이 속회는 더 많은 효과를 얻을 수 있다.

(4) 어린이 속회 순서

　어린이 속회는 총 3부로 진행된다. 1부는 부모와 자녀들이 함께하는 시간이다. 위에서 언급한 바와 같이 속회를 통해 부모의 신앙이 자녀에게 전수되기에 매우 중요한 순서다. 대개 어린이들은 부모와 상관없이 연령별로 주일 예배를 드리고 돌아오게 된다. 부모와 같은 교회를 다닌다고 해도, 부모와 자녀들이 함께 신앙적 공감대를 가지고 찬양하며 기도할 기회가 거의 없다. 그러다보니 부모를 신앙의 롤 모델로 삼아 보고 배우기도 어렵고, 부모 입장에서는 자신들의 신앙을 전수해 줄 수 있는 기회를 만들기 쉽지 않다.

　속회에서는 부모와 자녀들이 한 자리에 앉아 진지하면서도 재미있게 찬양과 기도, 나눔의 시간을 갖게 된다. 어린이들을 장년 사이 사이에 앉히는 것도 좋은 방법이다. 부모의 옆에 앉혀도 되고 일부러 다른 부모 옆에 앉게 해도 좋다. 어린이들끼리 모여 앉는 것이 아니라 부모 세대와 자연스럽게 섞여 앉는 것이 중요하다. 이것을 통해 어린이들은 속회원들을 영적 가족으로 인식하게 된다. 부모, 삼촌, 고모, 이모와 같이 여기게 된다. 속회를 통해 진정한 믿음의 식구가 되어 공동체를 이루는 것을 경험한다. 동시에 세대 간 격차를 넘어 부모 세대의 신앙을 보고 배울 수 있게 된다.

　속회가 시작되면 먼저 자녀들과 함께 찬양을 한다. 자녀들이 교회학교에서 익숙하게 부르는 찬양을 두 곡 이상 부르는 것이 좋다. 부모들은 평소에 어린이 찬양에 관심을 갖고 자녀들이 좋아하는 찬양을 장년 속장에게 알려주고, 속장은 그것을 미리 준비해야 한다. 때때로 어린이들과 율동을 하는 것도 좋다.

찬양 후에는 어린이들을 위한 나눔의 시간을 갖는다. 어린이들이 돌아가며 지난 한 주간 있었던 가장 감사하고 기억에 남는 일과 기도제목을 각각 하나씩 말하게 한다. 나눔은 고학년부터 시작해야 좋다. 앞서 말하는 어린이가 단 문장으로 대충 말하면 다른 어린이들도 그렇게 말하고, 앞에서 좋은 본을 보여주면 동생들은 성의껏 발표하게 된다.

나눔의 시간에는 솔직한 생각과 감정을 말할 수 있는 분위기와, 어떤 발표에 대해서도 대견하게 받아들여 주고 격려하는 분위기가 중요하다. 자신과 가정과 친구 관계에 대해 진지하게 기도제목을 나눌 수 있게 해 주어야 한다. 이 시간을 통해 부모들은 자녀들의 생각과 세계를 알게 되고, 그들의 고민을 진심으로 이해하게 되어 진정으로 기도해 줄 수 있게 된다. 기도 제목뿐 아니라 기도 응답을 받은 기쁨과 감사도 같이 나눌 수 있게 한다. 이렇게 할 때 부모와 자녀가 믿음을 공유하게 되고, 신앙 전수는 자연스럽게 이뤄지게 된다.

어린이들의 나눔이 끝나면 기도제목을 놓고 다같이 기도하는 시간을 갖는다. 어린이들은 어른들 사이에 앉아서 기도를 배우게 되고, 자신들을 위한 기도를 경청하며 고마움과 소속감, 공동체로서의 지지를 경험하게 된다. 함께 기도한 제목이 응답되어 후에 나누게 될 때 어린이들은 구체적인 기도의 능력을 체험할 수 있다. 마지막으로 어른 속장이 어린이 속회와 속장을 축복하며 기도해 줌으로 1부 시간을 마무리 한다.

속회가 신앙을 전수하는 장이 되려면, 부모들이 어린 자녀를 바라보는 관점을 바꾸어야 한다. 어린이들을 속회 모임에 지장을 주는 부담스러운 존재로 생각하면, 어린이 속회를 부모들의 모임이 방해를 받지 않도록 하는 수단 정도로 생각하게 될 것이다. 어린이 속회는 어른들이 속회로 모이는 동안, 방해가 되지 않도록 어린이들끼리 모이는 곳이 아니다. 어린이들이 속회를 통해 부모들의 신앙을 공유하고, 영적으로 성장해 가는 중요한 속회원으로 생각해야 한다. 그러면 어린이가 많아지는 것이 귀찮은 것이 아니라 속회가 부흥하는 것으로 이해하게 되고, 어린이 속회가 성장하는 열매를 함께 누릴 수 있게 된다.

이후 어린이들은 어른들과 분리되어 2부 시간을 갖는다. 이제부터는 어린이 속장이 인도한다. 먼저 찬양 인도자를 따라 찬양을 여러 곡 부른다. 어린이 속회를 위해 교회학교에서는 어린이 찬양집을 만들어 주어도 좋다. 어린이들이 찬양집에서 직접 선곡하여 불러도 좋고, 기왕이면 찬양 인도자가 기도하면서 선곡한 찬양을 부르면 더 좋다.

찬양 후에는 속장의 인도를 따라 나눔과 기도의 시간을 갖는다. 먼저 말씀을 맡은 어린이가 지난 주일 교회학교 어린이부 예배 시간 설교 말씀의 요약을 읽어 준다. 말씀을 따라 살기 위해서 노력한 것이 있다면 발표하게 한다. 그 후에 기도시간을 갖는다. 어린이 속장은 말씀을 따라 살아가기 위해서, 이미 발표한 기도제목이 이루어지기 위해서, 전도대상자들을 위해서 함께 통성으로 기도하는 시간을 인도한다. 어른들의 통성기도를 보고 배운 어린이들은 그리 어렵지 않게 어려서부터 통성기도를 하게 된다.

그 후에 성경 내용으로 준비된 특별활동 자료를 이용해 활동 시간을 갖는다. 예를 들면 퍼즐 맞추기, 설교 말씀에 등장하는 그림 색칠하기, 천로역정, 성경 디즈니랜드 등의 특별활동을 할 수 있다. 이 활동은 어린이부 담당 목회자들이 매주 준비하여 주일 예배 후에 어린이 속장들이 받아 갈 수 있게 한다. 어린이 속장을 위한 가방을 마련해 매주 교재와 준비물 등을 챙겨주면 좋다. 어린이 속장은 목회자로부터 전달 받은 대로 특별활동을 진행한다.

특별활동 시간이 끝나면 게임 인도자를 따라서 재미있는 게임 시간을 갖는다. 게임도 목회자들이 미리 준비하여 어린이 속장들에게 전달하면 된다. 성경의 인물들을 이용한 빙고 게임, 모션 게임, 보드 게임, 프라이팬 게임, 369 게임, 초성 게임 등 다양한 게임을 할 수 있다. 동적인 게임보다는 정적이면서도 재미있는 게임을 개발할 수 있다. 어린이 속회원들에게 역할을 맡겨 주고, 적절한 호칭을 만들어 불러 주어도 좋다. 예를 들면 어린이 찬양인도자를 "찬양맨", 말씀을 맡은 어린이를 "말씀맨", 게임 인도자를 "게임맨"이라고 부르는 것도 한 방법이다.

이렇게 2부 순서가 끝나면 3부는 자유시간이다. 어른 속회가 마칠 때까지 제공된 동영상을 시청하거나, 놀이터로 가서 놀거나, 쉬거나, 자유롭게 시간을 가지면 된다. 나이 어린 자녀들을 위한 잠자리를 마련해 두는 것도 도움이 될 수 있다. 외부 활동을 할 경우 부모들이 분담해 안전을 위한 조치를 취하도록 한다.

속회는 장년들만을 위한 조직이 아니다. 부모와 자녀들의 신앙 공유와 전수가 가능한 기회도 될 수 있다. 어린이 속회가 잘 되면 자녀들이 좋아하기 때문에 부모들도 속회를 빠질 수 없게 된다. 교회학교에서는 종종 같은 학교를 다니지 않아 친구 관계에 어려움을 겪는 어린이도 있다. 그래서 교회학교 예배 보다는 부모와 함께 주일 장년 예배를 드리는 경우도 많다. 이런 경우 자녀에게 올바른 신앙교육이 이루어지기 어렵고, 후에 장성하여 교회를 떠나는 결과를 가져 올 수 있다. 그러나 어린이 속회를 통해 학교와 상관없이 영적인 가족들을 만나게 되면 좋은 관계 속에서 재미있게 신앙생활을 하며 영적 성장을 이룰 수 있게 된다.

❖ 2. 청소년 속회

청소년 속회는 어린이 속회와는 성격이 많이 다르다. 청소년기에 들어서면 부모와의 관계에 많은 변화가 생기고 청소년들만이 갖는 특성이 있기 때문에 그것에 맞게 구성하고 진행해야 할 필요가 있다. 교회학교 청소년부에서 드리는 예배와는 별개로, 청소년들이 함께 먹고 나누고 기도할 수 있는 어울림의 장으로 청소년 속회를 만들면 좋다.

(1) 청소년 속회의 구성

청소년 속회는 부모의 속회와는 별개로 구성된다. 부모의 속회와 상관없이 주일날 교회에 출석하는 청소년들을 대상으로 구성한다. 청소년들에게 가장 중요한 것은 친구다. 자신과 친한 친구가 있으면 의미 있는 모임이 되지만, 그렇지 않으면 아무리 많은 인원이 모여 있어도 자신과는 관계없는 모임으로 여긴다. 어느 교회에서 있었던 일이다. 백여 명의 청소년들이 함께 모여 예배를 드리고 있는데, 한 학생이 갑자기 들어와서 이리저리 둘러보고는 "아무도 없네!" 하면서 다시 나갔다. 그들에게 중요한 것은 자신과 친밀한 사람이 있어야 하는 것이다.

청소년 속회는 청소년들이 함께 먹고 나누고 기도하며 어울릴 수 있는 자리를 만들어 주는 것이다. 교회학교 청소년부는 대개 예배 중심으로 진행되기 때문에 청소년들은 수동적으로 예배에 참석하게 된다. 예배만으로는 그들의 삶과 고민을 나누고 들어 주면서 서로 어울릴 수 있는 분위기를 만들기 쉽지 않다. 그러나 또래의 친구들로 구성된 청소년 속회를 만들면 예배와는 별도로 또래끼리 어울리면서 더 큰 신앙적 영향을 주고받을 수 있게 된다.

청소년 속회는 최소 4~5명의 가까운 친구들로 구성하면 좋다. 반드시 가까운 친구 사이가 아니어도 괜찮다. 서로 어울릴 수 있는 분위기와 방법만 가르쳐 주면 속회를 통해 금방 가까워질 수 있기 때문이다. 물론 교회의 형편에 따라 더 적은 숫자로도 가능하다.

(2) 청소년 속회의 속장

청소년 속회의 특징은 쌍두마차처럼 두 명의 속장이 인도하는 것이다. 하나는 교육 속장이고, 또 하나는 학생 속장이다. 교육 속장은 청소년들이 모여 속회를 할 수 있도록 섬기는 어른이다. 교육 속장은 속회 장소를 마련하고, 필요에 따라 음식을 준비해 주어야 한다. 청소년 속회가 모이는 장소는 가정이 가장 좋다. 청소년들이 교육 속장의 가정을 통해 보고 배울 수 있는 기회를 제공하는 것도 좋다. 그러나 반드시 가정이어야 하는 것은 아니다. 청소년들이 조용히 모임을 가질 수 있는 공간이면 된다. 교육 속장은 속회에서 삶을 나눌 때에도 모범을 보여야 한다. 솔선수범하여 자신의 삶과 기도제목을 솔직하게 나눔으로서 청소년들이 보고 배울 수 있게 하는 것이 중요하다.

학생 속장은 실질적인 속회의 리더로서 중학교 2학년부터 고등학교 3학년 학생들이 맡는다. 학생 속장뿐 아니라 모든 속회원들이 역할을 맡아 모두가 속회의 주인이 되게 해 주어야 한다. 한 달에 한 번 정도 교육 속장 없이 학생 속장의 인도하에 자율적인 속회 모임을 가질 수 있도록 맡겨 주는 것도 필요하다. 그때는 학생 속장이 진행은 물론이고 간식도 청소년들이 직접 준비하도록 한다. 청소년들은 자율성을 많이 부여할수록 참여도도 높아지고, 주인 의식이 생기면서 책임감도 커지며, 모임을 통한 보람과 기쁨도 누릴 수 있다.

교육 속장과 학생 속장의 주요 사역은 속회 인도 외에도 속회에서 나눈 기도 제목으로 한 주간 중보기도를 드리는 것이다. 또한 평일에도 속회원들과의 개인적인 나눔을 통하여 친밀한 교제를 갖고 관계성을 지속적으로 유지해 가는 것이다.

학생 속장도 주일 예배 시간에 담임목회자가 임명하고, 모든 성도들과 함께 축복하는 시간을 갖는 것이 좋다. 교육 속장이나 학생 속장 등의 명칭은 교회의 사정에 따라 적절하게 바꾸어 사용해도 좋을 것이다.

(3) 청소년 속회 순서

청소년 속회는 주일에 모이는 것이 좋다. 요즘 청소년 대부분이 학원과 과외수업 등으로 시간 여유가 많지 않다. 따라서 특별한 경우가 아니라면 주일에 속회 모임을 가질 수밖에 없다. 주일 예배를 드리고 교회 식당에서 함께 식사를 한 후에 정해진 장소로 함께 이동한다. 가능하면 집에서 모이는 것이 좋다. 나눔은 독립되고 편안한 분위기에서 자연스럽게 이루어지기 때문이다.

속회 모임 전에 먼저 간식을 나누는 것이 좋다. 청소년 모임에는 먹거리가 반드시 있어야 한다. 조사를 해 보면 속회 모임에 참석하는 큰 이유 중 하나가 먹는 것임을 알 수 있다. 청소년들이 좋아하는 간식을 푸짐하게 준비하는 것이 꼭 필요하다. 먼저 음식을 나누며 게임 시간을 갖는다. 웃고 떠들면서 마음을 열고 아이스 브레이크 시간을 갖는다. 게임 시간을 가진 후에 찬양으로 모임을 시작한다. 찬양 인도자가 기도하면서 선택한 곡들을 함께 부른다. 악기를 다룰 수 있는 속회원들이 반주하며 찬양하면 더욱 좋다. 청소년들은 감성적인 터치가 중요하므로 충분한 시간을 갖는 것이 중요하다. 은혜로운 분위기 속에서 찬양하며 성령의 임재와 어루만지심을 경험하는 시간을 갖는다.

찬양 후에는 삶의 나눔 시간을 갖는다. 이 시간이 모임 중 가장 중요한 시간이다. 지난 주간에 가장 힘들었던 일 또는 가장 감사하고 기억에 남는 일 등 진솔하게 이야기들을 나누고 기도 제목을 이야기한다. 이 시간은 교육 속장이 인도하는 것이 좋다. 청소년들이 무엇이라도 진실하게 말할 수 있는 분위기를 만드는 것이 중요하기 때문에 교육 속장은 정답을 말해주려고 하면 안 된다. 교육 속장은 청소년들의 나눔을 들으면서 그들의 고민을 기도 제목으로 만드는 역할을 해야 한다. 나눔의 시간이 끝나면 교육 속장은 한 사람 한 사람의 기도 제목을 정리해 주면서 함께 결단하고 기도하며 마무리 기도로 마친다. 학생 속장은 주중에 기도 제목을 SNS로 나누어 서로의 관심과 기도가 주중에도 이어지도록 돕는 역할을 한다.

속회마다 나름대로 한 해의 구체적인 목표를 세워놓고 모임을 마칠 때마다 큰 목소리로 선포하면서 자신감을 갖고 도전할 수 있도록 만들어 주는 것도 필요하다. 학교에서 믿음으로 승리할 수 있는 구체적인 표어를 만들어 함께 외치고 격려하며 헤어지는 것이 바람직하다.

3. 청년 속회

청년 속회를 말하기 전에, 먼저 청년은 누구인가를 규정해야 할 필요가 있다. 교회에서 청년은 누구를 말하는 것인지 명확하지 않은 경우가 많다. 일반적으로 고등학교를 졸업하면 청년으로 이해한다. 그러나 몇 세까지 청년인지는 규정하기가 어렵다. 일반적으로 청년은 미혼자로 이해하는 것이 좋다. 일찍 결혼해서 자녀를 두었다면 아무리 나이가 어려도 청년에 포함시키기엔 무리가 있다. 따라서 청년 속회를 싱글 속회라고 하는 것도 좋다.

아무래도 싱글들은 삶의 공감대가 기혼자들과는 차이가 나게 마련이다. 나이보다는 결혼 유무가 삶의 방식에 큰 차이를 가져오기 때문에 주로 싱글들이 모이는 속회가 청년 속회라고 할 수 있다. 젊은이들은 듣는 것 보다 말하는 것을 좋아하고, 관료적인 시스템보다 인간관계를 중시하며, 권위적인 분위기보다 나눔의 분위기를 선호하기 때문에 이들의 체질에는 청년 속회가 효과적이다.

(1) 청년 속회를 통해 얻는 유익

첫째, 속회를 통해 영적 가족이 생긴다. 교회 안에서 영적 가족을 만나는 것은 청년들이 신실한 신앙생활을 지속해 가는 데 있어서 매우 중요하다. 갈등과 불안정한 요소가 많은 시기에 속회에서 영적으로 한 가족이 된다면 신앙생활을 잘 이어갈 수 있게 된다. 주일 예배에 참여하는 것으로만 신앙생활을 지속하다 보면 어려움을 겪게 될 때 일어설 수 있는 기회가 적다. 영적인 가족은 속회를 통하여 만나는 것이 가장 좋다. 속장과 속회원들은 새가족을 받아들일 마음의 준비가 되어 있기 때문에 어떤 사람이 와도 사랑으로 품어 영적인 가족을 이룰 수 있다.

둘째, 진실한 삶의 나눔을 통해 위로와 치유를 경험한다. 불확실한 삶의 현장에서 청년들만이 겪는 다양한 문제들이 있다. 속회에서는 개인이 겪는 문제, 신앙생활 속에서 마주하는 어려움 등을 있는 모습 그대로 나눌 수 있다. 영적 가족으로서의 신뢰가 있기 때문에 나눔이 어렵지 않다. 영적 가족들과 진실하게 삶을 나누고 고백할 때, 거기서 얻는 위로와 격려는 청년들의 삶에 결정적 영향을 준다. 위로와 격려는 치유와 회복을 동시에 가져오게 된다.

셋째, 말씀으로 삶의 변화를 경험한다. 예배를 통해서도 도전받고 결단하며 감동을 받을 수 있다. 그러나 구체적인 삶의 변화를 이루어 내려면 속회 모임이 있어야 한다. 삶의 나눔이 없이는 말씀을 구체적으로 적용하여 변화를 이끌어내기 어렵기 때문이다. 청년 시절의 신앙은 추상적인 개념과 막연한 느낌을 넘어서서, 실제적이고도 직접적으로 삶에 연결되기를 더욱 갈망한다. 이런 숙제로 고민하는 청년들에게 속회의 나눔을 통해 말씀이 생활화되도록 삶의 미션과 도전을 공유한다면 구체적인 삶의 변화를 맞게 될 것이다.

(2) 청년 속회의 속장

청년 속회의 속장은 대부분 청년이 맡는다. 그러나 반드시 청년이 속장이 되어야 하는 것은 아니다. 또래 중 결혼한 청년들이 있다면 부부가 속장으로 섬기는 것도 좋은 방법이다. 결혼한 선배가 속장을 맡게 되면, 남성들은 남편 속장이 돌보고 여성들은 아내 속장이 돌볼 수 있기 때문이다. 또 속장 부부가 함께 마음 모아 헌신적으로 섬기며 사는 모습은 미혼 청년들로 하여금 아름다운 가정에 대한 꿈을 꾸게 하고, 건강한 가정을 세워가는 법을 배우게 될 때가 많다.

청년 속장도 주일 예배 시간에 담임목회자가 정식으로 임명해 세우는 것이 좋다. 직장생활을 하면서 장년과 다를 바 없는 청년들도 많기에 그만한 책임감을 부여하고 교회의 중요한 리더로 인정해 주는 것은 매우 중요하다.

청년 속회 역시, 가정에서 모이는 것이 가장 바람직하다. 결혼한 속장이라면 자신의 가정을 열어 속회 모임을 갖는 것이 좋다. 그러나 청년 속장들의 대부분이 부모와 같이 거주하는 경우가 많기 때문에 교회에서 모임을 가져도 좋다. 청년 속회에도 음식을 나누는 것이 매우 중요하다. 모이는 장소가 어디든지 반드시 먹거리를 제공해야 한다. 혈기 왕성한 청년들이기 때문이다. 카페나 공공장소는 피하는 것이 좋다. 대화를 나눌 수 있는 자유로운 분위기는 좋지만, 삶의 나눔은 기도로 이어져야 하기 때문에 자유롭게 기도할 수 없다면 속회 모임을 위한 좋은 장소가 될 수 없다.

(3) 청년 속회 순서

속장의 기도로 속회 모임을 시작한다. 이어서 삶을 나눈다. 지난 한 주간 어떻게 살았는지 돌아가며 이야기한다. 이때 지난주 말씀에서 받은 은혜로 어떠한 삶을 살았는지 고백할 수 있도록 하면 좋다. 항상 말씀과 연관해서 삶을 고백할 수 있는 분위기를 만들어 가는 것이 중요하다. 물론 반드시 그래야 하는 것은 아니다. 초신자들이 부담감을 느끼게 되면 오히려 나눔에 소극적으로 참여할 수 있기 때문이다. 삶을 나눌 때 속장은 중보기도 제목을 메모하고, 나눔 시간 후에는 중보기도 시간을 갖는다. 이때 속장이 기도회를 인도하는 것이 좋다.

속회원이 많으면 좋을 것 같지만 진실한 삶의 나눔은 숫자와 반비례한다고 볼 수 있다. 속회원이 많아지면 각자에게 주어지는 나눔 시간은 상대적으로 줄어들면서 적당히 지나가야 하는 경우가 많다. 그래서 12명이 넘으면 속회를 둘로 나누어야 한다. 그래야 나눔도 깊어질 수 있다.

청년 속장들은 속회에서 나눈 이야기와 기도 제목을 기억하며, 주중에 개별적으로 또는 단체로 끊임없이 교제를 이어가야 한다. 나눔은 속회 모임에서 끝나는 것이 아니라, 주중에도 계속되어야 한다. 이런 과정을 통해 속회원들의 유대관계가 튼튼해지고, 모두 신실한 신앙인으로 세워지게 된다.

(4) 청년 속회의 주의 사항

첫째, 속장에 대한 배려와 돌봄이 필요하다. 또래의 속회원들을 돌보면서 어려운 문제를 겪게 될 때가 많기 때문이다. 청년 담당 목회자들이 있다면 속장들을 돌보며 지속적으로 훈련과 위로와 격려를 해 주어야 한다.

둘째, 속회 모임에서 나눈 이야기를 절대 외부에 누설하면 안 된다. 젊은이들은 사생활 노출에 대해 무척 예민한 편이다. 개인적인 기도 제목과 삶의 문제들이 누설되지 않도록 속회원들이 함께 노력해야 한다. 이를 위해 속장이 지속적으로 강조하고 부탁해야 한다.

셋째, 속회원들이 삶의 나눔 시간에 성적인 이야기와 이성에 대한 이야기는 자제할 수 있도록 속장이 지혜롭게 인도해야 한다. 이 부분은 전문가가 개입하지 않으면 속회 모임이 이상한 방향으로 흐르게 되거나 서로 간에 상처가 될 수 있기 때문이다.

(5) 결혼하는 청년들

속회원이 결혼을 하게 되면 청년 속회를 떠나야 하나 고민하는 경우가 많다. 이런 경우는 본인 의사에 맡기는 것이 좋다. 결혼 전에 먼저 본인의 의사를 묻고, 속회에서 맡은 사역을 결혼 후에도 이어 나갈 것인지 기도하고 결정할 수 있는 기회를 주어야 한다. 만일 장년 속회로 가기를 원한다면 보내 주어야 할 것이다. 청년 예배에 참여하면서 청년 속회에서 계속 역할을 감당하기 원한다면 그렇게 하도록 길을 열어 주어야 한다. 결혼 생활의 모습이 다른 젊은이들에게 긍정적인 영향을 줄 수 있기 때문이다.

◆ 4. 노인 속회

노인들도 속회 모임을 가져야 한다. 노인들에게는 자체 공동체를 이루어 서로 관심을 가지고 돌보아 주는 것이 더욱 중요하다. 노인 속회는 나름대로 적절한 명칭으로 바꾸어 사용할 수 있다. 예를 들어, 실버 속회라고 불러도 좋을 것이다. 노인 속회가 여러 개 되면, 그 모든 노인 속회를 실버 속회로 특성화시켜서 공동체 의식을 갖게 하면 좋다. 교회의 특별한 행사에 실버 속회가 연합하여 참가한다든지, 실버 속회가 함께 경로 관광을 다녀올 수도 있을 것이다.

교회에 주중 경로대학이 있는 경우 노인 속회와 연계하면 좋다. 경로대학 프로그램을 마치고 점심 식사 후에 노인 속회로 모이는 것이다. 식사 문제가 해결되어 좋고, 어차피 교회에 모였기 때문에 속회로 모이기 쉬운 장점이 있다.

(1) 노인 속회의 구성

교회의 특성에 따라 일정 연령 이상의 어르신들로 구성하면 된다. 예를 들어, 70세 이상을 노인 속회로 만드는 것이다. 이미 일반 속회에 참석하고 있거나, 별도로 모이는 것을 좋아하지 않는다면 노인 속회를 굳이 강요할 필요는 전혀 없다. 교회에서 마련하는 노인들을 위한 특별 행사에만 참석하면 될 것이다.

(2) 노인 속회의 속장

노인 속회의 속장은 노인이 맡는 것이 아니다. 아직 일정 연령에 이르지 않은 젊은 사람들 중에 자원하는 이들을 세워야 한다. 필요에 따라 차량 봉사도 할 수 있고, 기동력과 에너지가 있는 젊은 사람들이 하는 것이 좋다. 노인 속회는 속장이 리더십을 가지고 모든 순서를 인도하는 것이 좋다. 잘못하면 배가 산으로 갈 수 있기 때문이다. 나이는 젊어도 노인들이 잘 따라 올 수 있는 분위기를 만들고, 잘 섬기고 돌보면서도 영적으로 인도하는 능력이 필요하다. 그리고 무엇보다 노인을 공경하고 사랑하는 마음이 있는 속장이어야 한다.

(3) 노인 속회 순서

찬양으로 시작한다. 노인 속회를 위한 별도의 찬양집을 만드는 것이 필요하다. 큰 글씨로 된 악보와 곡조가 단순하고 따라 부르기 쉬운 곡들을 모아야 한다. 노인들의 감성을 터치할 수 있는 곡들을 많이 담을 필요가 있다. 함께 찬양하는 시간을 충분히 가지면 좋다. 찬양 후에는 중보기도의 시간을 갖는다. 노인들은 속회에서 삶의 이야기를 나누는 것이 쉽지 않은 경우가 많다. 왜냐하면 한 이야기를 또 반복하는 경우가 많기 때문이다. 돌아가며 이야기를 나누고 서로 들어주는 인내심이 있어야 하는데 그렇지 못할 때도 많다.

노인 속회는 모임의 초점을 삶의 나눔에 두지 않고, 중보기도에 두어야 한다. 속회원들이 기도 제목을 나누게 하고, 이를 잘 정리하여 함께 기도하는 시간을 갖는 것이 중요하다. 기도하는 영성을 고취시키고, 응답의 확신을 가지고 기도에 전념할 수 있도록 이끌어야 한다. 속회원들의 기도 제목 뿐만이 아니라, 교회 전체를 위해서나 목회자들을 위해서, 그리고 나라와 민족을 위한 기도 제목을 함께 나누면서 중보기도 시간을 갖는 것도 좋다. 중보기도자로서의 사명감을 갖게 하고, 노인 속회의 기도의 힘이 교회 전체에 미치는 영향을 속장과 목회자들이 수시로 인정해 주어야 한다.

주의할 것은 속회를 바꾸어 달라는 요청은 신중히 고려할 필요가 있다. 교회에 오래 다니다 보면 서로 너무 친숙하여, 때로는 쉽게 다투거나 어그러진 관계가 잘 회복되지 않는 경우도 있다. 그때마다 속회를 바꾸어 주면 계속 반복될 가능성이 높다. 속회는 재편성하지 않는 원칙을 세워 놓고 계속 주지시켜 주어야 한다. 그것이 오히려 용납과 화해의 분위기를 만들어 주기 때문이다.

5. 부부 속회와 남성 속회

부부 속회나 남성 속회를 만들려면 매우 신중해야 한다. 많은 교회들이 여성 위주로 운영되는 속회와 별개로 부부 속회, 혹은 남성 속회를 고민하는 경우가 있다. 원래 속회란 '교회 안의 작은 교회'이다. 따라서 부부들만, 남성들만으로 속회를 구성하는 것은 바람직하지 않다. 부부만 모이는 교회, 성별로 모이는 교회, 새신자들만 모이는 교회, 기존 신자들만 모이는 교회가 따로 없는 것과 같은 이유이다. 특별하고 예외적인 경우가 아니라면 그런 속회를 구성하는 것은 좋은 방법이 아닐 것이다. 속회는 관리를 위한 조직이 아니라 교회 안의 작은 교회이기 때문에 남녀의 구분 없이, 결혼과 상관없이, 오랜 신앙생활을 한 자들과 새신자, 비신자 간의 구분 없이 어떤 사람이라도 원한다면 함께 모일 수 있도록 구성해야 한다. 실제로 다양한 사람들이 적절히 섞여 있는 속회가 가장 건강한 속회임을 경험하게 된다.

앞장에서도 다룬 것처럼, 속회는 영혼을 구원하는 현장이기 때문에 이런 구분 없이 모일 때에 다양한 대상을 초청할 수 있다. 이를 통해 교회의 외연이 확대되는 것이다. 처음부터 부부가 함께 신앙생활을 하는 경우는 거의 없다. 따라서 남성이든 여성이든, 배우자와 함께 오지 못하는 사람들도 속회에 참여할 수 있도록 문을 열어 놓아야 한다.

만일 속회가 여성으로만 구성되어 있다면 믿지 않는 배우자를 모임에 데리고 올 수 없을 것이다. 속회가 교회 안의 작은 교회로서 영혼 구원의 현장이 되지 못하고, 오히려 전도의 문을 닫는 결과를 가져올 수 있는 것이다.

남성들만 따로 속회를 구성하면, 대개 남선교회 조직과 구분이 되지 않는다. 만일 속회가 남선교회 조직과 같다면 남성 속회가 별도로 있어야 할 이유가 없다. 남성들이 속회로 모인다고 해도, 남선교회 활동과 차별화되지 않으면 모임의 의미가 없게 된다. 어떤 모임이든지 구성원들이 모임의 필요성과 의미를 느끼지 못한다면 그 모임은 서서히 쇠퇴할 수밖에 없을 것이다.

대개 남성들은 따로 모아 놓으면 그 모임에 별로 흥미를 느끼지 못한다. 여성들은 서로 모여서 이야기를 나누는 것만으로도 모임의 의미를 느끼고, 스트레스를 해소하면서, 재미있는 시간을 가질 수 있다. 하지만 남성들 대부분은 그렇지 않다. 남성들만의 모임에 흥미를 느끼게 하려면 그들만의 놀이가 필요하다. 등산을 함께 하든지, 축구나 족구를 한다든지, 게임을 한다든지, 특별한 취미활동을 할 때 흥미를 느끼게 된다. 그러나 속회는 취미생활 동호회가 아니다. 남성들로만 속회를 구성하게 되면 재미도 의미도 없는 모임이 되기 쉬우므로, 남성 속회를 신설하는 것은 신중하게 결정해야 한다. 속회는 교회라는 인식을 가지고 부부만 모이거나, 남성 혹은 여성들만 모이는 속회 구성은 지양하는 것이 좋다.

◆ 6. 결론

　교회 안에는 다양한 그룹의 사람들이 있다. 그러기에 때로는 그들의 필요에 맞추어 다양한 속회를 시도할 필요가 있다. 가장 중요한 원칙은 속회는 교회라는 사실을 잊지 않는 것이다. 원칙을 붙들고 그룹의 다양성에 맞추어 변화를 시도하면, 공동체성을 더욱 살려내면서 교회 안의 작은 교회로서의 사명과 역할을 감당하는 속회가 될 것이다.

초판 1쇄 인쇄 2021년 11월 3일
초판 1쇄 발행 2021년 11월 10일

펴낸이 유영완
펴낸곳 CMI
편집인 곽주환
집필 위원 김동현, 박동찬, 박용호, 최문기, 최이우

등록 제300-2014-155호
주소 03186 서울특별시 종로구 세종대로 149 감리회관 13층
전화 (02)399_3959 (대표)
팩스 (02)399_3940
홈페이지 www.cmi.ne.kr

기획편집 김종석
디자인 하늘공작소(02_416_3076)

ⓒ 속회연구원
ISBN 979-11-89808-02-0 03230

- 이 책은 저작권법에 따라 보호받는 저작물이므로 무단전재와 무단복제를 금지하며, 이 책의 전부 또는 일부를 이용하려면 도서출판 CMI의 서면 동의를 받아야 합니다.
- 잘못된 책은 구입한 서점에서 교환하여 드립니다.